精神与理想

长征胜利的6个理由

郭江妮　新玉言◎编著

文化发展出版社
Cultural Development Press

图书在版编目（CIP）数据

精神与理想——长征胜利的 6 个理由 / 郭江妮，新玉言编著 .
—北京：文化发展出版社，2021.6
ISBN 978-7-5142-3456-5

Ⅰ . ①精… Ⅱ . ①郭… ②新… Ⅲ . ①中国工农红军长征 – 通俗读物 Ⅳ . ① K264.409

中国版本图书馆 CIP 数据核字 (2021) 第 085396 号

精神与理想——长征胜利的 6 个理由

郭江妮 新玉言 编著

责任编辑：武　赫　　　　责任校对：岳智勇
责任印制：邓辉明　　　　责任设计：郭　阳
出版发行：文化发展出版社（北京市翠微路 2 号　邮编：100036）
网　　址：www.wenhuafazhan.com
经　　销：各地新华书店
印　　刷：河北信德印刷有限公司

开　　本：710mm × 1000mm　1/16
字　　数：239 千字
印　　张：17.5
版　　次：2022 年 4 月第 1 版　2022 年 4 月第 1 次印刷
定　　价：58.00 元
I S B N：978-7-5142-3456-5

前　言

解读历史，往往因为解读者视角的不同或高度的悬殊，所得出的答案必然呈现较大的差异性，诸如夹杂着利己的“豪气”或“怨气”的情感表述，抑或显示的仅是“局部的价值”。随着时间厚度的增加，审视历史的视野的扩大，人们对历史事件的析辨态度会日趋理性化，更能触摸到历史的真实。

在传统革命史观里，长征的内涵，是毛泽东经典的三句话：“长征是宣言书，长征是宣传队，长征是播种机”。如果加上历史背景描述，还是毛泽东说的：“十二个月光阴中间，天上每日几十架飞机侦察轰炸，地下几十万大军围追堵截，路上遇着了说不尽的艰难险阻，我们却开动了每人的两只脚，长驱二万余里，纵横十一个省。请问历史上曾有过我们这样的长征吗？”

红军长征为什么胜利？革命教育里的答案往往笼统而感性：“没有共产党，这样的长征是不可能设想的。”因此，对长征胜利的历史功绩大多停留在大书特书的伟大故事、英雄故事、传奇故事。遗憾的是，缺失了对长征胜利的客观的、理性的思考，以及对这人类历史奇迹的本质探索。红军长征的胜利，当然是共产党领导的胜利。然而，“共产党怎样领导红军长征胜利”？“为什么红军长征能胜利”？进而追问长征胜利是否侥幸？还是历史的必然，而绝非偶然呢？

哲学是这样解释必然性的：客观事物联系和发展过程中的合乎规律的确定不移的趋势，是在一定条件下的不可避免性和确定性。也就是说任何事件的发生的原因是多方面的，而人们在特定的条件下不一定能掌握到某事件的所有条件，同时也观测不到所有的已知条件，但当认识到一件事情发生的主要原因后，其他次要因素无法改变事情的结果，那就可以认为此事是必然发生或必然不发生而表现出必然性。用这一理论观照红军长征的整个历史过程，继而我们会发现红军长征胜利的主要原因（不可或缺性）无外乎这样几个方面，概括如下：

其一，坚定的信仰、内省的精神造就正确而坚强的领导核心

崇高而坚定的信仰是一个政党的旗帜，在她的召唤之下，就能集合着一群虔诚的信仰者并为之奋斗。在最危险的情形下，最虔诚的信仰支撑着他们；在最严重的困难面前，也是虔诚的信仰给他们一种无坚不摧的力量；信仰，是共产党人长征走向胜利、走向辉煌的精神保障。这一点对比缺乏用信仰和纪律来团结、一盘散沙的国民党，共产党人就占了政治上的先手。

民族精神是一个民族的灵魂，也是一个民族生息繁衍的最原初的精神支持和精神动力。《论语》对于“君子”的内圣外王的期望就是儒家理想人格和最高精神境界的化身。君子“内省不疚，夫何忧何惧”，说明了我们民族精神中一个重要的方面——内省。作为个人的修为，如果能一日三省，自我剖析，“知耻近乎勇”，乃君子之勇。推及一个政党，有没有勇气不断反省、及时更正所犯下的错误，有没有灵活辩证的思想去对待不断发展变化的形势而不是僵守旧模式，这是印证其有无内省精神的重要标志。

红军第五次反“围剿”的失败和长征初期的惨痛教训，从反面教育了中国共产党人。红军的长征转移就是对于这个错误的及时弥补。但此时党内仍然存在政治和军事上的错误思想，可贵的是，共产党人一直没有放弃同错误思想作斗争的努力。长征途中不止一次地同错误同逆流斗争，正是有了如此忠诚于自己信仰和灵魂的共产党人才敢做出这般的内省和自查。“君正，莫不正”，中国共产党作为以谋全中国人民幸福为主旨的政党，超出个体上升到整体之中，把传统内省精神的“君子之勇”做了最好诠释和光大。

一个政党的领导核心如同舵手，对风浪、航向的掌握正确与否决定着其命运之舟的存亡。在红军长征的危急关头为什么能形成以毛泽东为代表的领导核心呢？那是因为在挫折面前，党的中央领导集体能通过批评和自我批评的尝试，逐步了解毛泽东的正确思想：基于中国当时的国情，毛泽东能把握作为农业大国的经济、政治、社会特征；并借鉴中国历代农民战争的经验教训，创造性地把马克思主义与中国实际相结合，提出新的理论并指导实践取得成功。因此在理论和实践两个层面，都代表着历史发展的进步性。确立以毛泽东为领导核心是中国共产党的正确选择，也是红军长征胜利的重要因素之一。

其二，英明的决策，斗争的顽强使战场较量棋高一着

遵义被誉为中国共产党和工农红军的“转折之城”，不是简单通俗意义的“转运”概念，从更深层次看，可谓“决策之城”。历史选择了毛泽东，是中央集体正确决策的结果。有了这个结果，接下去党中央在长征途中召开了一系列会议，其中重要会议达32次。从这些会议中，不仅反映出长征历程的艰险、对手处心积虑的图谋以及共产党党内自身争论的激烈，同时也能看到以毛泽东为代表的领导核心，实事求是、独立自主地解决命运攸关问题的能力，在方向、策略和途径上都能作出适合时宜的决策，将红军长征引向最终的胜利。

红军长征的过程就是两种不同信仰的政权组织在军事力量不均等的情况下相互搏杀的过程。长征中，敌我双方对垒，总的态势是敌强我弱，在长达两年的时间里，国共双方统帅部智勇双争，摆兵布阵，在近600次的规模战役中，红军与其对手殊死较量，长征中，平均每天就有一次遭遇战，常常是“两军相遇勇者胜”。在敌对双方的互相残杀、充满艰难困苦和生死存亡的严峻考验面前，红军指挥官身先士卒，战士则英勇拼杀，克服重重阻碍，勇闯个个险关，打破战场上的被动局面，逐步走向军事上的主动，从而以小的代价博得大的胜利。

其三，亲民善政树立形象，政治宣传鼓舞士气

红军源自工农，纪律严明、团结群众，保护工商、尊重知识分子，做事以身作则。红军进入遵义时，遵义城之商民非但不逃，而且孤儿、学校

学生及商民贫民等成群结队，悬旗欢迎红军。红军进驻遵义后，遵义城仍旧繁荣。长征中，红军经过十几个少数民族地区，因此制定了许多带有方针性的切实可行的民族政策。中国共产党充分尊重少数民族的宗教信仰和生活习惯，得到了他们真诚的拥戴。另外，作为当时以农耕为主导的社会形态，耕者有其田，翻身做主人，平民不受欺凌和压迫。这是农耕文明里的百姓最为具体的梦想。共产党当年的政治主张，体现了平等、自由、民主等现代政治核心价值，顺应了当时民意，使其能安居乐业，对未来有了信心，使党在民众心目中的形象被正面地树立起来，从而代表着比封建官僚腐朽专制更先进的政治文明，因而更具有凝聚力和竞争力，比国民党官僚执政体系更符合中国历史发展进程。

长征途中，危机四伏，红军不仅要面临国民党军的围追堵截，还要同恶劣的自然环境和生活条件作斗争，途经很多地方都是荒无人烟之地。即使是这样，红军从未放弃宣传工作，正是这种宣传工作具有软杀伤力的强大力量，印证了那句话："共产党是左手拿着传单，右手拿着枪战胜敌人的"。红军长征途中的政治宣传的形式多种多样，以普遍的标语口号为例，主要内容包括：传播革命真理，宣传马克思主义、宣传党的主张和政治纲领；鼓舞战斗士气、坚定战胜困难的信念、唤醒受苦民众、震慑瓦解敌人、揭露鞭挞敌人，多方面扩大政治号召力和激发士气。

其四，充分利用军阀间的矛盾，瓦解对手的攻势

参与围追堵截中央红军的共有 8 支国民党大军。然而，国民党军上至蒋介石下至地方军阀、民团武装间钩心斗角、尔虞我诈，为了保存实力，各自打着自己的小算盘而相机行事，给红军突出重围留下可乘之机。因此，中央红军之所以取得长征——这一世界军事史上罕见的壮举——胜利，除了以毛泽东同志为首的党中央的正确领导、广大红军指战员发扬不怕牺牲、不怕疲劳、英勇顽强的精神和情报工作的及时准确等因素之外，国民党内部军阀间的矛盾也是一个极为重要的因素。共产党斗争策略的英明之处，其中就包括了善于把握和利用敌人内部的矛盾和弱点，而不是一味死打硬拼。红军长征最终的胜利充分地证明这一点。

相距 1936 年的红军长征胜利已八十多年。对于个人为大寿，人生已

有大的集成。对于历史事件何尝不是如此呢？几十年来，无论是当年国、共两党两军的争斗者还是国内外亲历长征的“旁观者”，他们都免不了以自身立场和认知情感来表达这个过程。然而，当年的硝烟早已不在，各方对立的淡化驱动着理性的认同，在来自不同方向的史实资料大量呈现情况下，我们有必要重新梳理一下这段史实，力求客观而全面地解读红军长征这一历史罕见之举；回到历史碎片堆积的原址，深入探究事件发展的内核——也就是长征胜利的必然性所包含的内在逻辑和必要条件，让这一历史事件从深处透明起来，使中华民族的所有后继者都能从中汲取前行的智慧。

目　录

长征胜利的第❶个理由

坚强统一的领导群体

自1934年10月至1936年10月间，中国共产党领导下的工农红军经过了二万五千里长途征战，在历时近两年的生与死、血与火、正确与错误的考验之后，毛泽东、周恩来、朱德、张闻天等一批具有远见卓识、富于献身精神的杰出领导人真正地成熟起来。长征锻造了中国共产党的领袖群体，确立了毛泽东在党和军队中的领导地位。长征终于以“我们的胜利，敌人的失败而告结束”，尽管十几块苏区只剩下西北一隅，尽管30万红军仅存3万，尽管国民党围追堵截的大军又蜂拥而来，但毛泽东以他独有的气魄和战略家的眼光，高度评价了长征胜利的伟大作用，并英明地预见到：“长征一结束，新局面就开始了。”

步调一致确立领导核心

1935年1月15日至17日，遵义会议在红军力量薄弱和中国共产党几乎陷于绝境的危急关头胜利召开。遵义会议是中国共产党独立自主地运用马克思列宁主义原理解决中国革命问题的一次极为重要的会议，中国共产党成立以来，一直得到共产国际多方面的指导，包括有益的帮助和错误的指示，而遵义会议是在双方中断联系的情况下，中国共产党第一次独立自主地解决自己的路线、方针和政策，是中国共产党从幼稚走向成熟的标志，是中国共产党历史上一个生死攸关的转折点，也是毛泽东一生功业的转折点。

尽管如此，遵义会议后的毛泽东十分清楚：虽然在遵义会议上他进入了中央决策层，但仍然要遭遇一个还没有完全成熟的政党在选择自己的核心领导时所必须经历的各种考验。遵义会议出现的变局，主要不是因为当时的中央领导层在整体上对政治路线或思想路线的认识有多大改变和提升，而是基于大家对第五次反“围剿”的失败和长征以来没有章法的溃退强烈不满，并形成了“仗不能再这样打下去”这个共识。一向谦虚稳重的朱德，甚至在发言中说出“如果继续这样的领导，我们就不能再跟着走下去”这样的重话。于是，改变领导决策层迫在眉睫。毛泽东此前在创建红军和开辟中央苏区过程中积累了很高威望，虽然屡受排挤和打击，不能参与决策，但毕竟还是中央政治局委员，名义上还是中华苏维埃中央临时政府主席。在出席遵义会议的人员中，他和张闻天（洛甫）、王稼祥的主张也最鲜明，一批红军将领也支持他。在危急关头，大家觉得还是让毛泽东出来参与指挥更好些。

后来，人们一般都说遵义会议确立了毛泽东的领导地位，这主要是指毛泽东在中央决策层起的实际作用而言。从名义上讲，毛泽东在中央的领导地位和权威并不是遵义会议后立刻就明确起来的。遵义会议增选毛泽东为中央政治局常委后，常委有五人：张闻天、周恩来、毛泽东、博古、陈云，会议明确“以毛泽东同志为周恩来同志的军事指挥上的帮助者”。也就是说，当时党内最高的军事指挥者是周恩来，政治上则明确张闻天代替博古负总责。

这个安排大体有这样一些考虑。第一，在非常时期，保持领导层的稳定很重要，只能做幅度不太大的调整，用原来的中央常委继续负责，大家容易接受。在此前的常委中，张闻天在遵义会议上确实唱了主角，周恩来也是此前的常委，而且是此前的决策核心“三人团”（博古、李德、周恩来）的成员。一个掌党，一个掌军，比较合适。第二，张闻天是从莫斯科回来的，以前和王明、博古属于同一“阵营”，共产国际和王明那里也容易通过，如果用此前“左”倾教条主义者主要打击的对立面（毛泽东）来代替博古，变化太大，阻力也大，还涉及对共产国际的政治路线的看法，而这是当时很难去讨论的问题。第三，在长征途中，谁在党内负总责，并不是特别重要，关键是谁能够领导红军打好仗，只有在战争中不断得到军队拥护的人，在军事斗争中让党和红军转危为安的人，才能真正成为党的领袖。所以，毛泽东在日后回顾这段历史时说：“遵义会议只集中弄清军事路线，军事领导是中心问题。组织上不久也取消了博古的中央书记而以张闻天（洛甫）代之，因为当时只有如此才能团结我们内部。”

在不断的党内争议、磨合中，直到 1938 年 10 月六届六中全会前的政治局会议上，王稼祥从莫斯科回来传达共产国际的意见，说中国共产党“在领导机关中要在以毛泽东为首的领导下解决”，这才明确了毛泽东实际上的领袖地位，全会以后，张闻天主动把工作逐渐向毛泽东转移。后来毛泽东赞叹说，“洛甫这个同志是不争权的”，是“开明君主”。正如陈云在一次中央政治局会议上讲：“遵义会议前后，我的认识有一个过程。会前不知道毛主席和博古他们的分歧是原则问题，对毛主席也只是觉得他经验多。遵义会议后，开始知道毛主席是懂军事的。红军南渡乌江后，方才佩服毛主席的军事天才……”从井冈山时期起就和毛泽东患难与共的朱德也认为：毛泽东是一个“有魄力、有能力，遇到困难总能想出办法”的人。朱德还说，“实践证明，有毛泽东领导，各方面都有发展。照毛泽东的方法办事，中国革命一定有把握胜利”。周恩来在一次演说中讲：“……有了毛泽东同志的领导和指示……在许多紧急时机、许多重要关键上，保证了我们党丝毫没有迷失了方向，没有走错了道路。”

所以，邓小平晚年谈到第一代中央领导集体时，用语是“从遵义会议开始逐步形成的”。

一、力挽狂澜的毛泽东

毛泽东是家喻户晓的伟人，之所以伟大跟二万五千里长征是分不开的。长征作为人类活动史上的一座丰碑，在长征中，没有毛泽东力挽狂澜、无私无畏坚定地维护党和红军的团结，运筹帷幄的高超指挥艺术，就没有二万五千里长征的胜利。长征，是中国革命生死攸关的转折点！而长征途中的毛泽东，则是这场伟大历史转折的掌舵人！

长征作为政治家的舞台，锻造出了新中国成立初期的一批领导人：毛泽东、周恩来、张闻天、王稼祥等都是在长征中锻炼出来的。而长征作为军事舞台，它又锻造出一批了不起的军事家。大家都晓得，毛泽东没出国留学过，也没学过军事，人家说他就靠着《孙子兵法》《三国演义》《水浒传》打仗。毛泽东后来说他以前连《孙子兵法》都没有看过，是到了延安后才读的。但是毛泽东熟知中国的历史，熟知中国的文化。长征以前他在中央苏区探索出“农村包围城市，武装夺取全国政权”这样一条道路，弄到了七八万人马，创建了根据地。但是共产国际是不讲这些的，博古他们来到中央苏区，就把毛泽东的军权夺了。结果反“围剿”失败，红军被迫长征。湘江之战之惨烈，从 8.6 万人打到只剩 3 万多人。毛泽东曾说，湘江之战有不可预测的减员，然而，从长征开始到遵义会议前，毛泽东多次提出自己的正确主张，但由于博古、李德等人的拒绝，建议大多不被采用。毛泽东为这支由他亲手创建的红军的命运担忧，更为中国革命的前途担忧。由于当时毛泽东已失去领导权，但为了红军的命运和前途，他一刻也没有放弃与“左”倾路线的斗争。

红军长征进入贵州后，中共中央于 1935 年 1 月在遵义召开政治局扩大会议。遵义会议的胜利召开并非偶然。在第五次反“围剿”失利后，红军被迫长征，毛泽东为扭转当时的不利局面做了大量的工作，多次提出自己的主张和意见，并在行军途中开导一些领导人，并让他们从实践中认识到毛泽东军事指挥的正确。毛泽东在长征中注意了团结这一问题，在领导层中极力争取可团结的力量。长征开始后，毛泽东因伤病坐担架随队行动，经常与在第四次反“围剿”中身负重伤，同样坐担架的王稼祥同行。因此，结识了这位由苏联回国到中央苏区工作并担任红军总政治部主任的王稼祥。毛泽东一边行军一边与王稼祥交谈，到宿营地休息时更是经常彻夜长谈，商谈了许多有关领导党和军队的问题。在毛泽东的说服和教育下，王稼祥逐渐摆脱“左”倾教条主义的束缚，以崭新的姿态开始向成熟的马克思列宁主义者奔进。因此，在通道会议、黎平会议和猴场会议上，王稼祥都坚决地支持了毛泽东的意见。在遵义会议召开的重要时刻，在毛泽东发言后，王稼祥更是第一个挺身而出，积极发言支持毛泽东的正确意见，投下关键的一票。这也给中国共产党所面临的转机作出了重要的贡献，也可以说是毛泽东在团结的前提下争取的领导人之一。

张闻天是从苏联回国的临时中央领导人，在党内地位高，影响大。毛泽东苦口婆心地开导，耐心地说服和争取他。张闻天到苏区工作是受到“左”倾中央派的排挤，派他到苏区政府工作，意在一箭双雕，既排挤他又排挤毛泽东对苏区政府的实际领导。在张闻天到政府就职的命令正式发表后，毛泽东主动同他作了几次长谈。一起工作后，相互的接触越来越多，相互的了解也越来越深。毛泽东主动与张闻天搞好团结，极力说服他，循循善诱，使他的思想与自己的思想越来越靠近。张闻天表现出对毛泽东的尊重，他也向毛泽东谈论对博古决策的看法，毛泽东则结合实际科学地分析“左”倾军事路线的错误和危害，说明自己的主张。在毛泽东的开导和启发下，张闻天在政治局内开始了反对李德、博古的斗争。

在 1934 年 12 月 11 日中央红军占领湖南通道县城后，敌人已经发现中央红军要与红二、六军团会合的意图，正在调集大量兵力包围中央红军。张闻天发现这一问题后便向毛泽东说了紧急情况，并问：“应该怎么办?”毛泽东明确回答：“不能再照原计划与红二、六军团会合了，而应该向敌人兵力薄弱的贵州进军。”张闻天说：“你的意见是正确的，否则，我们会中敌人的计谋，处境更加危险。”因此，在中央军委召开紧急会议时，张闻天态度坚决地支持了毛泽东的主张。当时，张闻天是中央政治局委员、常委兼书记处书记，他的积极行动，对于配合当时还不在中央领导核心，在中央基本无发言权的毛泽东进行纠正“左”倾路线的斗争，起了重要作用。后来在遵义会议上，张闻天紧接王稼祥之后发言，旗帜鲜明地支持毛泽东的意见，对博古和李德在军事上的错误作了深刻的批判，并明确提出必须由毛泽东出来领导，在这之后的长征中，无不显示着他们之间的团结。

中央红军在突破第四道封锁线的湘江战役中，兵力损失过半。惨痛的失败教育了周恩来，使他对李德、博古执行的“左”倾军事路线不断怀疑、抵制和批评，使他进一步认识到毛泽东战略战术原则的正确，从老山界开始在行动上已经站在毛泽东一边。中央红军占领湖南通道县城后，毛泽东在1934年12月12日中央召开的紧急会议上，提出改变原定计划，改向敌人力量薄弱的贵州进军，以争取主动，打几个胜仗，使部队能够稍事整休，恢复体力和战斗力。周恩来公开站在毛泽东一边完全同意毛泽东的意见，尽管李德和博古坚决反对，但政治局多数同志从全局出发，同意了毛泽东西入贵州的正确主张，使中央红军避免了多出我军五六倍敌军的围追。从此，毛泽东又开始参加对红军的领导工作。1934年12月18日召开的黎平会议，采纳了毛泽东的西进贵州的正确主张，确立了红军北上黔北、建立新的根据地的战略行动方针。而1934年底猴场会议的召开，批评了李德、博古的错误意见，重申了黎平会议决定的正确方针，周恩来在这次会议中起了关键性的核心作用，当王稼祥提出召开中央政治局扩大会议的倡议时，周恩来更是毫不犹豫地支持。到1935年1月中旬遵义会议召开时，周恩来坚决支持毛泽东的意见，并全力推举毛泽东为我党我军领袖。

1935年6月，中央红军与红四方面军在四川懋功达维镇胜利会师，这本是一个很好的结果，但却面临着一个严重的党内领导的分裂的问题。个人野心膨胀的张国焘凭借红四方面军的绝对优势，想以军压党、篡夺党的最高领导权，在两河口会议上，张国焘开始发难，对毛泽东等人的领导权虎视眈眈。他反对占领川、陕、甘三省，建立三省苏维埃政权应是红一、四方面军今后的总方针。他坚持向川康边发展的错误方针，进而不断向党中央提出要“速决统一指挥的组织问题”，要求自任军委主席之职，并有“独断决行”的权力。以毛泽东为核心的党中央在朱德、聂荣臻、叶剑英等红军将领的配合下，粉碎了张国焘的野心图谋，8月9日，中央在《中央关于一、四方面军会合后的政治形势与任务的决议》中指出，“中国工农红军是在中国共产党中央的唯一的，绝对的领导下，生长和发展起来的，没有中国共产党就没有中国工农红军，就没有苏维埃革命运动”。

然而，此时正处在极其困难中的党中央，面临有可能发生的党内分裂，毛泽东针对张国焘比较听从共产国际的特点，便委派张浩以共产国际代表的身份做张国焘的工作，最终争取了张国焘的北上，虽损失了一些力量，但最后还是有了甘肃会宁的三大红军主力胜利会师的壮举。许多党内领导人建议把张国焘开除党籍，可是毛泽东却不同意，因为他看到了红四方面军的力量和广大指战员，为了红军内部的团结，毛泽东放弃了开除张国焘党籍的建议。可见毛泽东无私无畏地维护党和红军的团结，为红军长征走向胜利打下了坚实的基础。对此，彭德怀曾说过："毛主席在同张国焘的斗争中，表现了高度的原则性和灵活性……是在党内路线斗争中原则性和灵活性的典范。"后来，陈毅同志讲过：我们都是游击队长，听谁的？实践证明毛泽东比我们强，放弃了过去的看法，心悦诚服地支持毛泽东。除了政治影响和军事影响之外，毛泽东还把他的精神信仰生动具体地贯彻到全党全军中去，使广大干部和红军指战员更加坚定了革命的信心和完成长征的决心。

通过长征的洗礼，中国共产党人清楚地看到：起初"左"倾路线主导的领导层决策之错误，不但使党在白区的有生力量全部丧失，而且丧失了根据地力量的90%以上。所有的红军将士不但在胜利中认识毛泽东，更是在失败中进一步认识了毛泽东：是毛泽东主导的军事路线，在党和红军生死存亡的关键时刻粉碎了蒋介石一次次凶猛的"围剿"。痛定思痛，血的教训教育了党和红军：唯有毛泽东才是使红军摆脱绝境、走向胜利的领袖。

二、甘为辅弼的周恩来

周恩来是中国共产党的卓越领导人，中国人民解放军的主要缔造者之一。周恩来拥护毛泽东的领导，协助毛泽东工作，两位伟人的亲密合作，开始于遵义会议前后，这正是中国革命走向胜利的转折点。遵义会议的成功召开，周恩来功不可没。

第五次反"围剿"失败和湘江战役后，红军由长征出发时的8.6万多人锐减至3万余人。李德已毫无威信，博古不懂军事，更由于失败而感到责任重大，意气消沉。伍修权在他的《回忆与怀念》中这样说：过了湘江，“兵力就损失了三分之二，有的部队已经溃散解体，而敌人正前堵后追，重兵设围。在此危急关头，李德束手无策，只能发脾气骂人。博古也一筹莫展，只会唉声叹气。正是周恩来同志毅然挑起重担，承担了实际的指挥责任。”周恩来曾在延安政治局会议上的发言中说：“这时李德主张折入黔东。这也是非常错误的，是要陷入蒋介石的罗网。毛主席主张到川黔边建立川黔根据地。我决定采取毛主席的意见，循二方面军原路西进渡乌江北上。”同时，在进军途中，周恩来能听取毛泽东、张闻天、王稼祥等的正确意见，破例请毛泽东参加通道会议，他主持黎平会议，把毛泽东等的正确意见通过政治局会议变成了党中央的决定。

1934 年 12 月 12 日，中央部分领导人在湘黔交界的通道县城举行紧急会议。毛泽东参加这次通道紧急会议，是朱德和周恩来把毛泽东请回来参加的。这是毛泽东从 1932 年 10 月宁都会议后，第一次改变了“加里宁”（博古嘲笑毛泽东是无实权的苏维埃主席）的身份，参加军事决策会议。毛泽东对极其严重的敌情进行了分析，认为鉴于在去与红二、六军团会合的道路上蒋介石已设置重兵，红军已失去到达湘西的先机，建议转向敌人兵力薄弱的贵州进军，建立川黔边根据地。毛泽东的建议得到与会大多数同志的赞同。中央负责人召开紧急会议，中央红军按会议精神进军贵州，打破了具有“处理一切”权力的“三人团”的权力结构。“三人团”开始分化。周恩来和朱德一起，促使博古、李德几年来第一次采纳毛泽东的正确意见改变进军方向，开始对中央的战略发生了重大影响。

通道会议一结束，中革军委于当晚 19 时发出“万万火急”命令：全军向贵州前进。遵此命令，先头部队红二师于 14 日攻占贵州边防重镇黎平县城。但博古、李德仍固执己见，并通知红二、六军团说：中央红军“现已西入黔境，在继续西进中寻求机动，以便转入北上”。毛泽东鉴于敌人在湘西南地区布置重兵的情况，力主放弃北出湘西同红二、六军团会合的原定计划，改向敌人力量薄弱的贵州前进，以摆脱敌人争取主动。他将此意见与张闻天（洛甫）、王稼祥商量后，由张闻天（洛甫）向周恩来提出召开中央政治局会议的建议。周恩来听取了他们的意见，博古知道后不同意。周恩来说："洛甫同志是政治局常委，毛泽东是政治局委员，王稼祥是政治局候补委员，他们三人有权建议召开会议，而且他们的意见我也赞同。现在是扭转危机的关键时刻，趁敌还没上来，我们抽空召开个会议，统一认识、明确方向并作个决定。这样，有利于红军今后步调一致的行动。"此时的博古已不完全信赖李德，对执掌中央和红军的领导大权，也已有些心灰意懒，就顺水推舟，未与李德商量，便同意了。

12 月 18 日，由周恩来主持，在黎平召开政治局会议。这是一次讨论红军今后战略方针的会议。会上展开了激烈的争论。最后，主持会议的周恩来采纳毛泽东的意见，并通过根据毛泽东的发言写成的《中央政治局关于战略方针之决定》，明确指出："鉴于目前所形成之情况，政治局认为过去在湘西创立新的苏维埃根据地的决定在目前已经是不可能的，并且是不适宜的。""政治局认为新的根据地应该是川黔边区地区，在最初应以遵义为中心之地区，在不利的条件下应该转移至遵义西北地区。"会后，周恩来把黎平会议决定的译文送给李德看（李德因病未参加会议）。李德大发雷霆，向周恩来提出质问。周恩来的警卫员范金标回忆说：两人用英语对话，"吵得很厉害。总理批评了李德。总理把桌子一拍，搁在桌子上的马灯都跳起来，熄灭了，我们又把灯点上。"博古尽管自己的意见被会议所否定，还是服从了会议决定。当他知道周恩来和李德吵起来时，对周恩来说："不要理他（指李德）。"中革军委在当天决定紧缩机关，充实战斗部队，撤销八军团，并入五军团。第二天，朱德、周恩来为执行这一决议作出行动部署。这一决议及其实行，使中央红军从长征开始后的被动局面中摆脱出来，避免了陷入绝境。

1934 年底到 1935 年 1 月 1 日，中共中央又在瓮安的猴场（今草塘）召开政治局会议。决定红军立刻抢渡乌江、攻占遵义。7 日，中央红军占领贵州第二大城市——遵义。9 日，周恩来随军委纵队进驻遵义后，立即布置总部参谋人员打扫贵州军阀柏辉章住宅。当时在总部工作的吕黎平在其《青春的步履》一书中回忆说："我们中午进屋后，周副主席上下巡视了一番，指出：'作战科住楼下，把楼上那间大房子打扫布置好，供开会用。'……下午周副主席又亲自检查一遍，表示满意。"周恩来及军委的其他同志还做了大量的准备工作。13 日，周恩来又亲自打电报通知刘少奇、李卓然："十五日开政治局会议，你们应于明十四日赶来遵义城"参加会议。

1935 年 1 月 15 日至 17 日，在遵义城红军总司令部召开中共中央政治局扩大会议，史称"遵义会议"。它的目的之一，是检查在第五次反"围剿"与西征中军事指挥的经验与教训。会议由博古主持，并作了关于第五次反"围剿"的总结报告。周恩来作副报告，他与博古的态度截然不同，明确提出第五次反"围剿"失利的主要原因是军事领导的错误，从主观上作了检查，承认自己在军事指挥上的错误，并主动承担了责任，作了自我批评，丝毫不推卸责任。同时，他批评了博古、李德的错误。他指出，只有改变错误的领导，红军才有希望，革命才能成功。杨尚昆在其回忆录及相关谈论中，谈到此事说："他出以公心，不计较个人得失的这种正确态度，对扭转会议形势也起了关键性的作用。如果没有他站出来，会议要取得这样大的成功是不容易的。"并且，"当毛泽东同志作长篇发言集中批判博古、李德在军事指挥和战略战术上的错误后，周恩来同志又不计个人得失，以他的地位和威望，支持毛泽东同志的正确主张……这对形成以毛泽东同志为核心的新的中央领导集体，具有决定性的意义。"会议结束后，中央常委开会分工，以毛泽东为周恩来的军事指挥上的帮助者。杨尚昆曾在《追忆领袖战友同志》中说："但恩来同志从中国革命的最高利益出发，出于对毛泽东同志的充分信赖，自觉地把自己置于助手的地位，让毛泽东同志全权指挥红军的军事行动。可以这样讲，恩来同志在遵义会议期间所作的努力，起到了别人不可替代的作用。事实正如毛泽东同志会后所说的那样：'如果周恩来不同意，遵义会议是开不起来的'。"

3 月 10 日，周恩来在苟坝出席中央政治局扩大会议，讨论林彪、聂荣臻提出的进攻打鼓新场的建议。周恩来回忆说："从遵义一出发，遇到敌人一个师守在打鼓新场那个地方，大家开会都说要打，硬要去攻那个堡垒。只毛主席一个人说不能打，打又是啃硬的，损失了更不应该，我们应该在运动战中去消灭敌人嘛。但别人一致通过要打，毛主席那样高的威信还是不听，他也只好服从。但毛主席回去一想，还是不放心，觉得这样不对，半夜里提马灯又到我那里来，叫我把命令暂时晚一点发，还是想一想。我接受了毛主席的意见，一早再开会议，把大家说服了。这样主席才说，既然如此，不能像过去那样指挥，还是成立几个人的小组，由主席、稼祥和我三人小组指挥作战。”毛泽东在后来的讲话中也说：后来搞了个三人团，团长是周恩来，团员一个是我，一个是王稼祥。由此我们可以看出，遵义会议以后，毛泽东虽然是作为周恩来的“帮助者”，但此后的军事行动，周恩来尊重毛泽东的意见，不攻打打鼓新场，就是周恩来根据毛泽东的再三建议而说服大家放弃的。此后的三渡赤水、四渡赤水、南渡乌江、西进云南，巧渡金沙江，跳出敌军的包围圈，毛泽东书写了他一生中的得意之笔。这也是与周恩来尊重毛泽东，全力支持毛泽东分不开的。

三、“开明君主”张闻天

举世闻名的长征是党的领导者集体智慧谱写的不朽乐章。这个领导集体的核心无疑是毛泽东，然而其他成员的配合也是不可或缺的，张闻天（洛甫）就是其中的一个重要成员。他早年曾先后在东京、旧金山学习和工作过。1925 年 6 月在上海加入中国共产党并被派往莫斯科中山大学。长征途中，张闻天曾短期担任党的总书记一职，遵义会议后 3 年多还存在着“洛毛合作”的领导体制；他也曾三次主动“让贤”。毋庸讳言，他在长征之前曾经犯过“左”倾错误，但是由于他的自觉转变而对长征起了特殊重要的作用。

张闻天自 1933 年接触苏区时间不久，就同“左”倾中央主要领导人博古发生了政治上的分歧，至 1934 年 4 月的广昌战役失败之后，他同博古之间又在军事方针问题上发生了一场激烈的争论。张闻天认为不该同敌人死拼，博古则讥讽他是普列汉诺夫反对 1905 年俄国工人武装暴动的机会主义，两人争得面红耳赤，争论之后张闻天一直没有改变自己的态度。长征初期的张闻天拥护毛泽东，促成了遵义会议胜利召开。毛泽东曾在党的七大期间的一次讲话中指出：“遵义会议是一个关键，对中国革命的影响非常之大。但是，大家知道，如果没有洛甫、王稼祥两个同志从第三次

‘左’倾路线分化出来，就不可能开好遵义会议。”周恩来后来在提起遵义会议时也说过：那个时候开始是闻天转得快。

红军长征出发之后，一方面是李德、博古军事领导的错误继续发展，另一方面党内军内对于这种错误的不满也随之日益增长，而集中反映这种不满并同错误斗争行动的则是毛泽东和张闻天、王稼祥三人组成的被称为中央队的“三人集团”。关于“三人集团”，张闻天在后来的记述中写道：“长征出发后，我同毛泽东、王稼祥二同志住在一起。毛泽东同志开始对我们解释反五次‘围剿’中中央过去在军事领导上的错误，我很快的接受了他的意见。并且在政治局内开始了反对李德、博古的斗争。一直到遵义会议。”张闻天当时是中央政治局委员、书记处书记和中华苏维埃人民委员会主席。罗明在回忆这段长征历史时，还记得在湖南通道地区，一次巧遇张闻天就军事紧急形势向毛泽东求教，和毛泽东提出向贵州进军建议的情景，他记得在到达通道第二天去见毛泽东时就遇上了毛泽东正在同张闻天谈话。李德在《中国记事》中有这样的记载：在到达黎平之前的一次讨论作战方案的“飞行会议”上，他的“转向北方”的方案遭到毛泽东的拒绝，而毛泽东“继续向西”，“进入贵州内地”的主张，则是“得到洛甫和王稼祥的支持”，

遵义会议召开前不久，张闻天根据同毛泽东在路上商定的意见，起草了一份重要报告。会议开始后，临时中央的总负责人博古作了主报告，强调第五次反“围剿”失败是由于敌军过于强大的客观原因。张闻天随后发言，作了批判“左”倾军事错误的“反报告”，从而改变了会议的气氛，使绝大多数与会者开始清算“左”的错误。会议后期，张闻天负责起草的遵义会议决议得到通过。这是份具有划时代意义的历史文件，它宣告了王明“左”倾路线在党内统治的结束，和毛泽东代表的路线领导地位的确立。这份用血的代价换来的关于历史教训总结的文件，也确实融合了张闻天本人在会议前思想转变中提出的一些观点。十年后，毛泽东在党的七大期间说：“如果没有洛甫、王稼祥同志从第三次‘左’倾路线分化出来，就不可能开好遵义会议。同志们把好的账放在我的名下，但绝不能忘记他们两个人。”

1935年2月5日，当红军长征到达云南扎西，许多领导人都感到博古不能再负责下去，中央常委需要重新分工，决定由张闻天接替博古担任总负责。张闻天从年轻时起就喜好理论研究和宣传工作，不长于处理琐事，常在沉思问题，像一位温文尔雅的学者。他被推为总负责人之后，一再感到并不完全适合于领袖地位，希望毛泽东担任总书记。毛泽东以身体不好并忙于军务为由拒绝。1935年4月红军长征渡过北盘江后，中央讨论要派一位中央负责人到白区工作，张闻天主动要求离职前去，结果毛泽东等人不同意，改派陈云前往。遵义会议后，张闻天一直坚持集体领导，遇事总要征求大家的意见，经过讨论后再由他作结论。张闻天的信条是，真理在谁手里，就跟谁走。他在绝大多数场合都采纳毛泽东的意见，毛泽东几次开玩笑说："洛甫，你是'明君'，开明之君。"

1935年夏天红一、四方面军会师，身为政治局委员并在四方面军担任领导的张国焘伸手要权。为了表示团结，张闻天又主动向毛泽东提出"我这个总书记的位置让给他好了"。毛泽东经过考虑后说："不行，他要抓军权，你给他做总书记，他说不定还不满意，但真让他坐上这个宝座，可又麻烦了。"于是中央决定，让张国焘担任红军总政委。事后证明，毛泽东的考虑是有远见的，因为后来张国焘对抗中央的北上决定，并另立"中央"，从组织程序看是严重的反党行为。起初张国焘曾经利用四方面军中张闻天的老同学来做拉拢他的工作，然而张闻天不为所动，而且站在党的立场上做争取这位老同学的工作。张闻天在这场斗争中对毛泽东的协同配合，更表现在野心家张国焘分裂党和红军的千钧一发之际，他同毛泽东等中央领导站在一起，作出紧急决定，立即率领部队脱离险地。为此，他亲自向部队做解释工作，亲自同彭德怀一起布置部队警戒，终于在各方面的共同协作下使中央脱离了险地。

早在1935年6月26日中央召开两河口会议之前，张国焘在攻打松潘问题上就暴露出与中央北上方针有分歧，张闻天在1935年6月24日撰写了《夺取松潘，赤化川陕甘》一文，详细阐述中央方针，指明消极逃跑的危险倾向。文章针对张国焘所暴露的畏敌避战情绪和向西南方向转移的主张，从战略的高度上不指名地进行了批评。1936年1月13日由他署名的中央《给张国焘的电报》，郑重地劝告张国焘："兄之临时中央，望自动取消，否则长此下去，不但全党不以为然，即国际亦必不以为然，尚祈三思为幸。"及至张国焘被迫同意北上后，8 月初出现了三个方面军接近会合的可喜形势。8 月 15 日，张闻天又撰写文章《欢迎北上抗日的二、四方面军》，指出："这是具有全国与全世界历史意义的伟大的胜利会合。"

四、"关键的一票"王稼祥

众所周知，王稼祥在遵义会议上及以后都是毛泽东的积极追随者，然而，早在 1930 年他刚从苏联回国的时候，却曾与王明等一些自命为"真正的布尔什维克"的人一样，认为山沟里出不了马列主义。王稼祥是在革命实践过程中，逐步认识到马列主义必须与中国革命实际相结合，开始从"左"倾转向反"左"倾，并最终在遵义会议上完成这一重大思想转变的。

王稼祥曾经和王明一样，是一位教条主义者。中共早期有一个"二十八个半布尔什维克"的故事，这一说法是中山大学学生余笃三为了挖苦王明及其追随者而提出的，因为王明一直自称为"真正的布尔什维克"。当时，王稼祥就是这所谓"二十八个半布尔什维克"中的一个。不过，与其他人不同的是，王稼祥并没有那种根深蒂固的宗派主义思想，也从来不觉得自己去莫斯科留过学就高人一等。但是，由于一直在苏联接受马列主义教育，没有进行过中国革命的实践，再加上和王明是同窗兼好友，就不可避免地受到了教条主义的影响，并在回国后将这种影响带到了工作中去。尽管王稼祥在理论上支持了王明的行动，并因此受到重用，但他本质上并不是一个看重名利的人，他反对李立三，并不是为了给王明摇旗呐喊，也不是为了个人荣辱，只是认为批判"立三路线"和"调和主义"是一个共产党员应有的正确立场。

1932 年 10 月上旬召开的宁都会议，在 10 月 21 日形成的《苏区中央局宁都会议经过简报》中写道："会议中批评了泽东同志过去向赣东发展路线与不尊重党的领导机关与组织观念的错误，开展了中央局从未有过的反倾向的斗争。"毛泽东据理力争，又被指责为"承认和了解错误不够"。

为此，中央局要求将他从前方调离，撤销其红一方面军总政委的职务，让其专做政府工作。尽管王稼祥也批判过毛泽东的“经验论的落后思想”，但他的观点也在悄悄地起着变化。事实胜于雄辩，在中央苏区，他看到凡是按照毛泽东的主张去办的，总是行之有效；而按照王明中央的指示去办的，就往往适得其反。这使王稼祥陷入了深深的思考，并在政治和军事观点上越来越倾向于毛泽东。

在此次会上，王稼祥作了出人意料的发言，他说：“众所周知，我也是四中全会后由中央派来苏区的，我对中央指示也一直是服从和执行的。但是我从几次反‘围剿’的胜利中，以及从攻打赣州的教训中，逐步认识到毛泽东同志的思想主张，是符合红军和苏区实际情况的，他提出的战略思想和战术原则，已经被实践证明为行之有效的东西。他的指挥决策也一再被证明是正确的。红军和苏区之所以有今天这样的局面，是与毛泽东同志的正确领导分不开的。因此，我认为毛泽东同志仍然应该留在前线，继续指挥红军作战。即将开始的第四次反‘围剿’，正需要毛泽东这样的指挥者与领导人。总之，我的意见是：大敌当前，不可易将；指挥重任，非他莫属!”王稼祥的发言震惊了全场，连毛泽东都感到意外。接着王稼祥说：“众所周知，我与毛泽东同志并非故交，相识不久，倒是与王明、博古等同志是老同学、老同事甚至同乡，我不赞成王明等同志的做法，反而支持毛泽东同志的主张，相信不会被人认为是搞什么‘小团体’或‘宗派主义’。因此我请大家撇开个人意气和人事纠纷，郑重考虑我的意见。”

在会前，毛泽东认为王稼祥能够不反对自己就算不错了，万万没想到他还会帮着自己说话。这标志着王稼祥开始拒绝盲从以王明为首的“左”倾中央，开始勇敢地说出自己内心的想法，在政治上已有了自己独到的见解。然而，在当时“左”倾思想占上风的中央，是不会有人郑重考虑王稼祥的意见的。

红军的第五次反“围剿”遭到严重失败。对此，王稼祥气愤地指责说：“像李德这样指挥红军，哪能不打败仗!”广昌战役失败后，红军不得不进行长征。长征开始时，毛泽东、王稼祥、张闻天三人被安排在不同的军团之中，这是博古的主意，他已看出王稼祥和张闻天对毛泽东的主张持同情和支持态度，所以故意不让他们凑在一起，甚至不让他们待在军委纵队，以使其不能参加中央决策。经过几番争取，博古破例“开恩”，让他们走在了一起。一路上，三人几乎形影不离，连晚上宿营都在一起。毛泽东不停地向两人讲解自己的军事思想，王稼祥、张闻天则一直认真地听着，越来越觉得毛泽东是一位不同凡响的人物。过去，他们不相信穷山沟里也能出马列主义，现在，他们发现真正将马列主义与中国具体实际结合起来的人就在这穷山沟里。

对博古和李德的那一套做法，王稼祥已是忍无可忍，他开始考虑如何将他们赶下台去，认为只有如此才能挽救中国革命。为此，在长征路上召开的每一次中央政治局会议，他都积极参加，并发表自己的观点。毛泽东后来回忆说：“从长征一开始，王稼祥同志就开始反对第三次‘左’倾路线了。”1934 年 12 月 11 日，红一军团二师五团攻占通道县城。次日，中央在这里召开紧急会议，史称“通道会议”，主要讨论红军的去向问题。14 日，红一军团二师六团攻占贵州黎平。18 日，中央政治局会议在黎平召开，史称“黎平会议”。经过毛泽东、王稼祥、张闻天的极力争取，会议通过了《中央政治局关于战略方针之决定》，指出：“鉴于目前所形成之情况，政治局认为过去在湘西创立新的苏维埃根据地的决定，在目前已经是不可能的，并且是不适宜的。”

王稼祥看到李德表面上服从黎平会议的决定，但仍然不甘心放弃他的错误战略计划，感到十分忧虑，于是找到毛泽东，商量要把博古、李德“轰”下来。毛泽东考虑到，毕竟追随博古、李德的人还占多数，表示担心。但王稼祥很坚定，说到了遵义要开会，那时再把他们“轰”下来。毛泽东说：“好啊，我很赞成，那要活动活动。”王稼祥欣然应允。首先，王稼祥找到了张闻天，张闻天对此建议深表赞同。于是，他又找到了聂荣臻，聂荣臻说：“我完全赞成，我也有这个想法。”接着，刘伯承、彭德怀、杨尚昆、林彪……纷纷表示赞成王稼祥的提议。最后，王稼祥又与张闻天商量，决定在遵义召开政治局扩大会议。

1935 年 1 月 15 日，遵义会议召开。会议开始后，博古对第五次反“围剿”的失败作总结，片面强调敌强我弱等客观因素，回避自己在指挥方针上的错误。接着，周恩来作副报告，勇敢地承担了自己所应负的责任，与博古形成了鲜明的对比。接下来，在张闻天发表讲话后，毛泽东开始发言……王稼祥在听完毛泽东的讲话后，更加坚定了支持毛泽东的信念。他旗帜鲜明地表示赞成毛泽东的发言和张闻天的“反报告”，批评博古、李德在军事指挥上的错误，提议应当由毛泽东出来指挥红军，要求取消李德、博古的军事指挥权。事后，毛泽东非常感激王稼祥在这次会议上的支持，称之为“关键的一票”。他常对人说：“王稼祥是最早就支持我的，遵义会议上没有他不行，他投了关键的一票。”

犯错下岗干部不改党性

遵义会议后，中央常委会讨论分工问题，决定由张闻天代替博古担任党中央书记，当时博古也认识到自己缺乏斗争经验，不适合担任最高领导。当时政治局候补委员凯丰在背后叫博古不要交“权”，博古没有听。他襟怀坦荡表示应该服从政治局多数同志作出的决定，这一交权形式很简单，就是把几担装有中央文件、记录和印章的挑子交由张闻天负责，博古留任中央常委……

遵义会议上，中央政治局候补委员、红九军团代表凯丰积极为博古辩护，当面讥笑毛泽东打仗的方法是照着《三国演义》和《孙子兵法》两本书去打的……但会议召开的两个月后，事实教育了他，他的思想起了明显变化，转为拥护毛泽东。此后，在长征途中，尤其是在与张国焘的斗争中，凯丰都站在毛泽东为代表的正确路线一边。最早写了公开批评张国焘的文章。当时，张国焘看了凯丰的文章极为恼火……凯丰旗帜鲜明地维护毛泽东为代表的中央的统一，反对张国焘分裂中央、分裂红军的活动，体现了其鲜明的政治立场。

1945 年 4 月，中国共产党准备召开七大。在酝酿阶段，代表们争论最多的一个问题是对犯过错误的同志，该不该选举？毛泽东在作关于选举方针的报告时解释说：从党的历史经验来看，对过去犯错误的同志不应一手推开，只要他们承认错误，并决心改正错误就行了。经过学习，这样我们就有了更大的免疫性。毛泽东还在另一次会上说：这些人的错误，是在一定的历史条件下犯的，经过整风，已经把问题弄清楚了，就不应太着重个人的责任。毛泽东还关心博古、王明能否选上中央委员，他说：“‘七大’是一次团结的大会，犯了错误的人也有代表性……我们不要把犯过错误的人推出去，而要团结他们……”足见，毛泽东能够如此宽宏大量，以党的利益为重，以团结为重，体现了英明领袖的高风亮节。

一、“有组织观念”的博古

博古（实名：秦邦宪），早年就读于苏州工业专门学校，积极参加学生爱国运动。1925 年，考入上海大学，认识了瞿秋白和陈独秀，受到马克思主义的影响，开始成为学生运动的骨干，并积极参加了五卅运动。同年秋，博古加入中国共产党。1926 年 10 月，博古参加了上海工人第一次武装起义。不久，被中共中央派往莫斯科中山大学学习。1930 年 5 月，博古回国，在上海任全国总工会宣传部干事，编辑《劳动报》等工人报纸，致力于白区党的地下工作。1930 年 12 月，任中国共产主义青年团中央局宣传部长。1931 年 4 月，任青年团中央局书记。6 月，被任命为中共临时中央局成员。在中共中央总书记向忠发被捕叛变后，博古为中共临时中央政治局的主要负责人之一。1933 年 1 月，博古进入中央革命根据地，正式成为中共临时中央政治局委员、中央局总负责人。1934 年 1 月，在中共六届五中全会上，博古被选为中央委员会委员、中央政治局党务委员、中共中央总书记。此间，他推行了王明的“左”倾错误路线，使王明的“左”倾冒险主义发展到了顶点。1934 年 10 月，第五次反“围剿”失败，中央红军被迫长征。

1935 年 1 月 15 日，中共中央在贵州遵义召开了政治局扩大会议，会议由博古主持，作关于反对敌人五次“围剿”的总结报告。博古在报告中对军事指挥上的错误，作了一些检讨，但却把五次反“围剿”战争失败的主要原因，归之于帝国主义和国民党力量的强大，强调当时白区反帝反蒋运动没有显著进步，瓦解敌军的工作做得差，游击战争开展得更不够，各根据地互相配合不够密切，根据地的后方物资供应工作没有做好等等客观原因，而不承认主要是由于军事指挥上犯了严重的错误所造成。

但博古服从多数，同意毛泽东的提议，改为政治局扩大会议，让部队主要军事干部参加。1 月16 日与17 日，博古主持会议，说："今天请军队的领导同志参加政治局扩大会议，是中央想直接听听大家对第五次反'围剿'和战略大转移方面，中央军事领导上犯了哪些错误，对三人军事领导小组有什么意见。"凯丰的发言力争为博古辩护，他说五次反"围剿"失败博古有错，但全国革命根据地扩大了，红军发展了，博古是执行共产国际路线的，不能说他政治路线也错了。17 日的会议，博古与大家同意张闻天起草的会议决定：增选毛泽东为政治局常委，取消博古、李德和周恩来的军事领导三人小组，由朱德总司令与周恩来政委为军事指挥者，周恩来为军事指挥最后下决心的负责人等。会议没有让李德发言。

1935 年2 月5 日下午，在威信县水田寨花房子村，周恩来来到博古住处。一进门，周恩来就说："邦宪弟，近来身体怎样? 听说这些日子你饭量减少，人也瘦了，润之（毛泽东）让我来看看你有什么需要。"博古说："有什么事，你就直说吧。"周恩来将上午与毛泽东、张闻天、王稼祥商量常委分工并由洛甫代替博古担任总书记的决定委婉地转达给博古。周恩来对博古说，中国革命要打倒蒋介石必须由毛泽东领导，蒋介石文武双全，知识面广，又有政治手段，我们必须要找个比他强的人领导。我考虑了很久，这个人是毛泽东。现在我们商量由张闻天接替你当总书记，也是过渡的。博古坦然地说"好"，并说他已经感到大家对他有意见，他继续领导有困难。博古重视民主、和谐与民主集中制，考虑到周恩来说得有理，就立即交出党中央委员会、中央政治局书记和中央总书记的三枚印章，说明天把文件担子放到张闻天处。博古仍任中央常委与军委委员，与张、周、毛共同领导长征。他交代完了，最后提出要他与王明约定的联络员潘汉年去向共产国际报告，争取共产国际批准。因为如果共产国际不批准，这样交权是不算数的。

1935 年6 月16 日，红一、四方面军在懋功会师后，张国焘与陈昌浩分别来找博古，了解遵义会议情况，说遵义会议的决定不合法，四方面军不同意。但是，28 岁的博古是非分明，他的心里只有党的利益，坚决维护党的团结统一。试想，博古是共产国际批准的合法总书记，张国焘是建党元老、第一次党代会十二个代表之一，中央政治局委员，红四方面军总负责人，领军 8 万人，多过中央红军数倍。如果他俩站在一起，又有其他支持者，形势又会怎样？……为此，毛泽东对博古作了这样的评价："博古是一个很有原则、很有组织观念的人。"

遵义会议后，关于长征路线八次改变落脚点与进行战争，博古与张闻天、毛泽东、周恩来的意见都一致。他不计个人得失，顾全大局，注意维护毛泽东的威信与党的团结，先后赞同毛泽东帮助周恩来最后下决心，反对林彪撤换毛泽东领导军事的意见，同意毛泽东、周恩来与王稼祥组成新的军事领导三人组，又同意毛泽东任军委主席，周恩来与彭德怀任副主席，逐步把毛泽东扶起来。1935 年 10 月 19 日，红军抵达陕北吴起镇，27 日常委分工，毛泽东说，1934 年秦邦宪叫我当中华苏维埃主席，这次我提议他任中华苏维埃西北办事处主席，这叫礼尚往来。周恩来拍手赞同。

毛泽东等在湘黔边境与乌江地域与博古、李德关于战略方向的斗争而取得的胜利，写进了遵义会议决议。但是按党中央要求，犯错误的人中，遵义会议决议里，只点华夫（李德）的名，其他犯错误的同志一律不点名，其中以 ××、×× 代之。如决议中的"华夫同志等"里，不言而喻，包含了博古，但没有点名。这反映了中国共产党"对事不对人"的斗争原则，体现团结大多数人的集体观念。

二、知错改错的凯丰

凯丰，原名何克全，出生在江西萍乡一个中等之家，从小在家族祠堂接受私塾教育，后到萍乡中学读书，接受了进步思想。1925 年夏，考入武昌高等师范学校（后改名武昌中山大学）。曾经留学苏联，与王明、博古等人一起被冠以"二十八个半布尔什维克"。1934 年 1 月，在瑞金召开的中共六届五中全会上，凯丰被增补为中央委员、中央政治局候补委员。后又在中华苏维埃共和国第二次全国代表大会上，当选为中华苏维埃共和国执行委员。

长征开始的时候，为撤退需要搞了新的编制，凯丰就不在中央了，但还是政治局候补委员。当时他的职务是九军团党代表，九军团的司令员是罗炳辉、政委是蔡树藩，凯丰任党代表，按照当时的规定就是九军团的总负责人，地位高于罗炳辉和蔡树藩，那一年凯丰只有28岁。遵义会议召开时，当时凯丰带领九军团，保卫遵义城的安全，并不在遵义城里。部队驻守遵义东部的湄潭，距离遵义城约70公里，九军团军部就在湄潭的天主教堂。部队突然接到周恩来的电报，通知凯丰、罗炳辉和蔡树藩，1月15日在遵义召开政治局扩大会议，务必于14日赶到。接到开会通知的时候，也不知道是这么大的事情，在军情瞬息万变的情况下，为确保遵义的安全，罗炳辉和蔡树藩就都没有去。凯丰就和九军团政治部副主任、共青团书记尹自勇一起连夜骑马，在14日傍晚抵达了遵义城。

在遵义召开的中共中央政治局扩大会议上，大家批判了博古的“左”倾军事路线，凯丰站出来为博古辩护，挖苦毛泽东说：“你懂什么马列主义，顶多是看《孙子兵法》《三国演义》打仗!”1962年1月，毛泽东对日本一个访华代表团谈话时回忆说：“遵义会议时，凯丰说我打仗的方法不高明，是照着两本书去打的，一本是《三国演义》，另一本是《孙子兵法》。其实，打仗的事，怎么照书本去打？那时，这两本书我只看过一本《三国演义》，另一本《孙子兵法》，当时我并没有看过，那个同志硬说我看过。我问他《孙子兵法》共有几篇，第一篇的题目叫什么？他答不上来。其实他也没有看过。从那以后，倒是逼使我翻了翻《孙子兵法》。”凯丰不仅在会上站在博古一边，而且会前三番两次找聂荣臻谈话，要聂支持博古，但是未成功。凯丰向博古汇报说：“聂荣臻这个人真顽固!”在会议的最后阶段，他不得不承认博古和李德犯了军事路线错误，但又反对撤销他们的指挥权。遵义会议后，凯丰还说：“谁正确，谁错误，走着瞧!”

两个月后，在随后的扎西会议上，凯丰想通了，改正了认识，作了检查。中央恢复了他九军团党代表的职务。凯丰此时是确实转变过来了，此后，在长征途中的许多政治关口，凯丰都站在毛泽东一边。在一、四方面军会师之前，毛泽东、张闻天就不满意张国焘不请示中央就成立政府的问题，1935 年 6 月，中共中央政治局在四川西北部的两河口召开了扩大会议，并通过《关于一、四方面军会合后战略方针的决定》，否定了张国焘向川康退却的主张。凯丰明确支持北上。他写了长文《番民工作的几个问题》，刊登在中共中央机关报《前进》上，批评张国焘搞的西北联邦政府，是想把中央也“联邦”进去。这是最早公开批评张国焘的文章，张国焘得知凯丰的文章后极为恼火，提出了交涉，并质问张闻天。由于当时张国焘势力强大，中央惹不起他，为了向张国焘妥协，收回了这篇文章，算是和张国焘有了些隔阂。在一、四方面军会师的时候，由于凯丰是江西萍乡人，和张国焘是同乡，所以中央派凯丰去迎接张国焘，也是为了化解之前的一些误会。

1935 年 7 月 18 日至 22 日，中央在黑水县的芦花召开两次政治局常委扩大会议，研究解决红军统一指挥和组织领导问题。凯丰在发言中当面批评张国焘随意退出通（江）、南（江）、巴（中）苏区的错误。在 8 月间中央召开的沙窝会议、毛儿盖会议和 9 月间召开的俄界会议上，凯丰都是旗帜鲜明地维护毛泽东为代表的中央的统一，反对张国焘分裂中央、分裂红军的活动。在沙窝会议上政治局委员分工时，让凯丰负责长征路上的少数民族委员会工作。在不久后的班佑会议上，他又受命组织中央宣传委员会，并负责审查关于民族问题的宣传材料。后来，他又担任中共中央理论刊物《干部必读》的编委，日益显示出他的理论和宣传才干。

曾任中央政治局候补委员的凯丰，虽然在遵义会议上与毛泽东曾有过言辞尖刻的唇枪舌剑，后来两人关系却很融洽。1938 年 4 月 10 日，毛泽东领衔发起成立延安鲁迅艺术学院。尽管凯丰没有列为发起人，但在拟定学校董事会名单时，毛泽东还是把他列进来。另外，延安文艺座谈会的请柬落款只有两个人的名字，那就是毛泽东与凯丰，这是毛泽东一生中唯一的一次与他人联名发起召开党的重要会议。

主要将领坚守政治原则

1935 年 6 月，红军第一、四方面军在四川懋功会师，这本应是红军在万分艰难之时的一次力量组合，是长征走向胜利的一次转折。然而张国焘仗着枪多人多，企图争夺党的最高指挥权，鼓动红四方面军南下另立“中央”……险些铸成历史大错。毛泽东、周恩来等中央领导沉着应对，经过艰苦卓绝的斗争，最终粉碎了张国焘的阴谋。在这次斗争中，以朱德为代表的红军将领，以他们高度的政治觉悟及智谋勇气，坚决与张国焘的分裂主义作斗争，起了不可或缺的关键作用。

一、“志坚如钢”的朱德总司令

朱德于 1934 年 10 月随中共中央、中革军委及红军总部、中央红军从江西瑞金出发长征。长征初期，朱德对博古、李德的瞎指挥导致红军处处被动挨打十分不满，想方设法减少红军的损失。遵义会议前后，朱德支持毛泽东的正确主张，赞同毛泽东在红军中的领导地位。中央红军与第四方面军会师后不久，在沙窝会议后，红一、四方面军混合编组，分左、右两路北上。朱德同张国焘率左路军行动，然而张国焘坚持错误的红军南下的路线，与中央北上决策背道而驰。朱德坚决反对张国焘的右倾分裂主义，坚定地站在毛泽这边。作为红军总司令，朱德在红军中享有崇高威望，其间，他努力说服争取四方面军广大指战员，为最终战胜分裂主义发挥了巨大作用。

1935 年 9 月，由于四方面军领导人张国焘怀有个人野心，自恃人多枪多，对抗党中央的北上方针，导致一、四方面军会师 3 个月后又在草地分离了。这使党和红军面临一次空前严重的危机。这时，同张国焘一起的朱德分编为红军左路军，当抵达阿坝后，张国焘要挟朱德同他联名发电给中央，要右路军掉头南下，遭到朱德严词拒绝。左路军抵达黄河支流的噶曲河边时，张国焘借口河水上涨不能通过，还要求左路军先头部队全部撤回阿坝，想向青海等偏远地区退却。朱德力主渡河北上，并亲自到河边视察水情，用事实向张国焘力争。

张国焘见中共中央已经北上，就在阿坝召开会议。会议作出了决议，污蔑中央率红军北上是“机会主义”“右倾逃跑”，而把自己的南下主张美化为“进攻路线”。他扬言要对“经过斗争和教育仍不转变的分子”给以“纪律制裁”。会上，他以突然袭击的方式逼迫朱德接受他们的南下主张。朱德斥责了他的错误主张，对他耐心说服：我来左路军工作，是执行党中央的决定。我的任务是和四方面军的同志一道，执行党中央的决议，坚决北上。北上，这是党中央的指挥，这是我党的组织原则。朱德表示：我相信，四方面军的广大指战员是识大体、顾大局的，他们是不会同意你们这样做的。总有一天，他们会走到党中央身边的。张国焘组织了对朱德、刘伯承的围攻，逼朱德发表反对中央北上的宣言，逼他接受反对党中央的“命令”，并以枪毙相威胁。朱德大义凛然，严词拒绝说：你可以把我劈成两半，但是你绝对割不断我和毛泽东同志的关系。并说，北上是中央决议，中央的路线是正确的，我是举过手的，我不能反对！据一位当时在五军团的目击者回忆说：

“张国焘恼羞成怒，便气急败坏地组织围斗朱总司令。我见朱总司令十分镇静地坐在那里，毫不为这些人的气势汹汹所动，等他们叫嚷得差不多了，才慢慢地站起身来。正要据理驳斥，张国焘却拍桌子，大声吼道：‘大家不要吵了，不要闹了！’他这话完全是冲着朱总司令来的，对我们敬爱的总司令，连话都不让讲，实在太专横、霸道！从此，张国焘便对朱总司令进行种种的迫害和摧残。他指使人在夜间把总司令的马匹全部偷走，并且当即宰掉；后来又把总司令的警卫人员调走，甚至连门岗也给撤掉，使总司令的安全得不到保障。朱总司令写信给我，要我从五军团给他挑选两个警卫员。我便让五军团保卫局侦察科的科员范云标同志和保卫队的张副指导员，去给总司令当警卫员。”

张国焘反对中央，反对北上，在当时左路军中原属一方面军的五军团干部、战士中引起强烈不满。有的同志提出：“单独北上，找毛主席和党中央去。”有的激愤地表示要与张国焘“干”。朱德从革命的大局出发，耐心地教育大家掌握正确的斗争方针和策略。他说，北上是一条正确的路线。我们将来迟早要走上这条路线的。南下是绝路，无论从敌情、地形、居民、给养等条件来说，都是对我们极为不利的。可是有人说北上是逃跑，只有南下才是革命的。孰是孰非，本来是很清楚的，将来会越来越清楚。他说：我们一定要坚持真理，坚持斗争，坚决拥护中央北上的路线。同志们要顾全大局，要讲革命，讲团结。只有加强了全体红军的团结，才能克服一切困难，争取革命事业的胜利。

首先，朱德决定从维护红军团结的大局出发，不计个人的荣辱安危，跟着南下的部队走。当时，张国焘的追随者曾对朱德叫嚷：既然你拥护北上，那你现在就走，快走！朱德明确回答：我是中央派到这里工作的，既然你们坚持南下，我只好跟你们去。朱德为什么作出这种选择呢？一、四方面军分离后，随党中央北上陕甘的红一方面军主力仅有7000余人，加上陕甘苏区的红军也不到1.5万人，而随张国焘南下的部队仍在8万以上，很显然，这是一支十分重要的革命力量，不能把它丢给张国焘不管。朱德相信，四方面军广大干部战士都是好的、革命的。

当红一、四方面军分开行动后，张国焘立刻大造反对党中央的舆论，他在阿坝、卓木碉等地开会，攻击中央北上是“逃跑主义”，并逼迫朱德当众表态“反对北上，拥护南下”。朱德毫不动摇地说：党中央北上抗日的方针是正确的。北上决议，我在政治局会议上是举过手的，我不能出尔反尔。我是共产党员，我的义务是执行党的决定。南下是没有出路的。朱德还说：“我们这个‘朱毛’，在一起好多年，全国全世界都闻名，要我这个‘朱’去反‘毛’，我可做不到。”

张国焘公然在卓木碉宣布另立以他为首的“临时中央”，为扩大其声势，还宣布朱德为“中央政治局委员”“中央书记处书记”。朱德严正表示：你不能另起炉灶，你这个“中央”不是中央，我按党的规矩，保留意见，以个人名义做革命工作。徐向前回忆说：“朱德同志坚决反对另立‘中央’，对张国焘也起了有力的制约作用。”当时担任四方面军军事负责人的徐向前回忆说：朱德总司令虽然不同意张国焘的分裂主义行为，但认为部队既然已经南下，就应打开战局，找块立脚生存的地方。那么多红军，没有地盘，没有饭吃，无异于不战而自毙。同时，在军事行动方面，他积极行使总司令的职权，及时了解敌情，研究作战部署，不当“空头司令”，尽量发挥自己的作用。

红四方面军南下后，广大指战员英勇战斗，曾取得一些胜利，但由于张国焘南下方针战略性的错误，始终不能在川康边立足。经过几个月苦战，部队由南下时的 8 万余人锐减到 4 万余人。挫折和失败使四方面军广大指战员逐渐认识到张国焘南下方针是错误的。1936 年 2 月，在战局日益严重不利的情况下，朱德和徐向前一起提出放弃建立川康边根据地的计划，撤离川西，转移到康定、炉霍一带休整部队，然后北上与一方面军会师。张国焘因南下碰壁，不得不同意。于是，南下部队又踏上了重新北上的道路。

张国焘后来被迫取消“临时中央”，红一、二、四三个方面军最终于 1936 年 10 月在甘肃会宁胜利会师。朱德在长征领导人中走的路最多、经历的磨难最多，朱德同一向专横跋扈的张国焘在一起，难免受到挟制和压迫，但他在重大原则问题上决不妥协，当朱德到达陕北后，毛泽东称赞他“斗得有理、有节，临大节而不辱”，“度量大如海，意志坚如钢”。

二、“大事不糊涂”的叶剑英

1934 年夏，中央苏区第五次反“围剿”失败。中央红军不得不于 10 月开始战略大转移。1935 年 1 月 15 日，党中央在遵义召开政治局扩大会议，结束了以王明为代表的“左”倾冒险主义在党中央的统治，当时，担任军委纵队副司令员的叶剑英，衷心拥护遵义会议决定。1935 年 6 月中旬，红一方面军即中央红军与红四方面军在四川懋功胜利会师。红一、四方面军两大主力红军会师后，红军的实力大大增强了。那时，红一方面军有 1 万多人，红四方面军有 8 万人。但是当时担任红四方面军主要领导职务的张国焘，依仗人多枪多，个人野心大大膨胀，向党闹独立，反对党中央的北上方针。

为了解决这个重大分歧，统一战略思想和行动方针，1935 年 6 月 26 日，党中央在两河口召开政治局会议，通过了《关于一、四方面军会合后战略方针的决定》，否定了张国焘的西进方针。张国焘在会上勉强同意党中央的北上方针。但他阳奉阴违，会后处处作梗。会议后，张国焘回到红四方面军总部就召开师以上干部会，借传达会议精神来反对北上抗日方针，说中央会议没有解决“统一指挥”和“组织问题”等，下令部队按兵不动。张还向党中央提出改组中革军委和红军总司令部的意见，并通过陈昌浩（红四方面军政委）向党中央提出要张担任军委主席。党中央为了顾全大局，有利两大主力红军团结对敌，共同北上，也是为了争取张国焘本人，于7月18日，任命张国焘为红军总政委。7月21日，中革军委决定：红四方面军总指挥部为前敌总指挥部，徐向前兼总指挥，陈昌浩兼政委，叶剑英任参谋长。在这种情况下，张国焘才勉强率领红四方面军北上。

8月上旬，党中央政治局在毛儿盖附近的沙窝召开会议，继续对张国焘进行耐心的说服工作，通过了《中央关于一、四方面军会合后的政治形势与任务的决议》，重申两河口会议确定的战略方针。会后，党中央决定把红一、四方面军混合编成右路军和左路军，在党中央、中革军委统一领导下，共同北上。右路军由前敌总指挥徐向前、政委陈昌浩、参谋长叶剑英率领；毛泽东、周恩来、张闻天、博古等随右路军行动。左路军由红军总司令朱德、红军总政委张国焘、红军总参谋长刘伯承率领。左、右路军分别从卓克基、毛儿盖等地出发。

沙窝会议后，张国焘和朱总司令率领左路军从毛儿盖、卓克基出发北上。但是当左路军进到阿坝时，张国焘即下令部队停止前进，重新提出西进方针，反对北上抗日。党中央为了纠正张的错误主张，当即电告张国焘："只有北上是实现党的政治主张的最好保证。"并催促张迅速率军北上。但张不顾党中央的指示和劝告。8月20日中央在毛儿盖召开政治局会议，明确指出中央北上抗日方针是正确的，西进方针是错误的、危险的。张国焘没有出席毛儿盖会议。会后党中央和中央领导致电张国焘，希望他迅速率左路军北上。一直拖延到8月30日，张国焘才命令左路军集结后向班佑前进。但才走一天，8月31日，张国焘又却步不前。与此同时，右路军于8月下旬到达班佑、巴西地区。9月2日，张闻天主持召开了中央政治局会议，讨论整顿红一方面军的工作方针。但是张国焘以河水高涨、草地不能通过等为借口，不但拒绝北上，反而要右路军南下。9月8日上午，徐向前、陈昌浩给张国焘发了一份电报，但是张国焘仍然一意孤行。9月8日晚，由周恩来、张闻天、博古、徐向前、陈昌浩、毛泽东、王稼祥七人联名发出电报，力促张国焘北进。中央致电张国焘，指出："目前方针只有向北是出路，向南则敌情、地形、居民、给养都对我极端不利，将要使红军受空前未有之困难环境。中央认为，北上方针不应改变，左路军应迅速北上。”

同时，9月9日张国焘背着党中央“密电”右路军政委陈昌浩率右路军南下，并要求“彻底开展党内斗争”。而右路军政委陈昌浩，对执行中央的战略方针仍是犹豫不决，举棋不定，一切等待张国焘的电示。张国焘视陈昌浩为心腹，陈昌浩此时的表现，更助长了张国焘的野心，他不仅不率左路军北上，反而致电中央进一步提出要求主力红军全部南下川康。

9月9日下午“密电”收到时，右路军前敌总指挥部正在召开干部大会，作战科副科长和机要译电组长陈茂生马上将密电译出，送到会场交给叶剑英。右路军前敌总指挥部正在开大会。叶剑英看到电报后，感到事关重大，借故离开会场，立刻向党中央驻地飞跑而去，亲自把密电交给毛泽东。毛泽东一看，即把密电内容写在卷烟纸上。他意识到叶剑英处境危险，要他赶快回去开会，并嘱咐应当沉着冷静，谨慎从事。随后，叶剑英回到前敌总指挥部开会会场。当天晚上，毛泽东、周恩来、张闻天、博古等同志在巴西（今四川阿坝州若尔盖县巴西乡）召开了紧急会议。为了贯彻北上方针，避免红军内部可能发生的冲突，会议决定军委纵队和右路军中的红一、三军团迅速北上甘南。9月10日凌晨，军委纵队和红一、三军团单独北上。这天清晨，陈昌浩得知军委纵队和红一、三军团北上了，便想派部队追击。在这严重时刻，右路军总指挥徐向前坚决制止这种行动，维护了红军的团结。

叶剑英为了使党中央和红一、三军团迅速脱险，安全北上甘南，找作战科副科长吕继熙要了一张十万分之一的甘肃省地图。中央几位负责同志走后，究竟怎样把直属队带走？叶剑英急中生智，决定利用张国焘的南下电报，以打粮准备南下的名义，把直属队全部带走。叶剑英又以“打粮”名义，率领军委直属队北上。军委直属队在阿西赶上了党中央和红一、三军团。党中央的领导人毛泽东、周恩来等见叶剑英赶上来了，都非常高兴，一致称赞他干得好。

9月12日，党中央在俄界（今甘肃省迭部县高吉村）召开政治局扩大会议。毛泽东作了《关于与四方面军领导者张国焘争论及今后战略方针》的报告。叶剑英出席了这次会议。会议通过了《关于张国焘同志错误的决定》，指出张国焘的分裂活动是“绝对不可容许的”，号召四方面军同志团结在党中央周围，同张国焘的错误倾向作斗争，以巩固党和红军。党中央北上后，张国焘继续抗拒党中央的命令，强行率领红四方面军南下，于10月初在卓木碉另立“中央”，自封为“主席”。后来，在朱德、刘伯承和贺龙、任弼时、徐向前的耐心说服和党中央严词要求下，加上南下的失败，张国焘于1936年6月不得不宣布取消伪中央。这表明张国焘右倾分裂主义彻底失败了。

对于叶剑英及时向毛泽东报告张国焘企图分裂中央的阴谋活动，毛泽东曾多次提到这件事，高度赞扬叶剑英是“诸葛一生唯谨慎，吕端大事不糊涂”。1967年毛泽东在一次谈话时说：“叶剑英同志在关键的时候是立了大功的。如果没有他，（毛泽东边说边摸摸脑袋）就没有这个了。”周恩来在1972年一次会议报告中谈到长征问题时说：“剑英同志将密电报告了毛主席，因而（中央）脱离危险，立了大功。没有剑英同志立这个功，那个局势就很坏了……在关键时刻才显出是同志嘛！古话说：‘疾风知劲草，板荡识诚臣’嘛！”叶剑英在同张国焘分裂活动中斗争的关键时刻，表现了一个共产党员坚定的革命立场和高尚品质。

三、危难见忠诚的其他将军

1. 欲行“兵谏”的刘伯承

红军一、四方面军懋功会师后，中央曾派刘伯承等人组成慰问团到四方面军慰问。时任中央军委总参谋长的刘伯承，面对张国焘妄图攫取军权的咄咄逼人的言论，顾全大局，不露声色，以不变应万变，之后及时向中央反映情况研究对策。刘伯承和朱德一起同张国焘左路军行动，他几次在高级干部会上反击顶撞张国焘等人，张国焘气急败坏，加强了对刘伯承的警卫，实际是将刘伯承看管起来。后来又撤去刘伯承红军总参谋长的职务，把他调入红军大学任校长。

虽是这样，刘伯承仍同张国焘斗争，还做好了“绑架”张国焘，实施“兵谏”的准备。张国焘在卓木碉擅自成立“临时中央”后，红四方面军中经常将红一方面军的将领抓去开批判会，进行洗脑，让其交代揭发“北上逃跑路线”的错误。还派人在红一方面军中大力宣传南下的好处，批判北上的错误。在这种情况下，刘伯承决定实行“兵谏”，逼张国焘北上，他抓住时机向朱德说了自己的想法后，朱德认为不到万不得已，不走此下策。为了增加同张国焘斗争的砝码，刘伯承向朱德建议，决定同贺龙的二、六军团会合。在说服张国焘同意后，朱德同张国焘联名致电贺龙、任弼时，建议红二、六军团渡金沙江北上到西康同左路军会合，从而使斗争的天平开始倾斜。

2. 侠肝义胆的贺龙

贺龙率红二、六军团与红四方面军在甘孜会师，随即红二、六军团组成红二方面军，贺龙任总指挥。他与同在左路军的朱德、刘伯承等对张国焘分裂党、分裂红军的阴谋进行了坚决的斗争，维护了党的团结，最终促成了红军三大主力胜利会师。张国焘当时之所以同意二、六军团前来会合，也有他的打算，就是想把二、六军团拉向自己，借以加强对抗中央的力量，结果张国焘的如意算盘打错了。在欢迎会上，贺龙便给张国焘来了个下马威。贺龙后来在回忆录中说：“在主席台上，我坐在张国焘身旁，他刚刚站起来要讲话，我半开玩笑半认真地给了他一句悄悄话，我说，国焘啊，只讲团结，莫讲分裂，不然，小心老子打你的黑枪！张国焘就没敢讲不利团结的话。”贺龙为了削弱张国焘的力量，还采用了釜底抽薪之计，他对张国焘说红二、六军团损失不小，要他从四方面军的建制中抽出两个师的兵力补充到红二、六军团中去，从而削弱和分散了张国焘的实力，为最终斗争的胜利增加了砝码。

3. 不为所动的聂荣臻

张国焘为实现野心，采用了很多手段。两河口会议结束后的第二天，张国焘在其住处请时任红一军团政委的聂荣臻和红三军团的军团长彭德怀吃饭，企图拉拢二人，挑拨党内关系，宣扬他的南下方针。席间张国焘诱之以利，说中央红军很疲劳，减员很大，决定拨两个团给一、三军团。聂对这个“请客”是有疑虑的。从张国焘住处出来，他问彭德怀：“他为什么请我们两人吃饭?”彭德怀没有正面回答，只是笑着说：“拨兵给你，你还不要?”聂荣臻会心一笑，说：“我当然也要。”不过张国焘过于热情的奉承，挑拨性极强的语言，使聂荣臻警觉起来。

右路军组成后，林彪、聂荣臻到指挥部开会，会后右路军政委陈昌浩留下聂荣臻，问他对遵义会议和会理会议是什么态度。陈昌浩这话很明显是张国焘请客的继续，意思无非是动员聂荣臻站出来反对毛泽东。聂荣臻说：“遵义会议我已经有态度，会理会议我也早有了态度，这两个会议我都赞成，我都拥护。”这给了陈昌浩一个软钉子。

林彪与张国焘走得很近，显得很亲热，当时张国焘有一个方案，要把聂荣臻调到三十一军去当政委，把林彪调到另一个军去当军长，意图很明显：一是封官拉拢，二是分化瓦解。这也让聂荣臻感到焦虑和不安，他不惜与林彪吵翻，劝林彪要防止红一军团被张国焘吃掉。由于聂荣臻等人立场坚定，坚决支持中央北上方针，弄得张国焘离间不成，最后只好公开向中央要权了。

4. 勇担“护驾”的彭德怀

彭德怀开始也是张国焘拉拢分化的对象，也送过礼物金钱，派说客游说过，但彭德怀始终站在毛泽东这一边，从不为之所动。红军分路北进后，彭德怀在回忆录中有这样一段描述：“这次北进，三军团走在右翼纵队的最后面，最前面是一军团，中间是红四方面军之四军、三十军、九军和前敌总指挥部。当时使我感觉：张国焘有野心，中央似乎没有察觉。毛主席、张闻天随前敌总指挥部在一处住，我每天都去前总，秘密派第十一团隐蔽在毛主席住处不远，以备万一。”

陈昌浩在前总会议上，大谈阿坝是一个基本的游牧区，比农业区还好，引起彭德怀的警觉，于是向毛泽东建议必要时采取扣押人质的办法。他在回忆录中说：“向毛主席报告后不到两小时，叶剑英秘密报告：张国焘来电要求南进。”彭德怀于是义不容辞地担负起这次“护驾”的任务，派出一个团的兵力保护中央首长迅速撤离，从而赢得了时间，避免了悲剧发生。

5. 明张大义的徐向前

徐向前是四方面军总指挥，但他始终是拥护中央北上的方针的，在这方面他一直与张国焘、陈昌浩政见不合。他与陈昌浩率右路军随中央北进。张国焘孤注一掷，电令陈昌浩采取行动，甚至要加害中央领导。毛泽东得悉叶剑英的汇报后，果断率红一、三军团连夜北上。但还是有人发现并报告给徐向前，说："中央红军走了，还对我们设置了警戒，打不打?"徐向前斩钉截铁地说："哪有红军打红军的道理?"彭德怀在回忆录中也说道："听说，陈昌浩要派兵追击我们，徐向前说，岂有此理，哪有红军打红军的道理！这句话起了决定作用，陈未追击。"正是徐向前一声令下，稳住了军队，才避免了一场流血事件的发生，在关键时刻维护了党和红军的团结。

长征胜利的第❷个理由

引向胜利的英明决策

1934年10月，中央红军第五次反“围剿”失败，党中央和中央红军被迫不得不退出中央革命根据地，实行战略转移。中国革命在第一次国内革命战争遭受失败以后，又一次处于危急关头。这次战略转移能否胜利实现，对于中国共产党、中国工农红军，以至整个中国的命运来说，都是生死攸关的。从1934年10月党中央率领中央红军撤离地跨赣、闽、粤三省的中央根据地，至1935年10月到达陕北根据地这第达一年的时间里，为摆脱前有堵截后有追兵的险境，保存党和红军主力，取得战略转移的胜利，党中央曾举行过一系列重要会议。其中主要的有：通道会议、黎平会议、猴场会议、遵义会议、两河口会议、芦花会议、沙窝会议、毛儿盖会议、巴西会议、俄界会议、榜罗镇会议。有学者也把遵义会议前后的一系列会议称为“广义遵义会议”，包括通道会议、黎平会议、猴场会议、遵义会议、“鸡鸣三省”会议、扎西会议、苟坝会议、会理会议等等。通道会议是在湖南召开的，红军长征在贵州，召开了六次特别重要的会议。黎平会议为遵义会议做了准备，猴场会议成为遵义会议召开前的预备会。遵义会议召开后，“鸡鸣三省”会议中央政治局常委分工，张闻天接替博古负总责；苟坝会议完成了遵义会议提出的“改组党中央领导，特别是军事领导”的历史性任务；盘县会议进一步落实遵义会议北上抗日的决定，推动了红军三大主力的胜利会师。这些会议，纠正了王明“左”倾教条主义在军事上的错误，同张国焘的分裂主义行为作了原则性的斗争，端正了红军战略转移的方向，确定了正确的战略方针。这些会议，使蒋介石消灭中国共产党的首脑机关和中央红军的企图最终破产，保证了中央红军在长征这一伟大战略转移中以最终的胜利而结束。

黎平会议：伟大转折的开端

红军第五次反“围剿”以来的几次失利，全军上下清醒地认识到这是排斥以毛泽东为代表的正确领导，贯彻执行错误军事指导方针的结果。而失去军事指挥权两年之久的毛泽东，即使是在担架上也没有放弃过对中国革命前途的思考。从湘南通道到贵州黎平，毛泽东等人与“左”倾领导者一路争论。1934 年末至 1935 年初的 3 个星期内，中央连续召开了三次紧急会议。通道会议，开始采纳毛泽东建议红军改去敌人兵力薄弱的贵州的主张；黎平会议，最终接受毛泽东的正确建议，决定放弃去湘西与红二、红六军团会合的计划；猴场会议，确定了西渡乌江的行动方针，并排除了李德的军事指挥。

（一）通道会议

1934 年 12 月 11 日，红军占领湖南通道县城。12 日，中革军委临时决定在这里召开紧急会议，与会者有：博古、周恩来、张闻天、毛泽东、王稼祥和李德。会议着重讨论红军战略转移的前进方向问题。会上，毛泽东极力说服博古等主要领导人，放弃和二、六军团会合的计划，以免投入敌人布置好的罗网，提出了西入贵州创造新根据地的意见。毛泽东的正确建议得到了与会多数同志的支持，史称“通道转兵”。但博古、李德坚持到湘西同二、六军团会合的原有计划。通道会议以后，经过毛泽东的努力说服，许多领导者转变了观点，支持毛泽东的正确意见。通道会议研究了军事问题，虽然没有就战略方针的转变问题取得一致意见，但促进了这个问题的解决，从而为尔后黎平会议决策红军战略计划转变，做了必要的准备。通道会议没有对战略转移的大方向作出决定，于是，红军向黎平开进。1934 年 12 月 15 日，中央红军占领黎平。中央红军转兵贵州后，虽然避免了暂时的危险，但红军今后何去何从仍然悬而未决。

（二）黎平会议

1934 年 12 月 18 日，中共中央政治局会议在黎平二郎坡胡荣顺店铺（今贵州省黎平县德凤镇二郎坡 52 号）内召开，史称“黎平会议”。参加会议的人员有毛泽东、周恩来、朱德、王稼祥、张闻天、博古、李德等人。周恩来同志主持会议。会议的中心议题是通道会议上争论而未得到解决的问题，即中央红军向何处进军。博古、李德仍然坚持到黔东北和湘西去与红二、六军团会合，毛泽东同志则根据当时敌人已在湘西布重兵，并正在向黔东北集结的严重情况，进一步阐述了他在通道会议上发表的意见，正式建议中央放弃与红二、六军团会合的计划，向黔北的遵义地区进军，在那里建立新的根据地。会议从白天一直开到深夜。经过激烈争论，会议最后接受毛泽东同志的建议，并通过了根据毛泽东同志的发言写成的《中央政治局关于在川黔边建立新根据地的决议》。

尽管黎平会议中有很多争执，但黎平会议开始打破博古、李德的“一言堂”。在黎平会议上，毛泽东在会上提出的计划得到出席会议的多数同志赞成，并成为《中央政治局关于战略方针之决定》的主体思想，扭转了博古、李德一手包办军事、取消集体领导、个人独断专行的局面。黎平会议最后确定了向贵州转兵的战略决策，毛泽东的正确意见终于被党中央采纳，避免了陷入重围的危险，使红军争取了主动。黎平会议是长征初期在红军遭受严重挫折的背景下，我们党为解决红军战略转移问题，第一次在没有共产国际干预的情况下召开的中央政治局会议，独立自主地决定了红军进军路线的系列问题，为猴场会议、遵义会议的顺利召开奠定了思想、组织和军事基础。

黎平会议除了讨论战略方针外，还讨论了红军反对敌人的第五次“围剿”以来的失败问题，对中央的错误军事路线进行了初步的批评，这就为后来遵义会议的召开做了直接准备。黎平会议后，有两项重要决策：一是朱德、周恩来签发了《中央军委为建立川黔边根据地军事行动的决定》，明确规定了红军的具体军事行动方针和路线；二是鉴于部队减员很大，军委对部队进行了整编。这两个决策为遵义会议的召开，为中央红军取得长征胜利提供了战略上、政治上、组织上、军事上的重要保障。

会后，中央军委立即转发了中央政治局的这一新的决定，并要求各军团首长将中央的决定传达到师及梯队首长。为执行新的战略方针，决定对部队进行整编，撤销八军团并入五军团，军委一、二纵队合并为军委纵队。由刘伯承任司令员、陈云任政治委员、叶剑英任副司令员。12 月 19 日，中央军委根据黎平会议的决议作出了《关于执行中央政治局 12 月 18 日决定的决定》，即将中央红军分为左、右两个纵队向以遵义为中心的黔北地区前进。12 月 20 日，坐在担架上的张闻天、王稼祥在黄平的一片茂密的橘林里休息谈话，商议支持毛泽东出来指挥，并与彭德怀、刘伯承等几位将领达成一致。这就是所谓“橘林会谈”（石仲泉：《遵义会议评价的科学历史观》，《中共党史研究》2010 年第 1 期）。

黎平会议是以遵义会议为伟大标志的系列会议中的第一次重要会议，是中国革命伟大历史转折，中国共产党和红军实现重大战略转折的开始、开端和起点，是中共历史上生死攸关的一个重要转折点，是实现重大转折之遵义会议的奠基石。“三个第一次”确立了黎平会议在中国革命史上的重要地位，即：黎平会议是中共中央在红军长征途中召开的第一次政治局会议；第一次以中央政治局名义，否定了博古、李德顽固坚持的错误战略方针；第一次结束了毛泽东长达三年时间受排斥的历史，从而为遵义会议确立他的实际领导核心地位奠定了坚实基础。

（三）猴场会议

12 月 31 日，军委纵队到达猴场。为确定红军进入黔北地区以后的行动方针，中央政治局于 12 月 31 日下午至 1935 年 1 月 1 日凌晨又在猴场（草塘）召开会议。猴场会议重申了黎平会议的决定，提出了红军渡过乌江后新行动方针，这就是彻底粉碎五次“围剿”，建立川黔边新苏区根据地。会议通过的《中央政治局关于渡江后新的行动方针的决定》，要求中央红军应立刻准备在川黔边广大地区内转入反攻，主要是和蒋介石的主力部队作战，消灭其一部，以彻底粉碎五次“围剿”，建立川黔边新苏区根据地，首先建立以遵义为中心的黔北地区根据地，然后向川南发展，是目前最中心的任务，为此，必须尽量利用我们争取到的时间，使部队得到短期的休息，进行整顿和补充工作，并有计划有步骤地开展地方工作，争取广大群众到苏维埃的旗帜下，武装当地群众，扩大红军，搜集资料，建立政权，扩大我们的活动区。为把握住取得胜利的有利时机，使红军不失时机地求得在运动中各个击破敌人，中央政治局还决定：“关于作战方针，以及作战时间与地点的选择，军委必须在政治局会议上做报告。”这是对五次反“围剿”以来博古、李德把持的军事指挥权在组织上作出的限制。从而，使黎平会议决议和猴场会议决定的贯彻执行获得了组织上的保证。猴场会议是红军进入贵州后在遵义会议之前召开的一次重要会议，事实上认可了毛泽东的军事方针，基本结束了“三人团”的军事指挥权，确立了政治局决定重大问题的原则，为遵义会议奠定了基础。

以上史实表明：通道会议、黎平会议、猴场会议的召开和作出的各项决策，从思想上、组织上为遵义会议的召开做了重要准备。陈云同志说：“遵义政治局扩大会议的召集，是基于在湘南及通道的各种争论而由黎平政治局会议所决定的。”周恩来同志说：“经过不断斗争，在遵义会议前夜，就排除了李德，不让李德指挥作战。这样就开好了遵义会议。”上述三个会议急迫解决的是军事问题，转兵贵州免受重围之困，红军取得了一定的主动权。

遵义会议：生死攸关的伟大转折

猴场会议后，1935 年 1 月 6 日，中央红军渡过乌江天险，7 日占领遵义。9 日，中共中央和中央军委纵队进驻遵义城。红军长征以来，连续苦战激战，进驻遵义，中央红军第一次有了短暂的休整机会。这是会议选择在遵义召开的一个重要原因。

（一）遵义会议确立了以毛泽东同志为代表的党中央正确领导

在各项准备工作就绪以后，13 日，党中央以周恩来名义向随各军团行动的党中央政治局委员、政治局候补委员和各军团首长发出通知：“十五日开政治局会议，你们应于明十四日来遵义城。”

15 日，中共中央政治局扩大会议在遵义旧城军阀柏辉章的公馆二层楼上举行，会期三天。参加会议的有中央政治局委员博古、周恩来、毛泽东、朱德、张闻天、陈云；政治局候补委员王稼祥、刘少奇、邓发、凯丰（即何克全）；总参谋长刘伯承，总政治部代主任李富春，一军团军团长林彪、政委聂荣臻，三军团军团长彭德怀、政委杨尚昆，五军团政委李卓然。邓小平以党中央秘书长身份参加会议。李德及翻译伍修权也列席了会议。

会议由博古主持。中心议题是：（一）决定和审查黎平会议所决定的暂时以黔北为中心建立苏区根据地问题；（二）总结在反对五次“围剿”中与西征中军事指挥上的经验与教训。博古首先在会上作关于五次反“围剿”总结的主报告，周恩来同志作副报告。博古在报告中“中承认在苏区工作的政策上有个别的错误，在军事指导上，有个别政策的错误，不承认是路线的错误，不承认军事领导上的错误”。博古的报告遭到与会大多数同志的反对，认为基本上是不正确的。

会上，毛泽东、王稼祥、张闻天、朱德、周恩来、刘伯承、李富春、聂荣臻、彭德怀先后发言，对博古和李德的错误进行了批评。大家认为：（一）五次反“围剿”的失败，敌人过于强大是个原因，但不是主要原因。因为，第一次反“围剿”敌兵十万我兵不足四万，是二点五比一；第二次反“围剿”敌兵二十万，我兵仍不足四万，是六比一；第三次反“围剿”敌兵三十万，我兵三万多，是十比一；第四次反“围剿”敌兵三十余万，我兵四万多，是八比一；第五次反“围剿”敌兵五十万，我兵十万多，是五比一。另外，第五次反“围剿”时有十九路军在福建同蒋军作战，还有广东军阀陈济棠宣布自由行动，对蒋亦有威胁。敌人内部发生的这些矛盾，都靠近苏区，这是一至四次反“围剿”都不曾有的有利条件。（二）

苏区的物质条件不能说不好，在“一切为了前线上的胜利”的口号下，从1933年5月到1934年9月，红军扩大来的新战士在十五万以上，红军财政和粮食等其他物资需要都基本解决了。（三）白区的反蒋运动和各苏区斗争配合不够密切是个原因，但仍不是主要原因，因为一至四次反“围剿”时，苏区也是被割裂的，苏区范围更小，瓦解白军工作也有一定的限度。

会上，毛泽东同志的发言引起与会同志的注目，多数同志表示完全赞同毛泽东的分析：第五次反“围剿”失败的主要原因是由于对敌我双方的力量作了脱离实际的估计，是由于对中国革命战争的特点不了解，造成的战略战术上的错误，其主要之点是：

第一，以堡垒对堡垒，使敌人的堡垒主义持久战的战略战术达到了目的。

敌人采取堡垒主义是企图避免和我们打运动战，迫使我们进行阵地战，即避开红军的长处和他们自己的短处。粉碎堡垒主义的打法是运动战。在敌人方面说，到处筑堡必然分散兵力（1934年1月不完全的统计，敌堡垒二千九百多个），为了找我军作战，它不能总待在碉堡内不出来，不向我前进，另外，敌人总还不能在全国到处筑碉堡来限制我们活动，因此，堡垒主义必然是敌人大大分兵，它终究还是要出来找我们打仗，就有在运动中挨打的可能。在我方面来说，就是在敌人堡垒线前后左右、四面八方打游击战，袭击它，扰乱它，牵制它，迷惑它，以配合红军作战。红军或在堡垒线内，待敌前进时在运动中消灭它，或转到堡垒线外广大无堡垒的地带活动，调动敌人，迫使敌人不得不出来和我们打运动战。五次反“围剿”时，运动战的机会是很多的，特别是十九路军在福建反对蒋介石，成立福建人民政府后，机会更多。

但是，博古、李德认为第五次反“围剿”不能打运动战，只能采取以堡垒对堡垒。这正中了敌人的计策。由于对敌人堡垒主义估计过高，对自己运动战估计不足，博古、李德提出所谓战术致胜论。即认为对付堡垒主义已不可能像一至四次反“围剿”时采用运动战那样，可以一次歼灭几个师团，只能依靠战术的胜利，靠不断地突击来消灭敌人一个连一个营，积少成多，变成战役的胜利，以逐步引起战略上有利于我的变化。这就是“短促突击”战术。在战争指挥上，不依靠正确的战略指导战役，并正确运用战术，而是靠战术致胜。这是军事领导、军事理论上的绝大错误。

第二，分兵把口，短促突击，无法大规模消灭敌人。

敌人五次“围剿”的战略布置是分兵四路：东路蒋鼎文攻闽西（这是蒋介石在击败十九路军事变后建立的一路）。南路陈济棠攻赣南。西路何键攻湘赣区。北路顾祝同是主要突击方向，以陈诚、罗卓英主力向南打，另以薛岳、周浑元等三个纵队从东北、西北方向打，形成从三个方向上向苏区中心进攻的态势。

在这种情况下，力争取红军反“围剿”的胜利，绝不应在敌人的突击方向进行主力抗击，而应诱敌深入，用次要兵力吸引和钳制敌人，把红军主力隐藏集结，待机突击，敌人要找红军主力决战，必使敌疲劳，红军的退却必使敌骄傲而轻敌懈怠，这就给我以突击的机会。

博古、李德提出要“御敌于国门之外”，搞全线突击，分兵把口，进行许多次拼命的战斗（丁毛山、三溪、平寮、广昌、高虎脑、万年亭等战役），得不偿失。在敌人节节进逼下，又靠全线防御。许多指挥员曾对军委领导提出批评意见，提出军委战术不灵活，机械地实行短促突击，使我军无法大规模消灭敌人，反利于敌人依托工事用密集火力给我重伤，建议集中红军主力打运动战。但这些意见却未被军委采纳，从而失去了粉碎五次“围剿”的战机。

第三，不知在军事上利用十九路军事变，打击蒋介石，粉碎“围剿”。

1933 年 11 月，十九路军在福建组成革命政府后，红军曾同十九路军签订了停战协定，从政治上推动其反蒋，但在军事上却没有利用这个机会。当时，蒋介石调遣十多个师沿闽西苏区边界的光泽、邵武、顺昌之线南下进攻十九路军，对我暂取守势。对此，有同志建议集中红军几个军团的主力向赣东北突击，消灭正在运动中的敌人，既支援了十九路军，又有利于粉碎五次“围剿”。但博古、李德认为这样做是冒险，拒绝了这个正确意见。相反，把三军团由福建西调至江西去攻打永丰等地敌人的堡垒。蒋介石在解决了十九路军之后，就在福建组成“剿共”东路军，以蒋鼎文为司令，对苏区造成包围之势。

第四，在战略转变与突围行动上，表现迟疑不决。

1934 年 4 月的广昌战役，一、三、九军团与敌陈诚纵队硬拼了 18 天（4 月 11 日至 28 日），红军主力受到极大损失，而敌各路纵队已迫近苏区中心。这时红军继续在内线作战已无胜利可能，本应毫不迟疑地转变战略方针，实行战略退却，以保持主力红军的有生力量，在广大无堡垒地区，寻求有利时机，转入反攻，粉碎“围剿”，创造新苏区，以保卫老苏区。

在这个重要关节上，博古、李德在《五、六、七三个月战略计划》中，却没有提出战略方针的转变问题。在《八、九、十三个月战略计划》中虽然提出了红军战略方针转变的问题，而且开始了退出苏区的直接准备，然而新计划依然强调“用一切力量继续捍卫中央苏区来求得战役上大的胜利”，“发展游击战争，加强辅助方向的活动，来求得战略上情况的变更”，继续要求红军去拼命。而当根据地大部领土被敌占领，红军节节退却，开始实行战略转移时又毫无章法，使红军退出苏区的突围变成了一种搬家式的“逃跑行动”。由于博古、李德坚持只有到了湘西和二、六军团会合后放下背包才能打仗，并强调保存红军实力，不使延误时间，所以一路采取消极避战的战略，这就使自己处于被动挨打的地位。致使红军突破敌人的四道封锁线到达遵义时，部队经战斗和非战斗的大量减员之后，只剩下三万多人。

与会同志认为，军事上的领导错误，博古、李德要负主要责任。博古同志没有完全彻底地承认自己的错误；凯丰同志表示不同意毛泽东、张闻天、王稼祥等同志的意见，他甚至狂妄地对毛泽东说：“你懂得什么马列主义？你顶多是看了些《孙子兵法》！”并对会议表示保留意见；李德则完全不同意对他的批评。

关于红军创造新根据地的方向，会议一致决定改变黎平会议以黔北为中心来创造苏区根据地的决议，根据刘伯承、聂荣臻的建议，作出了红军渡过长江在成都之西南或西北建立根据地的决定。

关于组织问题，会议最后作出了下列的决定：（1）选举毛泽东同志为中央政治局常委；（2）指定洛甫同志起草会议决议，委托政治局常委审查后，发到支部中去讨论；（3）政治局常委中进行了适当的分工；（4）取消“三人团”，仍由最高军事指挥首长朱德、周恩来为军事指挥者。委托周恩来同志为党内对于指挥军事下最后决心的负责者。

会议结束后，政治局常委分工，以毛泽东为周恩来军事指挥上的帮助者；在由遵义出发到扎西（今威信）的行军途中，常委决定以洛甫代替博古负总的责任；随后又成立了由毛泽东、周恩来、王稼祥组成的中央三人军事指挥小组。

这样，遵义会议就纠正了当时具有决定意义的军事上和组织上的错误，确立了以毛泽东同志为代表的党中央的正确领导，使党中央和中央红军得以在极其危急的情况下保存下来，并且在这以后能够战胜张国焘的分裂主义，胜利地完成长征，打开中国革命的新局面。这在党的历史上是一个生死攸关的转折点。

（二）遵义会议后取得的重大胜利

遵义会议以后，红军在以毛泽东等为代表的新的中共中央的正确领导下，对红军进行轻装整编，对机构进行精简，极大地增强了部队的灵活性，提高了部队的机动力和战斗力。之后，红军虽然未能实现在川黔边界建立根据地和北渡长江与红四方面军会合的计划，但在党中央和毛泽东的正确领导下，经过二占遵义、四渡赤水、南渡乌江、佯攻贵阳，实现了“摆脱敌人，调出滇军就是胜利”的战略计划，为红军挺进云南，速渡金沙江北上与红四方面军会合创造了有利条件。

1. 四渡赤水战役经过

遵义会议一结束，中央红军就根据中央政治局决定的方针，开始向四川进军。1 月 19 日，红军分三路从松坎、桐梓、遵义出发，向北挺进。20 日，中央军委发出的渡江作战计划指出：“我野战军目前基本方针，在由黔北地域经过川南，渡江后转入新的地域协同四方面军由四川西北方面实行总的反攻，而以二、六军团在川、黔、湘、鄂之交活动，来钳制四川东南“会剿”之敌，配合此反攻以粉碎敌人新的围攻，并争取四川赤化。”

1 月29日，我军从元厚、土城地区西渡赤水河，即四渡赤水第一渡。2 月初，红军进入川南古蔺、叙永地区，准备渡长江北上。

蒋介石为防止中央红军渡江入川同四方面军会合，于1 月19 日下达了《川江南岸围剿计划》。企图以“追剿”军跟踪急追，压迫红军于川江南岸地区，与扼守川南行动部队及各要点之防堵部队，“合剿而聚歼之”。遂急电驻川参谋团贺国光及四川军阀刘湘组织“川南剿总”，派潘文华任总指挥，进驻泸州，集中二十一军可能抽集的兵力在赤水、古蔺、叙永地区布置堵击，封锁长江。又令滇军龙云派兵入黔追击封锁横江；令黔军王家烈部渡乌江尾追红军；急调上官云相部由豫鄂入川集结于川黔边之松坎；令薛岳以周浑元部渡乌江进至黔西、大定（今大方）侧击；吴奇伟部在贵阳做预备队。

中央红军进入川南地区以后，由于敌情发生了变化，即川军沿江布防，薛岳部和黔军尾追不放，滇军也企图对我拦截。于是，中央军委决定暂缓执行渡江计划，改向川滇边的扎西地区集中，在川滇黔边境进行机动作战，争取创造新的根据地。2 月7 日，军委致电各军团首长称：根据目前情况，我野战军原定渡河计划已不可能实现，现党中央及军委决定我野战军应以川滇黔边境为发展地区，以战斗的胜利来开展局面，并争取由黔西向东的有利发展。9 日，军委电令各军团向扎西附近集结。10 日，中央在扎西召开营、科长以上干部会议，由张闻天同志作五次反“围剿”的总结和目前任务的报告，传达了遵义会议的精神及目前红军的行动方针。为适应战斗的需要，充实各连队的战斗力，利于边疆作战，以便有力地消灭敌人的有生力量，中央军委于同日下达了各军团缩编的命令，取消各军团现有师部的组织，编足各战斗团。16 日，党中央、中央军委发布告全体红色指战员书，号召全体指战员为消灭川、滇、黔、蒋诸敌，在云贵川区域内创造新的苏区根据地，必须坚决实行运动战的方针。党中央、中央军委指出：“为了有把握地求得胜利，我们必须寻求有利的时机与地区去消灭敌人，在不利的条件下，我们应该拒绝那种冒险的没有胜利把握的战斗。因此红军必须经常地转移作战地区，有时向东，有时向西，有时走大路，有时走小路，有时走老路，有时走新路，而唯一的目的是为了在有利条件下求得作战的胜利。”

2 月 18 日至 20 日三日内，我军在太平渡到二郎滩之间二渡赤水河。继续向桐梓、遵义方向前进。这时黔军有 6 个团布置在娄山关一线凭险据守，企图掩护遵义，以待薛岳的部队北援。中央军委决定打击前阻之敌。中共中央、中革军委决定乘追击之敌大部尚未到达之际，迅速击破黔军的阻拦，占领娄山关及其以南地区，再取遵义，以争取主动。2 月 24 日，红一军团先头团攻占桐梓，迫使桐梓之敌退守娄山关。25 日，中革军委决定，以红五、红九军团在桐梓西北地区阻滞川敌，集中主力进攻娄山关及其以南之黔敌，乘胜夺取遵义。当晚，红三军团攻占娄山关，歼敌一部。26 日，我军在粉碎敌人向娄山关的多次反扑之后，以一部兵力从正面反击进攻娄山关之敌，而以红一军团主力和红三军团 1 个团从娄山关东、西两侧向敌后方之板桥地区迂回，经激烈战斗，击溃了进攻娄山关之敌，并相继攻占了娄山关以南之黑神庙、板桥、观音阁等地，残敌向遵义逃跑。27 日，红一、红三军团又在遵义以北之董公寺粉碎黔敌 3 个团的阻击。28 日晨再次攻占了遵义城，并控制了城南的红花岗、老鸦山一线高地，黔敌王家烈率残部两个团逃向忠庄铺。次日中午，红军进占城南的老鸦山、红花岗、忠庄铺后，与敌驰援遵义的吴奇伟纵队两个师接触。红军乘敌立足未稳，发起攻击，经反复拼杀，敌军大部被歼，吴奇伟带领残部企图逃过乌江，除少数人员跟随其过江遁去外，其余尚未过江的 1800 余人和大批武器，全部为红军俘获。

遵义之战，我军在敌情非常严重的情况下，5 日之内，连下桐梓、娄山关、遵义，击溃和歼灭敌人两个师又 8 个团，俘敌约 3000 人。这是长征以来最大的一次胜利，充分表现了毛泽东的指挥艺术和红军的英勇善战。这次胜利，鼓舞了全军士气，获得了物资补充，打击了敌人，特别是打击了蒋介石嫡系部队的嚣张气焰，使我军得到了短期休整的机会。

红军遵义大捷，敌吴奇伟纵队遭到沉重打击。蒋介石于 1935 年 3 月 2 日急忙飞往重庆，亲自指挥对红军的围攻，以阻止我军东渡乌江。为进一步加强对部队的领导，继续争取红军更大的机动，战胜强敌的围追堵截，中央军委于 3 月 4 日在遵义决定：“特设前敌司令部，委托朱德同志为前敌司令员，毛泽东同志为前敌政治委员。”12 日，党中央又成立了毛泽东、周恩来、王稼祥组成的三人军事指挥小组。为寻求新的机动，摆脱敌人的追堵，13 日，三人军事小组命令野战军迅速向西北方向开进，三渡赤水河。我军于 16 日至 17 日，在仁怀的茅台渡口三渡赤水向川南古蔺地区疾进。

蒋介石当时认为，红军战斗力仍未稍减，不可轻视；但贵州西北地区地瘠民穷，大军行动不仅米粮困难，就是柴草也不易得，红军徘徊于此绝地，乃系大政方针未定之表现。因此，决定继续采用碉堡战术，严密封锁，将红军围歼于黔北地区，于是电令薛岳各纵队尾追侧击，以修碉围攻的办法，步步向赤水包围；调李韫珩部由黔东开赴遵义，在该城周围修碉；调上官云相部在桐梓、遵义间修碉筑路；电告刘湘加强泸州上下一带江防，并在江南叙永、古蔺一线修碉封锁；赤水河两岸空虚，中央过去决定野战军转入川西创立苏维埃根据地的根本方针，现在已有实现的可能了。

在国民党军重兵再次向川南集中的情况下，毛泽东等决定，乘敌不备折兵向东，在赤水河东岸寻机歼敌。1935 年 3 月 20 日，为迷惑国民党军，红一军团 1 个团大张旗鼓地向古蔺前进，诱敌向西；主力则由镇龙山以东地区，突然折向东北，于 21 日晚至 22 日分别经二郎滩、九溪口、太平渡东渡赤水河，从敌重兵集团右翼分路向南疾进。26 日进至遵义、仁怀大道北侧干溪、马鬃岭地区。27 日，红九军团由马鬃岭地区向长干山方向佯攻，引国民党军北向；主力继续南进，于 28 日突破鸭溪至白腊坎间国民党军封锁线，进至乌江北岸的沙土、安底等地。31 日经江口、大塘、梯子岩等处南渡乌江，跳出蒋介石精心设置的“绝境”。4 月 2 日，中央红军以一部兵力佯攻息烽，主力进至狗场、扎佐地域，前锋逼近贵阳。这时，国民党军在贵阳及其周围地区只有第九十九师 4 个团。正在贵阳督战的蒋介石十分惊恐，一面急令各纵队火速增援贵阳，一面令守城部队死守飞机场，并准备轿子、马匹、向导，准备随时逃跑。4 月 4 日，红九军团在打鼓新场以东老木孔地域击溃黔军 5 个团，歼其 2000 余人。至此，中央红军巧妙地跳出了国民党军的合围圈，将蒋介石的几十万军队甩在乌江以北。

2. 巧渡金沙江

四渡赤水之后，中央红军主力乘滇军东调增援贵阳之机，迅速进军云南，并于5月9日，在皎平渡、洪门渡渡过金沙江。与此同时，活动在乌江以北地区的红九军团，也从会泽以西的树节、盐井坪渡过金沙江。

当时中央红军四渡赤水后，兵锋直指贵阳。正在城内督战的蒋介石吓了一跳，因其身边只有1个正规团，慌忙令滇军主力紧急增援。看到云南境内一时兵力空虚，出现了毛泽东预料的“只要能调出滇军，就是胜利”的战机，红军立刻长驱西进，以一天120里的速度由黔西入滇，先头部队竟前伸到离昆明15公里处。此间还有一段插曲：薛岳因无云南军用地图，请“云南王”龙云送去。龙云本拟派飞机送去，但机师忽病，改用汽车。在曲靖附近正遇红军，20余份军用地图被红军截获，为红军渡过金沙江提供了十分有利的条件。

龙云见红军逼近，惊恐万分。他既防红军，也怕蒋介石“假途灭虢”，一面调集各地守军和民团驰援昆明，一面托人向红军表示滇军志在保境不会远追，切望不要进攻昆明。中央红军发现滇西北无守兵，在昆明附近虚晃一枪后，立刻按预定战略方针急速向金沙江挺进，准备渡江北上川西，与红四方面军会合。

红军渡江北进战略目标，于4月29日以中央军委名义发出《关于我军速渡金沙江在川西建立苏区的指示》，文中指出：“甲、由于两个月来的机动，我野战军已取得西上的有利条件，一般追敌已在我侧后，但敌已集中七十个团以上的兵力向我追击，在现在地区我已不便进行较大的作战机动，另方面金沙江两岸空虚，中央过去决定野战军转入川西，创立苏维埃根据地的根本方针，现在已有实现的可能了。乙、因此政治局决定，我野战军应利用目前有利的时机，争取迅速渡过金沙江，转入川西消灭敌人，建立起苏区根据地。”渡江命令下达后，毛泽东、周恩来、朱德等巧妙指挥，再度迷惑蒋敌，率红军主力，从寻甸、嵩明之间穿过，以日行军一百几十里速度向北疾进。

根据军委电令，中央红军迅速推进到金沙江边，于5月3日至9日，在皎平渡用了七天七夜的时间，顺利地渡过了金沙江。从此，我军彻底摆脱了几十万敌人围追堵截的被动局面，取得了长征中具有决定意义的胜利。

（三）遵义会议后取得胜利的原因

中央红军从二占遵义到顺利渡过金沙江，这一系列胜利，充分显示了遵义会议的伟大功绩及其深远的历史意义。

1. 政治原因

四渡赤水河，是中央红军创建川黔边根据地、川滇黔边根据地中在赤水河流域进行的运动战战役。都是毛泽东在遵义会议进入党中央领导核心后帮助周恩来、朱德指挥和在苟坝会议进入党中央最高军事领导、指挥核心后亲自指挥的，一渡、二渡赤水河的过程是毛泽东构思把“滇军调出来”战略计划的基础；苟坝会议成立毛泽东、周恩来、王稼祥新“三人团”，代表政治局全权指挥军事，为毛泽东实施把“滇军调出来”战略计划提供了坚强的组织保证。

美国作家哈里森·索尔兹伯里在所著的《长征——前所未闻的故事》中写道：长征是独一无二的，长征是无与伦比的，而四渡赤水又是“长征史上最光彩神奇的篇章”。曾参加过四渡赤水战役的萧华将军在他后来创作的《长征组歌》中，用“四渡赤水出奇兵”“毛主席用兵真如神”来描述这场战役。黄良成在《忆长征》中赞颂毛泽东同志：“自从遵义会议后，红军在毛主席亲自指挥下，置敌如掌，用兵如神，使红军获得了新的生机，迂回曲折，穿插于敌人之间，处处主动，生龙活虎。”毛泽东本人也说四渡赤水是他一生中的“最得意之笔”。

四渡赤水，广义上指一渡、二渡、三渡、四渡，狭义上特指三渡、四渡。一渡与二渡时，毛泽东尚未取得军事行动领导权，是由朱德全权指挥的。二渡之后，成立了三人军事小组，毛泽东才参与领导了三渡与四渡。由于朱德早年曾在云贵川一带作战，对这一带的地形与民情十分熟悉，对赢得四渡赤水战役的胜利也是至关重要的，敌人的电报中曾经分析道：“红军除朱、罗（炳辉）在滇军做过事外，余多不熟悉地理民情”。此外，情报工作的成功也是此次作战取胜的重要原因。土城战役，由于不明敌情，对敌人的兵力判断有误，战役结果很不理想。四渡赤水前，四方面军将廖承志带来的密电码破译法送交给中央红军军委二局电报队，可以及时截获敌人的电报并且破译，能够准确掌握敌军调动的情况，从而做到避实就虚，赢得战场取胜的主动权，使军事行动获得圆满成功。

2. 军事原因

四渡赤水战役，红军首先能够从敌我双方的实际情况出发，不断调整行动方向。遵义会议前，敌我力量对比极为悬殊，为保存有生力量，毛泽东等人决定放弃去湘鄂川黔边境与红二、六军团会合的计划，改向敌人力量薄弱的贵州进军，避免了中央红军遭致覆灭的危险。遵义会议后，毛泽东等又鉴于红军处于遭受敌人四面围堵的不利态势和黔北地区回旋地域有限等情况，毅然放弃建立川黔根据地的打算，决定率领中央红军跳出敌人重围而北渡长江，以开创川西或川北根据地。但是，红军一渡赤水后，由于敌情急剧变化和张国焘不执行党中央的命令，北渡长江已不可能，又果断率师向扎西集结，在川黔滇边境寻求新的机动，直至二渡、三渡、四渡赤水，最后巧渡金沙江，终于实现了北渡长江的计划。

其次，红军充分发挥了主观能动性，争取和掌握了战场主动权。四渡赤水战役，从总体看是敌强我弱，红军在各路强大敌军围追堵截的情况下，常常处于被动地位。但是，由于毛泽东等以高超的指挥艺术，巧妙地隐蔽战略意图，有计划地调动敌人，造成了红军许多局部的优势和主动，从而使整个形势向着有利于我、不利于敌的方向变化，终于打破了敌人妄图围歼红军的战略计划。

最后，红军在运动战中，正确地处理“打”与“走”的关系。中央红军在战略转移初期，由于王明“左”倾教条主义的领导者消极避战，实行逃跑主义，只走不打，始终摆脱不掉敌人的围堵。遵义会议后，在毛泽东等直接指挥下，红军避敌之长，击敌之短，一再造成敌人的错觉，积极创造战机，大量地歼灭了敌人的有生力量。如果没有向扎西的“走”和回师东进二渡赤水，就不可能大量调动敌人和造成有利战机，取得遵义地区歼敌的胜利。如果没有以后的三渡、四渡赤水的“走”，就不能加深敌之错觉，牵着他的鼻子来回打转，以至将其拖疲、拖垮，使红军乘隙实现渡江北上的战略目的。

再以巧渡金沙江而言，金沙江是长江的上游。红军选择的渡江一带（龙街渡、皎平渡、洪门渡），其山之高、路之险、水之急，可谓天险。不曾亲身到过此地者，不知其山水的险恶与高温闷热的难熬。而红军经过此地时，这里已是赤日炎热的夏季。如果红军过不去，很可能会全军覆灭。

1935 年 4 月 28 日，蒋介石下达命令，控制渡口，毁船封江。就在红军进抵金沙江前夕，江边的敌人已将所有船只掠到北岸了。毛泽东提议，红军兵分三路，以每日不少于 50 公里的速度，飞奔最近的三个渡口——龙街、皎平和洪门，务必抢在追兵来到之前拿下渡口，缴获船只，以保证全军渡江。

刘伯承、宋任穷所率的干部团昼夜兼程，急行军直奔渡口。动身之前，苏维埃政府副主席、中央军委副主席周恩来亲自向陈赓和宋任穷嘱咐：夺取皎平渡关系全军安危，只能成功。周恩来除指出红军的有利条件外，特别指出了可能出现的种种困难，甚至考虑到最坏的情况，使干部团指挥员明确了此次肩负任务的特殊性与责任的重大，同时也坚定了完成任务的决心。干部团组派先遣营并前卫连，以超出毛泽东规定的速度，昼夜兼程 100 余公里于 5 月 3 日赶到皎平渡渡口，在当地群众的帮助下找到小木船，乘黑夜悄悄渡过江，巧妙地将北岸守敌缴械俘虏，神速地夺占控制了渡口，至此，南北两岸均被红军占领，最终为红军大部队从此过江奠定了胜利的基础。

红军巧渡金沙江后，1936 年，渡江司令陈云，化名廉臣，在巴黎《全民月刊》上撰文《随军西行见闻录》，这样写道：“红军之渡金沙江为自离江西以来，最险亦最得意之事。”陈云在文章中分析渡江成功的原因：一是，“南京军、滇军中了声东击西，调虎离山之计”；二是，“红军之渡河技术，有极好的组织”。红军渡江，秩序井然，该谁摆渡，听军号调遣。上船排队，依先后顺序，骡马从水中渡江，以免惊船。司令部不时召集船工开会，宣传红军是“干人”的队伍。船工每昼夜六餐，酒足饭饱，并给工钱大洋5元，事成每人另奖大洋30元。因此，37名船工，无不努力效命，苦战七昼夜，红军三万多人马，不丢一人一马，尽数安全顺利过江。

在肖志鹏编著的《红军长征过会理》一书中，这样评价“巧渡金沙江”：在长征途中，红军渡过的大江大河不少，但兵不血刃，毛发未伤者，唯天险金沙江也！故红军巧渡金沙江声播中外，实为光辉战例，千古传颂。红五军团过江后，将船只尽数破坏，属私人船只则每船赔偿大洋80元。所有船工皆遁迹深山，这无疑是红军为敌追兵关上了后门。从此，会理大地走蛟龙。一周后，薛岳军追至江边，落得对江兴叹奈何！中央军最大的收获，是捡了许多红军遗弃的烂草鞋。

“鸡鸣三省”会议：遵义会议的延续和补充

遵义会议后，红军长征来到川、滇、黔交界的“鸡鸣三省”地域，中央政治局召开了一次常委会。1935年2月初，中央红军长征到达位于云、贵、川交界的贵州省毕节市林口镇鸡鸣三省村，在村子里召开了著名的“鸡鸣三省”会议。根据毛泽东的提议，会议讨论和完成了中央最高领导的组织和调整，中央政治局常委工作进行了重新分工。会议决定由张闻天代替博古为中央总负责人（习惯上也称总书记），毛泽东为周恩来在军事指挥上的帮助者，博古任总政治部代理主任。会议还确定了中央红军的行动方向：放弃渡江北上的计划，确定在敌人力量相对薄弱的川滇黔地区机动作战，寻机创建新根据地的战略方针。此外，还讨论了中央苏区问题，提出了中央苏区及邻近苏区坚持游击战的基本原则，作出了改变组织方式与斗争方式，成立由项英、陈毅等组成，项英为主席的革命军事委员会中央苏区分会等决定。“鸡鸣三省”会议中央政治局常委分工，博古交权，完成了遵义会议未完成的最高权力更替。

“鸡鸣三省”会议是遵义会议的延续和补充，是党和红军历史上又一次承前启后、继往开来的会议，它进一步巩固了毛泽东在党和红军中的领导地位，维护和增强了全党的统一和红军的团结。会议成功完成了遵义会议决定而又尚未完成的中央最高层组织调整任务，作出的关于中央苏区问题的“三条决定”，使中央苏区工作有了正确的路线和贯彻正确路线的组织保证，从而扭转了中央和红一方面军主力长征后中央苏区工作出现的混乱局面，为长征胜利赢得了组织上的保证。因为这次会议的历史意义，又在三省的交界处召开，史称“‘鸡鸣三省’会议”。但这个会议地址具体在哪里，党史研究者们一直有争议，没有定论。“鸡鸣三省”历来是个颇有争议的地方，对这次会议召开的时间和地点，有专家和学者提出了不同的看法，总的来说有以下几种观点：第一种观点认为这次会议是在云南威信水田寨附近的花房子召开的，时间为1935年2月5日晚上；第二种观点认为这次会议是在四川叙永县的石厢子召开的，时间为2月4日；第三种观点认为这次会议是在贵州毕节县的林口召开的。对此，川滇黔三省起码争议了40年，至今仍在争论之中。争论的焦点是，“鸡鸣三省”到底是一个具体的地名，还是泛指三省交界较大的地域范围。“现在三方争议地名为：贵州鸡鸣三省村、云南花房子、四川石厢子。”

“鸡鸣三省”，《中国共产党历史》记载它在云贵川三省交界一带。“鸡鸣三省”是“金鸡齐鸣，三省皆闻”的意思。民国初年旧图上标明“鸡鸣三省”的地点，位于四川、云南、贵州三省交界，赤水河与渭河交汇处。处于“鸡鸣三省”中心的岔河，附近道路崎岖，周围峰峦环绕，悬崖峭壁，形成川、滇、黔三省的天然分界线，又因三省边界在岔河一带仅是不足100米宽的一水之隔，省际之间可摆渡往返，故也叫渡口。从岔河的地理环境来看，这里没有直通扎西的道路，只有一小块滩涂。据当地群众说，岔河附近一带都称“鸡鸣三省”。由此可见，“鸡鸣三省”是泛指以岔河为中心，离岔河不远的村寨。从当地群众所划的范围来看，它包括云南威信的水田寨、香树、龙洞，镇雄的坡头、德隆、石里；贵州毕节的林口、德胜；四川叙永的石厢子、水潦等村寨。

在毛泽东、周恩来的相关论述中，也提到了关于“鸡鸣三省”的地名。但党史目前还没有对“鸡鸣三省”的地点作出具体的认定。1962年5月毛泽东为郭沫若改文谈扎西会议时说：遵义会议后，“红军由娄山关一直向西，经过古蔺、古宋诸县打到了川滇黔三省交界的一个地方，叫做‘鸡鸣三省’，突然遇到了云南军队的强大阻力，无法前进。中央政治局开了一个会，立即决定循原路反攻遵义，出敌不意，打回马枪，这是当年的二月。”1971 年 6 月，周恩来在《党的历史教训》一文回忆说：“……从土城战斗渡了赤水河。我们赶快转到三省交界即四川、贵州、云南交界地方，有个庄子名字很特别，叫‘鸡鸣三省’。鸡一叫三省都听到，就在那个地方，洛甫才做了书记（总负责人），换下了博古。”这与毛泽东所说基本一致。后来一些关于博古交权给张闻天的记载，也多沿用了在“鸡鸣三省”的地方，中央政治局开了个会的说法。正是由于有这个说法，川滇黔三省先后出现了三个称为“鸡鸣三省”的庄子，三个省的党史研究部门和专家都坚持认为“鸡鸣三省”会议是在本省召开的，各有各的道理和依据。

扎西会议：遵义会议的继续和最后完成

“鸡鸣三省”会议后，中央在云南威信的扎西镇召开了政治局扩大会议（通常也把“鸡鸣三省”等在扎西境内召开的会议统称为扎西会议或“鸡鸣三省”会议），通过《中共中央关于反对敌人五次“围剿”的总结决议》（即《遵义会议决议》）。

1935 年 1 月 19 日，中央红军撤出遵义城。2 月初，中央红军在云南威信集结休整期间，有关中央领导人变换有三次重要的谈话。一是周毛谈话，他们认为由博古继续领导有困难，如果调整党的总负责人，按当时的形势理所当然应该由毛泽东担任。毛泽东提出由张闻天做党的总负责（《遵义会议文献》，第 68 页；杨胜群、陈晋主编：《红军长征重大决策见证录》，生活·读书·新知三联书店 2006 年版，第 111 页）。这个考虑顾及了各个方面包括共产国际因素。二是周博谈话。遵义会议后，博古对会上的一些发言一直想不通。为此，周恩来同博古有一次长谈。周恩来认为党必须找一个熟悉农村革命的人当统帅，他和博古不适合做领袖。毛泽东搞农民运动出身，熟悉中国国情，有很强的军事才能，也是很有智慧的帅才。周恩来建议博古捐弃前嫌，同心同德，一切为了打败蒋介石、建立无产阶级政权这个大局，解开了他的思想疙瘩。三是周张谈话。毛泽东从多方面考虑认为应该由张闻天担任党的总负责，周恩来又与张闻天进行了一次谈话。

2 月5 日到9 日，中央政治局在威信水田寨、大河滩、扎西镇等地连续召开的会议，统称为扎西会议。扎西会议是洛甫（张闻天）代替博古在党中央负总责后主持召开的第一次重要会议，通过了中央关于反对敌人五次“围剿”的总结决议和经验教训决议大纲以及传达遵义会议精神的决定。这次会议作出的一系列重大决策，在党史、军史上都具有十分重要的历史地位。

扎西会议是遵义会议的继续和最后完成。1935 年 1 月召开的遵义政治局扩大会议，作出了4 项决定：毛泽东同志选为常委；指定洛甫同志起草决议，委托常委审查后，发到支部中去讨论；常委中再进行适当的分工；取消“三人团”，仍由最高军事首长朱、周为军事指挥者，而周恩来同志是党内委托对于军事上下最后决心的负责者。由于战争环境的紧迫，这4 项决定，有两项来不及在遵义完成，一是错误路线的代表博古仍然在中央负总的责任，“常委中再进行适当的分工”的工作还没有完成，这项工作是由扎西会议（2 月5 日）决定洛甫代替博古负总的责任而完成；二是虽然遵义会议揭露批判了博古等人错误的军事路线及其危害，但尚未形成一个正式的决议，会议虽然“指定洛甫起草决议，委托常委审查后，发到支部中去讨论”，但这项工作是由扎西会议（2 月8 日）讨论通过。这两件事，一是在组织上变换领导，一是在军事路线上分清是非，都是遵义会议上议定而没有来得及完成的大事，关系到能否彻底纠正“左”倾错误军事路线，结束“左”倾路线在党中央统治的根本问题。遵义会议只是基本上解决了这个问题，但继续落实以至最终完成4 项重大决议，是在扎西会议。

扎西会议的一个重要内容是讨论并通过了由张闻天起草的《遵义会议决议》，使广大指战员深刻认识到第五次反“围剿”和长征以来中央在军事路线上的错误实质，充分肯定并决定贯彻实施毛泽东的正确军事思想，为红军取得长征的胜利奠定了思想基础。同时，扎西会议完成了遵义会议关于调整常委分工的决定，开创了以党中央总负责人张闻天与红军实际最高领导人毛泽东相互配合，共同领导全党全军的新局面。扎西会议是遵义会议的继续。

扎西会议是红军长征以来首次研究部署全国革命的重要会议。就中央红军来说，遵义会议对战略方向“一致决定红军渡过长江，在成都之西南或西北建立苏区根据地”这个决定不符合客观实际。在扎西会议后完成的陈云的《遵义政治局扩大会议传达提纲》，批评这个决议“只在一些比较抽象的条件上来决定根据地，没有具体的了解与估计敌情与可能，没有讲求达到这个目的的具体步骤。而且个别同志对于四川敌人的兵力是过低的估计的”。这段话自然是反映了扎西会议的观点。根据扎西会议果断地作出的一系列决策和部署，由此红军按照新的战略方针和战术原则，中央红军经过四渡赤水，回师黔北，重占遵义，佯攻贵阳，西出云南，北渡金沙江，终于跳出了敌人的围追堵截，取得了许多伟大胜利，中央红军自觉地采取了高度灵活机动的运动战方针，完成了党中央预定的同四方面军会合的目标。

就全国各苏区与未参加长征的红军来说，遵义会议前由于当时中央负责同志的错误领导，加上战事紧迫，长征以来中央对全国各苏区和红军部队，一直“无指示，无回电，也不对全国部署总方针”。扎西会议上，中央改变了对中央苏区“无指示，无回电”的状况，对中（央苏）区、湘鄂川黔省委、红二、六军团、红四方面军和白区斗争的路线、方针、政策、战略策略及组织领导等问题，均进行了研究和部署，为以后的游击战争指明了方向。从此，中央苏区的红军改变组织形式和斗争方式，迅速突围，分散在南方坚持游击战争达 3 年之久，为革命锻炼和保存了一大批骨干力量；红二、红六军团在反“围剿”斗争中加强了领导，调整了战略方针，逐步变被动为主动，取得了一系列胜利。

会理会议：平息遵义会议的余波

（一）苟坝会议

扎西会议后，1935 年 2 月 20 日前后，中央红军二渡赤水河，回师黔北，并取得娄山关战斗胜利，2 月 28 日二次夺取遵义。3 月 8 日，毛泽东和军委纵队进驻苟坝。3 月 10 日，红一军团林彪和聂荣臻致电中革军委，建议攻打打鼓新场。张闻天主持召开政治局会议进行讨论，多数人赞同，毛泽东坚决表示反对。毛泽东不肯妥协，当天晚上又找到周恩来进一步解释反对的理由；3 月 11 日早，周恩来提议继续开会讨论攻打打鼓新场问题，并和毛泽东一起最终说服与会者放弃这一主张，使红军避免了遭受重大损失。会后，毛泽东向周恩来提出成立“中央新三人团”代表政治局全权指挥军事的建议，周恩来将建议转达给张闻天。3 月 12 日，张闻天在苟坝主持召开政治局扩大会议，决定成立由周恩来、毛泽东、王稼祥组成的三人军事小组，完成了遵义会议关于改变党中央最高军事领导机构的任务。苟坝会议也是遵义会议的继续。苟坝会议使毛泽东、周恩来、王稼祥组成新的“三人团”，负责指挥全军的军事行动，标志着遵义会议后中央的组织调整基本完成。这次会议，进一步加强了毛泽东在党内、军内的领导地位，标志着毛泽东一切从实际出发的正确主张取得了决定性的胜利，是对遵义会议的补充和完善。

（二）会理会议

遵义会议后，毛泽东和中央军委指挥取得了四渡赤水战役的伟大胜利，使红军由被动变为主动，甩掉数十万敌军的重围，顺利地渡过金沙江，到达四川会理地区。由于部队连续作战，非常疲劳，而且有些战斗，如土城、鲁班场、习水等几次战斗，也没有打好。这就引起基层出现某些怨言。而且这种情绪在中央和红军领导层中也有所反映，出现了一股小小的风波。

四渡赤水之役，我军声东击西，大踏步地机动作战，使敌人对我捉摸不透，便于我隐蔽企图，从而不断地调动敌人，使我军由被动变为主动，乃是以毛泽东同志为代表的党中央和中央军委新领导的得意之作。这种打法，部队自然要多走一些路，要连续行军，连续作战，非常疲劳。如二占娄山关，我三军团为先敌占领制高点，不得不长途武装跑步前进，使部队体力消耗很大。部队虽然打了不少胜仗，但也不可能每仗必胜，军事上尽如人意的事是没有的。为了隐蔽自己的意图和调动敌人，更重要的是为了甩掉敌人，就需要部队多走一点路。有时敌变我变，事后看起来很可能是多跑了一点冤枉路。这也难免，在这过程中，部队里反映出一种疲劳情绪，不少人因不理解运动战的战略意义，产生埋怨，这本来是难以避免也并不奇怪的事。』

本来教条主义与宗派主义者对毛泽东在遵义会议后指挥红军机动作战就不服气，散布毛泽东指挥不行了，要求撤换领导。林彪便是较为突出的一个。他一直埋怨说，我们尽走“弓背路”，要求走“弓弦”，走捷径。甚至说：“这样会把部队拖垮的，像这样领导指挥还行?!”

红军在会理休整期间，林彪给彭德怀打电话，煽动德彭怀说：“现在的领导不成了，你出来指挥吧。再这样下去，就要失败。我们服从你领导。你下命令，我们跟你走。”林彪的要求遭到彭德怀的回绝，也受到聂荣臻的严肃批评。聂荣臻批评林彪说：“你是什么地位？你怎么可以指定总司令，撤换统帅？我们的军队是党的军队，不是个人的军队。谁要造反，办不到!”林彪不听，又给中央三人军事指挥小组写信要毛泽东、朱德、周恩来随军主持大计，请彭德怀任前敌指挥，迅速北进与四方面军会合。林彪还要求聂荣臻在信上签名，被聂严词拒绝了。聂荣臻对他说：“革命到了这样紧急关头，你不要毛主席领导，谁来领导？你刚参加了遵义会议，你现在又来反对遵义会议。你这个态度是不对的。”

1935 年 5 月 12 日，中共政治局在会理县城郊铁厂举行扩大会议。毛泽东主持会议。参加会议的有朱德、陈云、周恩来、张闻天、博古、王稼祥、邓发、凯丰、林彪、聂荣臻、彭德怀、杨尚昆以及共产国际军事顾问李德等。张闻天在会上作了有关形势的报告，并作了自我批评。毛泽东总结了红军四渡赤水抢渡金沙江的胜利，阐明了运动战略正确思想。对林彪的所谓“走了弓背”的意见和他给中央三人军事指挥小组要彭德怀任前敌指挥的信作了批评。毛泽东说：“你是个娃娃，你懂得什么?!”彭德怀也批评林彪说：“遵义会议才改变领导，这时又提出改变前敌指挥是不妥当的；特别提出我，则更不适当。”

会理会议针对当时部队的思想情绪，进一步阐明了党中央和中央军委机动作战才能摆脱敌人重兵包围的作战方针。会议总结了遵义会议以来在川滇黔边实行大规模运动战的经验，讨论了渡江后的行动计划，决定立即北进，抢渡大渡河，向红四方面军靠拢。

周恩来、王稼祥、朱德、博古等同志都发言赞同毛泽东同志的意见。大家一致认为，为了实现与红四方面军会师，创造新的根据地，必须维护遵义会议形成的党的正确的军事和政治领导的威信，反对不正确的抵触情绪。会理会议，对巩固以毛泽东同志为代表的党中央的领导，加强党中央同红军高级干部间的团结，起了积极的作用。

会议批评了林彪要求撤换毛泽东、朱德军事指挥和反对机动作战的错误，从而统一了认识，维护了党和红军的团结，巩固了毛泽东在党和红军的领导地位，坚持了正确的军事路线。可以说，会理会议是遵义会议的继续，它进一步巩固了遵义会议的成果。

会后，中央红军组成以刘伯承为司令员、聂荣臻为政委的先遣队，为中央红军北上四川开路。

综上，遵义会议前的通道会议、黎平会议、猴场会议，遵义会议，遵义会议后的扎西会议、苟坝会议、会理会议，构成了“广义的遵义会议”。这七个会议召开的时间，从 1934 年 12 月到 1935 年 3 月止，可概述为以遵义会议为核心的“1 +6 会议”。具体顺序是：通道会议→黎平会议→猴场会议→遵义会议→“鸡鸣三省”会议→扎西会议→苟坝会议。遵义会议之前召开的三次会议，主要是给遵义会议做准备；遵义会议之后召开的三次会议，主要是遵义会议精神的延续、拓展、完成和实现。这些会议主要是讨论中央红军初期战略转移的指导思想、军事路线、行军方向和作战方案等。通过这一时期的会议，红军改变了去湘西与红二、红六军团会合的原计划，决定西入川黔，在川黔边展开战略反攻，建立新的苏区。后来根据实际情况，红军又改变了在川黔建立新的苏区的计划，最终定下了翻过雪山与红四方面军会合的新计划。这一时期的会议确立了毛泽东、周恩来、王稼祥组成的军事决策“三人团”，进一步巩固了毛泽东的领导地位，并派人恢复白区被摧毁的地下党组织。

两河口会议：确定北上抗日的战略方针

会理会议后，中央红军组成以刘伯承为司令员、聂荣臻为政委的先遣队，经德昌、西昌，顺利通过大凉山彝族区，5 月 20 日到达泸沽，24 日强渡大渡河，29 日飞夺泸定桥，保证了党中央和红军主力胜利地渡过了天险大渡河，粉碎了蒋介石企图使红军成为石达开第二的梦想。

（一）磨西会议

1935 年 5 月 27 日，毛泽东从安顺场出发，经海尔洼、田湾、菩萨岗、猛虎岗，向磨西、泸定方向前进。5 月 29 日傍晚，连续行军三天的红军抵达磨西。由于雨大天又黑，通往泸定的山路全是悬崖峭壁，毛泽东和军团部队夜宿磨西，当晚住在磨西天主教堂神甫楼。晚 10 时，毛泽东在神甫楼召集同行的朱德、周恩来、王稼祥、张闻天、陈云、邓小平、秦邦宪、林彪等召开会议，史称“磨西会议”。

会议决定：红军不去康定，因为兵员、粮食得不到补充；通知部队有序通过泸定桥，先过人后过马；征求陈云意见，中央准备派他出四川到上海恢复被敌人破坏掉的党组织，而后去苏联向共产国际汇报中国革命情况；通知部队抓紧筹集补充粮食。

磨西会议是红军 5 月 30 日泸定会议的预备会。磨西会议部署了飞夺泸定桥的具体计划，对红军通过泸定桥起到了重要的作用。当晚毛泽东夜宿神甫楼，次日凌晨 4 点，毛泽东等离开磨西教堂，行进到磨岗岭半山坡时，接到先遣团派人送来的红军飞夺泸定桥成功的消息。毛泽东很是兴奋，让身边的警卫员和马夫加快脚步，赶赴泸定桥。据资料记载，当时在教堂时，一个传教士为毛泽东做了西餐。

（二）泸定会议

红军在控制泸定桥之后，中共中央在泸定城举行了会议，史称“泸定会议”。泸定会议主要讨论过大渡河以后的形势与任务，决定红军前进的行动路线。会议作出了两个重要决定。一是中央红军去川西北与四方面军会合，向北走雪山一线，避开人烟稠密地区。这是决定红军过雪山的由来。二是讨论要不要恢复白区地下党组织，派谁出去执行任务。这个问题提出的背景是：还在 3 月上旬红军第二次占领遵义时，中共中央从二、六军团任弼时来电中获悉，一直与共产国际保持联系的中共上海中央局遭到破坏后，就决定派人去上海恢复白区工作。当时，张闻天代表中央找时任红军总政治部宣传部长兼地方工作部长的潘汉年谈话，对他说：中央研究决定，让你和陈云离开部队到白区去，在上海长期埋伏，并设法打通上海和共产国际的关系。计划让你先行一步，同时打听上海和国际有无联系。你们两人如在上海联系不上，就设法到莫斯科。此后，潘汉年秘密进入国民党统治区。现在红军过了大渡河，粉碎了蒋介石使红军成为石达开第二的企图，形势已有很大好转。这样，派不派陈云出去，是否改派别人的问题就需要讨论了。大家认为，这是个时机。一致同意还是陈云去。他是政治局委员，又是原白区工作部长，比较合适。另外，增加了李维汉同志。张闻天向陈、李两位交代了去白区工作之事。李维汉后来有别的事，未去成。陈云在 6 月中旬红军占领天全县之后就离开红军，没有翻越雪山，安排两名地下党员护送他，经雅安，抵成都，在重庆乘“民生”轮顺流到上海，不久与潘汉年接上关系。他们两人先后离沪赴莫斯科。陈云向共产国际汇报了红军长征和遵义会议情况。

在红军夺取泸定桥的当天晚上，中央政治局在泸定桥附近的一所房子里举行会议。参加会议的，有毛泽东、朱德、周恩来、张闻天、王稼祥、陈云等同志，着重讨论了红军北上的路线和恢复党在白区的工作问题。会议决定：一、红军向北走雪山一线，避开人烟稠密地区，与在岷江流域一带活动的红四方面军会合；二、派陈云同志去上海恢复白区党的组织。设法与共产国际取得联系。随后，红军向西北接连占领天全、芦山、宝兴地区。

（三）两河口会议

6 月 8 日，党中央和中央军委致电中央红军，提出迅速北上，攻取懋功（今小金）、理番，开拓与四方面军会合的新局面，号召中央红军指战员要尽一切努力，不顾一切困难去完成这一新的战略任务。随后，中央红军以坚韧不拔的毅力，翻越终年积雪、空气稀薄的夹金山，于6月12日，先头部队到达懋功达维地区，与四方面军先头部队胜利会师。16日，中央红军第一、三、五、九军团和军委纵队全部到达懋功地区。一、四方面军领导人互相致电，热烈庆贺两大主力红军的会师，并表示在党的统一指挥下，共同携手，争取苏维埃运动的更大胜利。这时，中央红军约二万人，四方面军约八万人。会师后，中央红军改称第一方面军。

在四方面军工作的中央代表张国焘，从会师一开始就同党中央在如何估量当时的政治形势问题上发生了分歧。党中央认为，两个方面军的会合为开拓红军和革命发展的新局面，创造了极为有利的条件，证明中国革命形势依然存在，苏维埃运动继续发展着。张国焘却认为，当时革命形势低落了，“处在两个高潮中间”，“我们都是在退却”。于是就产生了张国焘同党中央在战略方针上的根本分歧。

6月16日，中央军委致电四方面军，明确指出：“今后我一、四方面军总的方针应是占领陕甘川三省，建立三省苏维埃政权，并于适当时期，以一部组织远征军，占领新疆。”“目前计划则兄方全部及我野战军主力，均宜在岷江以东，对于即将到来的敌人新的大举进攻，给以坚决的打击，向着岷嘉两江之间发展”。并强调指出：“坚决的巩固茂县、北川、威州在我手中，并击破胡宗南之南进，是这一计划的枢纽。”但是，张国焘、陈昌浩于17日复电中央，不赞成占领陕甘川三省建立三省苏维埃政权的方针和目前两大主力红军向着岷嘉两江之间发展的计划，提出应首先集中主力，占领青海、新疆，还认为目前“暂时利南进攻”。18日，中央军委再次向四方面军提出，我军不利于西移或南下，“力攻平武、松潘，是此时主要一着”。我军如经阿坝草地入甘肃、青海，“将感绝大困难，甚至不可能”。

由此可见，党中央的战略方针是：北上建立陕甘川根据地，目前应先夺取松潘，消灭胡宗南部，张国焘的战略方针是：西进向西康发展，企图建立川康政府，实现其所谓“川康计划”。

为了统一战略思想，党中央政治局于6 月26 日在懋功以北的两河口举行会议。参加会议的政治局委员和候补委员有毛泽东、朱德、周恩来、张闻天、张国焘、王稼祥、博古、刘少奇、凯丰、邓发，以及刘伯承、彭德怀、林彪、聂荣臻、林伯渠、李富春等十六人。

周恩来同志代表党中央和中央军委首先在会上作关于目前战略方针问题的报告，着重阐述了以下三个问题：

（一）关于目前战略方针。一、四方面军在会合以前都已离开了原有苏区需要建立新的根据地，四方面军决定西去懋功向西康，一方面军决定到岷江东岸，并派出支队到新疆，两个方面军的战略方针是不同的。至于在什么地区创建新根据地，首先要便利于我军作战，应力求具备下列三个条件：（1）地域宽大，好机动。松潘、理番、懋功地域虽大，但路狭，容易被敌人封锁，我不易反攻。（2）群众条件好，汉族人口较多的地方。松潘、理番、懋功、温川、抚边等八个地区人口只有二十万，而且藏民占多数。（3）经济条件好，要比较宽裕。松潘、理番、懋功一带粮食缺少，牛羊有限，布匹不易解决，军事补充困难，在大漠和游牧地，既不习惯又不安全。因此，党中央决定在川陕甘建立新根据地，而且必须迅速前进。

（二）关于目前行动方针。目前一、四方面军的战略行动转移，如向南是不可能；向东过岷江也不可能，因岷江东岸有敌兵力一百三十个团，对我不利；向西北是大漠。在这种情况下，党中央认为现只有一个转向：到甘肃。我应向岷山山脉以北以西，这地区道路多，人口多，山少，我可用运动战消灭敌人，以实现建立川陕甘革命根据地的战略方针。

（三）关于战略指挥。指挥问题的最高原则是：（1）应集中统一，集中军委；（2）使作战更有力量，须统为左、中、右三个纵队；（3）为克服粮食、气候、地形、少数民族区等各种困难，须加强政治工作。

在讨论周恩来的报告时，张国焘首先发言，他虽然勉强地接受了中央政治局决定的北上在甘肃南部建立根据地的战略方针，但对中央这一战略方针仍持半信半疑的态度。他一方面承认，一、四方面军在懋功会合后，消灭敌人当更有把握。但对具体战略方向，又含糊其词地说什么，如向南打成都是不成问题的，但蒋介石会增加军力；向东打地势受限制；向西可发展到青海，但要过草地，气候严寒，部队长途行军会有大的减员；而松潘北边情况还没有调查，所以，发展条件是甘南对我有利，但一定要打胡宗南，如胡敌来打可消灭他，如胡敌不来也不便多找去打。由于胡宗南部有二十个团兵力牵制我们，还有蒋介石的部队，我们去甘面还是立足不稳的，还是要移动地区，还是要减员，所以一定要消灭胡敌至少几个团兵力。至于怎样打，中央政治局和军委应迅速作出具体决定，等等。这就充分暴露了张国焘害怕敌人的力量，特别是怕胡宗南，因而主张避开胡敌，向川康边方向发展的右倾思想。

彭德怀、林彪、博古、毛泽东、王稼祥、邓发、朱德、刘伯承、聂荣臻、凯丰、刘少奇、张闻天等一致同意周恩来的报告提出的建立川陕甘根据地的战略方针。认为这是前进的唯一正确的战略方针。实现这一战略方针的关键是，应首先迅速攻打松潘，进占甘南，消灭敌人有生力量，建立革命根据地。并强调了两个方面军统一组织与指挥对实现战略方针的重要性与迫切性。

毛泽东发言强调指出，我们战争的性质是决战防御，不是跑，是进攻，创建根据地是依靠进攻的，我们必须要高度机动，集中主力，迅速打破胡宗南军向松潘前进，今天决定明天即须行动，力求六月突破，经松潘到决定的地区去。

博古发言还强调。必须有一定的地区做根据地。做出模范来影响全国，现在陕川甘首先在甘南，依靠群众进行游击战争，这能影响全国。

会议最后一致通过了周恩来的报告提出的战略方针，并责成张闻天起草一个中央政治局决定。

6 月 28 日。中央政治局作出了《关于一、四方面军会合后战略方针的决定》。明确指出："在一、四方面军会合后，我们的战略方针是集中主力向北进攻。在运动战中大量消灭敌人，首先取得甘肃南部，以创造川陕甘苏区根据地。""为了实现这一战略方针，在战役上必须首先集中主力消灭与打击胡宗南军，夺取松潘与控制铁路以北地区，使主力能够胜利的向甘南前进。"《决定》还尖锐地指出："为了实现这一战略方针。必须坚决反对避免战争退却逃跑以及保守偷安停止不动的倾向，这些右倾机会主义的动摇是目前创造新苏区的斗争中的主要危险。”

两河口会议确定的北上建立以甘肃南部为中心的川陕甘革命根据地的战略方针，为两个方面军共同北上，进一步扩大苏维埃运动指明了正确的方向。

这时，胡宗南军在平武、松潘地区结集27个团的兵力，伺机向我进攻。中央军委为贯彻执行两河口会议的战略方针，于29日制定了《松潘战役计划》，重申“以运动战消灭敌人的手段，北取甘南为根据地，以赤化川陕甘之目的。首先进行的战役，就是要迅速、机动、坚决的消灭松潘地区的胡敌。并控制松潘以北及东北各道路，以利北向作战和发展”。同时，将一、四方面军分左、中、右三路开进，左路以林彪为司令员，聂荣臻为政委；中路以徐向前为司令员兼政委；右路以陈昌浩为司令员兼政委。《计划》提出左、中、右三路军于7月7日至13日，分别集中于箭步塘、上让口、芦花、红土坡一线，这是一、四方面军会合后第一次共同作战。

7月上旬，右路军之一军团从懋功北上，翻越几座大雪山，经芦花到达松潘附近的毛儿盖地区。由于四方面军统辖的中、右两路行动迟缓，中央军委决定一军团改入中路，作为攻打松潘的先头部队。

芦花会议：促进了一、四方面军的团结

张国焘在两河口会议上表示拥护党中央关于在甘南建立根据地的北上方针，会后口头上也同意攻打松潘，但行动上却借口所谓“组织问题”没解决，按兵不动，故意延宕四方面军的行动。

7月初，张国焘回到杂谷脑后，召开四方面军干部会议，肆意歪曲中央路线，挑动一、四方面军的对立。此后，他又在四方面军中鼓动、纵容某些人向一方面军挑衅，以致发生抢粮、抢枪、打人、武装包围等极不正常的现象。他还策动“川康省委”等部属，以向中央建议解决组织上统一指挥为名，伸手向党要权。四方面军政委陈昌浩致电红军总司令朱德，指名要由张国焘出任中央军委主席，他甚至提出，如不按他们的意见“集中

军事领导”，便“无法顺利灭敌”。党中央理所当然地拒绝了这些无理要求。同时中央军委为了顾全大局，增进两大主力红军的团结，于7月18日任命张国焘为红军总政治委员。这样，张国焘才开始调动四方面军的主力北上。

但是，由于张国焘的阻挠，使《松潘战役计划》规定的左、中、右三路军，于7月13日前分别集中在第一步地点——箭步塘、让口、芦花、红土坡一线的计划，未能实现，使胡宗南军先于我集结松潘地区，造成我军攻打松潘的被动局面。在这种情况下，中央军委于20日又制定了《松潘战役第二步计划》，指出：前一段由于我军未能高度迅速调动及地理、气候、番民关系，致使先遣部队与后续部队相隔过远，各方面的配合亦尚未完全协调。

根据敌情变化，军委总部决定：我军在岷江沿岸的钳制支队，在茂州上游两岸的两个团兵力，应向归化、安顺关积极活动，以牵制和吸引胡敌及川敌；茂州下游至理番的两个团兵力，尽力扼守岷江西岸。

这时，迫切需要加强一、四方面军之间的了解、信任和团结，以便进一步统一两大主力红军的行动步伐。为此，中央政治局利用部署松潘战役第二步行动计划的间隙，于7月21日至22日在芦花举行会议。参加会议的有张国焘、陈昌浩、周恩来、朱德、张闻天、毛泽东、王稼祥、博古、凯丰、邓发、李富春、徐向前、刘伯承等十三人。会议的中心议题是总结四方面军从鄂豫皖根据地到川陕根据地的历史经验教训。

会议首先听取张国焘关于四方面军发展历史情况的报告。他全面汇报了四方面军从鄂豫皖根据地到川陕根据地的斗争情况。他承认由于对敌情的错误判断，导致部队在鄂豫皖根据地第四次反“围剿”中的较大伤亡。他说，四方面军在反敌人四次“围剿”中，是用尽力量与敌人战斗的，但由于红军在京汉铁路东西两侧均挡不住敌人的进攻，又由于没有动员广大群众进行反四次“围剿”，所以最后决定将主力向京汉铁路西边撤退，而离开鄂豫皖根据地，为的是保存兵力，继续作战。他还说，四方面军从鄂豫皖根据地到四川通（江）南（江）巴（中）建立根据地，“未伤原气”，总的战略战术一般是正确的，但也存在错误和缺点。

张国焘报告之后，徐向前和陈昌浩分别作了关于四方面军的补充报告。

会议对以上三个报告进行了讨论。邓发、朱德、凯丰、周恩来、张闻天、毛泽东、王稼祥、博古等先后在会上发言，他们对四方面军取得的成绩给予了充分的肯定，主要是：正确执行了党中央的路线，使红军得以巩固与发展，其中有许多宝贵经验是值得一方面军学习的；坚决、积极、大胆地提拔工农干部，使红军得到迅速发展；坚决执行命令，遵守纪律，作战勇敢，富有战斗能力；克服了疲劳和各种困难，到通南巴建立了新的根据地，恢复了元气，使红军扩大了十倍以上。

在充分肯定四方面军成绩的同时，也严肃指出了四方面军存在的主要错误与不足：

（一）退出鄂豫皖根据地预先没有很好准备。大家认为，鄂豫皖根据地是在预先没有很好准备的情况下退出的，既没有充分动员群众，又有些轻视敌人，而且战略战术的配合不够。因此不能得出这样的结论：鄂豫皖的反四次“围剿”一定不能胜利，一定要退出苏区。

（二）放弃通南巴根据地是个严重错误。大家认为，中央苏区是不得已退出的，而通南巴是在打了胜仗的顺利条件下退出的。这违背了中央提出不应退出通南巴的正确主张。

（三）对根据地建设重视不够。人家认为、建立根据地是包括很多条件的，张国焘到通南巴以后，没有坚决迅速地建立起苏维埃政权，没有充分发展广大游击战争，没有深入开展土地革命和扩大地方武装。

（四）退出通南巴后缺乏明确的发展方向。大家认为，四方面军西渡嘉陵江后未能抓紧向川陕甘发展。同时，退出通南巴把所有的干部、游击队带来也是战略上的失策。

芦花会议全面总结了四方面军的历史经验，一、四方面军领导人在会上开诚布公地交换意见，对于增强两支部队的兄弟团结，统一部队组织与指挥，有着重要的意义。

会议期间，为加强前方作战的统一指挥，利于迅速北上，7 月 21 日，中央军委决定组织前敌总指挥部。以四方面军总指挥部兼前敌总指挥部，徐向前兼前敌总指挥，陈昌浩兼政委，叶剑英任参谋长，指挥前方一切作战部队。原一方面军之第一、三、五、九军团依次改为第一、三、五、三十二军；原四方面军之第四、九、三十、三十一、三十三军的番号不变。同一天，中央军委还重新布置了一、四方面军主力向松潘进攻的作战行动，共组成五个纵队和一个支队，实际上开始了两个方面军的混合编制，并依据当时部队所在的地理位置，形成了后来左右两路军的雏形。

沙窝会议和毛儿盖会议：继续坚持党的北上方针

（一）沙窝会议重申两河口会议的北上战略方针

为了坚持北上方针，从8 月1 日起，我军开始放弃原定的《松潘战役计划》。8 月3 日，红军总司令部又制定出《夏洮战役计划》，要求“攻占阿坝，迅速北进夏河流域，突击敌包围线之各侧背，向东压迫敌人，以期于洮河流域消灭敌之主力，形成在甘南广大区域发展之局势”。

我军之所以放弃松潘战役改为执行夏洮战役，其主要原因是：（1）敌情的变化，敌胡宗南主力此时已集结松潘地区，薛岳部也进抵文县、平武与胡部策应，懋功、绥靖、茂县、威州先后为敌所占，各方敌人正紧缩对我军之包围线；（2）敌利用土司据有包座、热当坝等地区，阻我北进；（3）松潘地区地瘠民贫，粮食给养困难；（4）张国焘到毛儿盖即动摇，推翻了松潘战役决定，而主张主力走阿坝、另一部走班佑。由于张国焘的动摇与阻挠，延宕了部队北进的行动，使我军各纵队不能同时北进，失去了迅速攻打松潘的战机。

为执行《夏洮战役计划》，将主力部队分成左、右两路军：左路军含四方面军之九军、三十一军、三十三军和一方面军之五军、三十二军，由红军总司令朱德、总政委张国焘率领，自卓克基进攻阿坝；有路军含一方面军之一军、三军和四方面军之四军、三十军，由前敌总指挥徐向前、政委陈昌浩率领，自毛儿盖攻班佑。党中央和中央军委跟随右路军行动。

为了推动张国焘执行北上方针，8 月 4 日至 6 日，党中央政治局在毛儿盖以南的沙窝举行会议。出席会议的有张闻天、毛泽东、朱德、周恩来、张国焘、陈昌浩、刘伯承、傅钟、凯丰、邓发、博古等十一人。会议有两项议程：一是讨论一、四方面军会合后的形势与任务；二是讨论组织问题。

张闻天首先在会上作关于一、四方面军会合后的决议草案的报告。在讨论这一报告时，毛泽东首先发言，就决议草案作补充说明。他着重分析了西北地区的有利条件和困难条件，指出有利条件是：（1）西北地区的主要敌人是蒋介石，他用全部力量来对付我们，但总的看来他的统治是削弱了。（2）西北地区的特点于革命有利，主要表现：一是帝国主义和封建军阀势力统治最薄弱的地方；二是蒙、回、藏等少数民族最集中的地方，他们的革命要求很强；三是靠近苏联，受苏联影响大，且能得到政治上、物质上的帮助。困难条件是：人口稀少，物资缺乏，少数民族和气候复杂等，但这些都是能够克服的。

接着，朱德、邓发、凯丰、张国焘、陈昌浩、刘伯承、周恩来、傅钟、博古等相继发言。与会大多数赞同张闻天的报告，并对决议草案的内容提出一些补充意见。认为，一、四方面军现在应加强相互间的了解与团结，消除隔阂与误会，溶成一片，把不正确的现象引到正确方面上去。同时，强调提高党在红军中的威信的重要性，指出：红军与党是不能分开的，党的力量的削弱就是红军的削弱，党中央威信的提高就是加强红军的战斗力。会上一些同志的发言实际上不指名地批评了张国焘的错误。

张国焘在会上极力为其错误进行辩解，同时批评一方面军退出中央苏区是打掩护战，有失败情绪，部队疲劳，纪律松弛，减员很大。他强调一方面军的领导对这些错误不能估计太小，应好好总结经验教训。陈昌浩在发言时也为张国焘的错误辩护。认为决议草案对张国焘的批评有些是“误会”，并担保张国焘“没有反党的意思”。他还批评一方面军的主要危险是右倾，干部不负责任，应做专门决议对一方面军进行整顿。

张闻天对第一项议程的讨论作结论说，四方面军对一方面军的批评是好的，是帮助一方面军纠正缺点的。但也须注意可能发生不好的影响，因为过分的批评会妨害团结的。

会议基本上通过了决议案，并责成政治局常委对决议案进行最后修改。

在讨论第二项议程关于组织问题时，张闻天代表中央政治局提出一个吸收四方面军干部参加中央工作的名单。张国焘在“坚决提拔工农干部”的幌子下，提出增加四方面军九人进政治局（当时中央政治局委员共八人），企图根本改变中央的成分，以枪多人多来威胁党。会议否决了张国焘的意见，决定增补陈昌浩、周纯全二人为政治局委员。会议还决定，一方面军成立单独的司令部，由周恩来担任一方面军司令员兼政委；由陈昌浩任总政治部主任，周纯全任副主任。

8 月5 日，沙窝会议通过的《中央关于一、四方面军会合后的政治形势与任务的决议》，共分七个部分，其要点是：

（1）指出一、四方面军的会合，“造成了中国苏维埃运动在西北开展极大胜利的前途”，证明“苏维埃革命并未低落，而是继续发展着”。

（2）重申两河口会议决定的北上方针的正确性，强调指出，创造川陕甘根据地是一、四方面军面临的历史任务，它将“推动整个中国革命前进与发展”。为了巩固根据地，规定了深入农民土地斗争，建立工农苏维埃政权和群众武装，严厉镇压反革命等各项基本政策。

（3）加强党在红军中的领导，强调没有共产党，“就没有中国工农红军，就没有苏维埃革命运动”。

（4）强调加强一、四方面军团结的极端重要性，坚持一、四方面军的团结是完成创造川陕甘苏区历史任务的必要条件。

（5）阐明在少数民族区的基本方针是，承认民族的自决权，帮助他们的民族独立与解放运动。

（6）提出在部队中进行宣传鼓动、军事政治教育训练、严紧纪律、加紧阶级教育等当前十二项中心工作，以提高部队的战斗力。

（7）要求开展反对“左”、右倾错误的两条战线斗争，特别要坚决反对各种右倾机会主义的动摇。如“对于党中央所决定的战略方针表现怀疑”“企图远离敌人避免战斗”“对创造新根据地没有信心”“对革命前途悲观失望”等等。

沙窝会议重申了两河口会议确定的北上战略方针，进一步明确了当时的形势与任务，对于加强两个方面军的统一领导与指挥，坚定创建川陕甘根据地的必胜信心，起了积极的作用。同时，党中央和张国焘的政治歧见，也开始公开暴露出来。

（二）毛儿盖会议明确了向洮河以东发展的行动方向

沙窝会议后，张国焘回到毛儿盖，召集四方面军军以上干部会议，非法审查中央路线，企图用枪杆子威胁党，公开进行分裂党和红军的罪恶活动。

为了执行夏洮战役计划，最初决定左路军向阿坝方向进展，右路军配合左路军。为此，8 月 10 日，前敌总指挥部拟定了《右路军行动计划》，要求右路军派两个团作为先遣队向班佑侦察前进，准备占领并控制班佑、撒路、包座地区，以掩护右路军北上，同时向松潘之敌佯攻，以吸引敌胡宗南大部于松潘附近，以此来配合左路军北进。与此同时，右路军进展迅速，其先头部队已于 8 月 9 日进占大藏寺，准备集中兵力进攻阿坝。

但在 8 月上旬，敌情发生新的变化，南线之敌刘文辉、李抱冰等部加紧进犯我军，党坝、耿达桥相继失守，我军后方受到严重威胁。根据敌情变化和其他自然条件，中央改变了夏洮战役最初的行动计划，将重心由西转向东，即将主攻方向由阿坝移到班佑，将红军主力集中右路。8 月 15 日，党中央将这一决定电示张国焘，指出：“不论从地形、气候、敌情、粮食任何方面计算，均须即以主力从班佑向夏河急进。”“一、四方面军主力，均宜走右路。左路阿坝只出一部，掩护后方前进。”并指出：“目前应专力北向，万不宜抽兵回击抚边、理番之敌。”党中央还要求将左路一方面军之五军、三十二军调到右路，以加强班佑方面兵力。

8 月 19 日，张国焘致电右路军前敌总指挥部，详细部署了左右路军的行动：一方面同意中央 8 月 15 日新的行动计划，左路军向右路军靠拢，集结红军主力于右路；另一方面又强调攻取阿坝的重要性及左路攻阿坝比右路条件好。

为了进一步统一思想，8 月20 日，党中央政治局在毛儿盖举行会议，着重讨论夏洮战役后的行动问题。参加会议的有张闻天、毛泽东、博古、王稼祥、陈昌浩、凯丰、邓发、徐向前、李富春、聂荣臻、林彪、李先念等十二人。朱德和张国焘因当时正在查理寺指挥左路军攻阿坝，未能参加会议。周恩来因重病也未到会。

会议首先由毛泽东作关于夏洮战役后行动问题的报告。指出：我们到达夏洮地区以后，有两个行动方向：一向陕西，一向青海、新疆、宁夏方向。报告认为，红军主力应向东向陕甘边界发展，不应向黄河以西。报告详细列举了向东发展的四点理由：（1）从敌情方面说。如我们向黄河以西，敌人则在黄河以东筑封锁线，把我们限在黄河以西地区。这个地区虽然大，但多是草地、沙漠，人口也很少，将会发生很大的困难。因此，我们要迅速攻破敌人迫我向黄河以西的封锁计划，第一步占洮河。第二步占天水，第三步占平凉一带，向陕西发展，求得在运动中消灭敌人。（2）从地形方面说，由兰州至潼关一带地域广大，我们需要在广大的区域建立政权、创造后方。（3）从经济条件说，西北要比黄河以东差，同时气候寒冷，给养困难。（4）从民族条件说，黄河以西大部是回、蒙族，汉族很少，我们到西边去，只能扩大回民的人民革命军，而不能扩大红军本身。基于上述敌情、地形、经济、民族等条件，红军主力应向黄河以东，支队向黄河以西去破坏敌人的封锁计划。报告指出，夺取洮河流域的东岸，是夏洮战役的主要目的，目前洮河作战步骤，极大关系于将来的行动。我们应以洮河流域为基础建立陕甘革命根据地，这一区域，背靠草地，四川军阀很难来；西北靠黄河，便于作战；同时又可以黄河以西为退路。将来向东大大发展时，后方应移到甘肃东北与陕西交界的地区去。

陈昌浩、王稼祥、凯丰、林彪、博古、徐向前等先后发言，一致同意毛泽东的报告。在向东发展还是向西发展的问题上，与会者主张，应克服一切困难，以岷州为中心。坚决向东发展。认为向东向西，不是一个小的问题，而是根本的原则问题。向东是转入反攻、转入新的形势，向西是继续退却，不仅是军事上的退却，而且是政治上的退却。这个问题是关系于前途的关键。在右路军的行动问题上，与会者认为，要达到战略目的和战略计划，应以右路军为基准而决定左路军的行动，左路军一定向右路军靠拢而不应以右路军靠拢左路军。因为从敌情、时间和地理条件来看，右路军配合左路军是很困难的事，右路军很需要集中最大力量前进，否则向岷州前进是困难的。但与会者也估计到左路军不来右路会合的这种可能性。

毛泽东作会议讨论结论时指出：向东向西是一个关键。如果不采取积极方针，将要被敌人迫向西。我们应坚决坚持向东发展，不应以一些困难而转移向西；认为左路军应向右路军靠拢，阿坝要迅速打一下，后续部队应不经阿坝向右路军靠，应把左路军看成为战略预备队。

会议随后决定由毛泽东起草一个决议，作为对两河口会议通过的《关于一、四方面军会合后战略方针的决定》的补充。

会议通过的《关于目前战略方针之补充决定》的主要内容是：

（1）根据敌我情况，为实现6月28日关于目前战略方针的决定，要求主力部队迅速占取以岷州为中心之洮河东岸地区，并依据这个地区向东进攻，以便取得陕甘之广大地区，为中国苏维埃运动继续发展之有力支柱与根据地。

（2）开辟甘陕地区，不论目的与将来之发展上，都是有利的，而且依据我们现有的力量，是完全能够实现的。

（3）为着实现这个战略决定，当前的夏洮战役是一个有决定意义的关键。因此，应力争控制洮河，首先是洮河东岸地区，粉碎敌人兰州、松潘封锁线之计划。以处于有利的机动地位，而便利于继续战胜敌人。集结最大限度的主力于这个主要方向，坚决果敢与灵活机动地作战，是这个战役胜利之保证。机会主义之投降困难，走抵抗最小的道路，将不仅丧失这个战役之胜利，并使战略的实现成为不可能。

（4）政治局认为，目前将主力部队西渡黄河，深入青、宁、新僻地，是不适当的，是极不利的。采取这种方针是错误的，是一个危险的退却方针。这个方针之政治来源是畏惧敌人，夸大敌人力量，失去对自己力量及胜利信心的右倾机会主义。

毛儿盖会议是两河口会议、沙窝会议的继续和发展。这次会议确定的以岷州、洮河为中心向东发展的行动力针，是对两河口会议决定的补充，对于明确红军主力发展方向，克服张国焘的分裂主义危险，起了积极的作用。

巴西会议：当机立断先行北上

毛儿盖会议后，右路军（中央红军）从毛儿盖向班佑北进。这次北进，以一军为先导（8 月 19 日开始出发），中间是四军、三十军和前敌总指挥部；毛泽东、张闻天、博古等同志于 22 日随前敌总指挥部行动；三军殿后，于后三日跟进，经过七天七夜的草地艰苦行军，一军于 27 日占领班佑，29 日到达巴西、阿西。

在此期间，中央政治局于 24 日将毛儿盖会议决定电告张国焘，指出：（1）“我纵到甘南后，应迅速以主力出洮河东岸，占领岷州、天水间地区，打破敌人兰州、松潘封锁计划；并依据以岷州为中心之洮河地区，有计划地、大胆地向东进攻，以便取得甘陕两省广大地区，为中国苏维埃运动的有力根据地。”（2）若不如此而以主力向洮河以西，“则我将处于地形上、经济上、居民条件上比较大不利之地位”。（3）“目前应令右路军全力迅速夺取哈达铺，控制西固、岷州间地段，并相机夺取岷州为第一要务。”（4）“左路军则迅速出墨洼、班佑，出洮河左岸，与右路军并肩东进。”24 日和 31 日，前敌总指挥徐向前和政委陈昌浩也致电左路军，力主两路主力合力出击洮河以东，进一步提出要左路军向右路军靠拢，并严肃指出：“主力合而后分，兵家大忌，前途所关”，“迟疑则误尽中国革命大事”

但是，张国焘从两河口会议后，为贯彻其向西退却的方针，始终把注意力放在阿坝方向。8 月 21 日，左路军九军和三十一军攻占阿坝，五军、三十三军跟进。张国焘指令“川康省委”，迅速在阿坝、查理寺一带布置工作，并留相当兵力巩固阿坝。

此时，敌胡宗南部增兵包座，阻止我军北进。我右路军发协包座战斗。三十军攻包座，四军一部夜袭求吉寺。包座之战从 8 月 30 日下午至 9 月 1 日上午，经过两天激战，攻占了上下包座，毙俘敌 2000 余人，缴枪 1500 余支，敌师长伍诚仁受伤。包座之战为实现党中央北上战略方针创造了有利条件。

针对这种情况，中共中央于 1935 年 9 月 2 日至 9 日在班佑寺内连续召开政治局会议。中央政治局于 9 月 2 日在巴西召开会议，着重研究教育与宣传问题，张闻天、博古、毛泽东、王稼祥、李维汉、凯丰等出席会议。会议讨论了一方面军工作方针问题。

党中央和右路军在班佑、巴西地区，一面耐心等候左路军集中班佑，共同北进；一面抓紧时间进行一方面军的休整工作。

9 月 3 日，张国焘借口噶曲河水涨，无法徒涉与架桥，以及粮食困难，反对左路军北上与右路军会合，认为："茫茫草地，前进不能，坐待自毙。"擅自命已进到墨洼附近的部队折回阿坝，并提出左右两路军同时南下回击松潘的主张。这样，张国焘就破坏了中央关于左右两路军集中班佑，共同向洮河流域以东发展的北进计划。

9 月 8 日，张国焘竟电令徐向前、陈昌浩率右路军南下。事关重大，中央政治局为此在周恩来处召开非正式会议，张闻天、毛泽东、周恩来、博古、王稼祥、徐向前、陈昌浩等七人参加。会议决定电令张国焘北上。9 日，党中央致电张国焘，指出："陈谈右路军南下电令，中央认为完全不适宜的。中央现恳切的指出，目前方针只有向北是出路，向南则敌情、地形、居民、给养都对我极端不利，将要使红军受空前未有之困难环境。中央认为：北上方针绝对不应改变。左路军应速即北上。"

但是，张国焘毫无转变之意，拒不从命。9 日，他向中央提出南下川康边之天全、芦山、丹巴、甘孜、道孚等地的分裂主义计划。同时，他还扬言："要彻底对中央开展斗争。"企图强迫中央。

形势是异常紧张的。一方面有强敌胡宗南部在前面阻拦，另一方面党和红军又面临分裂的危险。党中央自身的安全也受到严重威胁。党中央为贯彻北上的战略方针，采取了应急措施：第一，9 月 10 日，党中央令一军团向罗达、拉界前进，并决定右路军统归军委副主席周恩来指挥。第二，党中央立即于 9 月 9 日晚在巴西召开紧急会议，决定当即从巴西出发脱离危险境地，率三军团及军委纵队、红军大学在阿西集合，继续北上。第三，9 月 10 日党中央向四方面军发出《为执行北上方针告同志书》，重申北上战略方针是唯一正确的，指出：“南下只能是挨冻挨饿，白白的牺牲生命，对革命没有一点利益，对于红军南下是没有出路的，南下是绝路。”于是，右路军中之一、四方面军的部队由于张国焘的阻挠在阿西分开了。

会议分析了红一、四方面军会师后张国焘分裂党和红军，抗拒中央命令的种种表现，分析了张国焘仗优势兵力，妄图凌驾和危害党中央的危险处境。毛泽东等同志一致认为，在此种危急关头，再继续说服、等待张国焘率领左路军北上，不仅没有可能，而且会招致严重后果。为了坚持北上建立川陕甘根据地的方针，同时为了给整个红军北上开辟道路，会议决定采取果断措施，立即率红一、三军和军委纵队一部，组成临时北上先遣队，到阿西集合，继续北上，向甘南前进，并通知已到俄界的林彪、聂荣臻，行动方针有变，要一军在原地等待。会议还决定以后右路军统归军委副主席周恩来指挥，并委托毛泽东起草《中共中央为执行北上方针告同志书》。

9 月 10 日凌晨，党中央率直属纵队离开巴西地区向甘肃俄界进发，同时发布《为执行北上方针告同志书》。

党中央和毛泽东率红三军、军委纵队和红军大学一部，离开巴西迅速北进，于 9 月 11 日晚陆续到达甘南俄界（今甘肃迭部县高吉村），与先期到达的红一军会合。

这次匆匆开始、匆匆结束的会议就是著名的“巴西会议”。巴西会议又一次将红军从危机中解救了出来。巴西会议是决定党和红军前途命运的一次关键会议，在中共党史上有着重要的历史地位。

俄界会议：揭露张国焘分裂主义错误

9 月 11 日，中央率三军团到达俄界，与一军团会合。同一天，中央再次指令张国焘“立刻率右路军向班佑巴西开进，不得违误”。

但是，张国焘不但抗违中央北上命令，反诬中央率一、三军团单独北上是“逃跑”。12 日，张国焘回电党中央，指责一、三军团执行中央北上路线是“无止境的逃跑”，“不拖死也会冻死”。

为解决张国焘分裂党中央以及阴谋分裂红军所造成的危局，9 月 12 日，中央政治局在甘肃省俄界举行会议，讨论目前行动方针问题。参加会议的有张闻天、博古、毛泽东、王稼祥、凯丰、刘少奇、邓发，以及蔡树藩、叶剑英、林伯渠、罗迈（李维汉）、杨尚昆、李德和一军团林彪、聂荣臻、朱瑞、罗瑞卿，三军团彭德怀、李富春、袁国平、张纯清等二十一人。会议第一次点名批评张国焘的右倾机会主义错误。

毛泽东首先报告关于目前的行动方针，着重讲了三个问题：（1）中央坚持两河口会议确定的北上战略方针，以张国焘为代表的右倾机会主义反对中央这个方针。张国焘主张向南在政治上是没有出路的，中央不能把一、三军团也拉上这条绝路。由于张国焘的阻挠和破坏，一、四方面军不能共同北上。因此，一方面军主力之一、三军团应该单独北上。（2）毛儿盖会议决议是红军主力向黄河以东。现在由于情况变化，一、三军团的行动方针应有所改变，首先打到甘东北或陕北，经过游击战争，打到苏联边界去，打通国际联系，得到国际的帮助、整顿休养兵力，扩大队伍，创建根据地，再向东发展。从地形、敌情、居民等各方面条件看，实现这个新方针，无疑是可能的。（3）我们与张国焘的斗争，目前还是党内两条路线的斗争，作组织结论是必要的，但不一定马上就作，因为它关系到争取四方面军的广大干部，也关系到在左路军中一方面军两个军干部的安全。我们还要尽力争取四方面军北上。

邓发、李富春、罗迈、李德、王稼祥、彭德怀、聂荣臻、杨尚昆、林彪、博古、张闻天等相继发言，一致完全同意毛泽东的报告，谴责了张国焘的反党分裂活动。认为这一事件不是偶然的。是从两河口会议以前就开始的；张国焘对抗中央北上方针，其根源是惧怕敌人，给胡宗南吓怕了，企图跑到偏闲的地方去偷安，完全丧失了建立根据地和革命前途的信心；我们同张国焘的分歧，不仅是战略方针的分歧，而且是两条路线的分歧，即一条是党中央的正确路线，一条是张国焘的右倾军阀主义。与会者同意不马上对张国焘作组织结论，还要做各方面的争取工作。

毛泽东作会议结论时再次强调指出：我们同张国焘的斗争是两条路线的分歧，是布尔什维克主义与军阀主义倾向的斗争。张国焘是发展着的军阀主义倾向，将来可发展到叛变革命，这是党内空前未有的。

关于组织问题，会议决定如下：(1) 将原有一、三军团缩编为中国工农红军陕甘支队，由彭德怀任司令员，毛泽东兼政治委员，林彪任副司令员，王稼祥任政治部主任，杨尚昆任政治部副主任。(2) 成立"五人团"，作为全军最高领导核心，由彭德怀、林彪、毛泽东、王稼祥、周恩来组成。(3) 组成编制委员会，主任为李德，委员为叶剑英、邓发、蔡树藩、罗迈。

俄界会议正式作出《关于张国焘同志的错误的决定》。《决定》指出："政治局同意已经采取的步骤及今后的战略方针。"并着重指出：

(1) 我们与张国焘的争论，"其实质是由于对目前政治形势与敌我力量对比估计上有着原则的分歧"。张国焘夸大敌人的力量，轻视自己的力量，丧失了创造新苏区的信心，主张向川康藏边界退却。"目前分裂红军的罪恶行为。公开违背党中央的指令，将红四方面军带到在战略上不利于红军发展的川康边境，只是张国焘同志的机会主义的最后完成"。

(2) 造成张国焘这种分裂红军的罪恶行为的，"除了对于目前形势的机会主义估计外，就是他的军阀主义的倾向"。

(3) 张国焘对于中央的耐心说服、解释、劝告与诱导，不但表示完全的拒绝，而且自己组织反党小团体同中央进行公开的斗争，否认党的民主集中制的基本原则，漠视党的一切纪律，在群众面前任意破坏党中央的威信。

《决定》还指出了张国焘的右倾机会主义与军阀主义倾向的历史根源，申明要坚决纠正张国焘的严重错误，并号召"红四方面军中全体忠实于共产党的同志团结在党中央的周围，同这种倾向做坚决的斗争，以巩固党与红军"。

俄界会议是克服张国焘的分裂主义、保证党中央北上方针贯彻实施的一次意义重大的会议。为教育并挽救张国焘本人，党仍给他以改正错误的机会，并争取四方面军的广大指战员，所以，这个《决定》当时只发给中央委员，没有向全党公布。

俄界会议后，党中央于 9 月 14 日致电张国焘等，公开阐明了对这次分裂事件的立场，指出：（1）目前发生红军分离行动的危险的原因，是由于张国焘坚持错误立场，拒绝执行中央的战略方针，违抗中央的屡次训令与电令。张国焘对自己行为所产生的一切恶果，应负绝对责任。（2）中央先率一、三军团北上，只是为了实现自己的战略方针，并企图以自己的艰苦奋斗，为左路军及右路军中之四军、三十军开辟道路，以便利于他们的北上。（3）张国焘擅自把红军拖到阿坝及大小金川等极端危险的方向，是逃跑主义最实际的表现，是使红军陷于日益削弱的罪恶行动。（4）中央再次要求张国焘立即取消南下的命令，服从中央电令，继续北上。

9 月 17 日，党中央率陕甘支队占领天险腊子口、大草滩。徐向前、陈昌浩在张国焘的强令下，率右路军之四军、三十军自班佑、包座由原北上路线南下。至此，左、右两路军最后分离了。

张国焘后来颠倒是非地说："毛泽东等破坏了中央和红军一致行动的最高原则，私率一、三军团单独行动，结果造成中共和红军的分裂。"这是对历史的篡改。历史证明，这次分裂事件完全是由张国焘的个人野心和反党阴谋造成的。他企图依仗军事实力篡夺党和红军的最高权力，最后走上分裂红军、反党反人民的罪恶道路。

从 1935 年 6 月 26 日至 1935 年 9 月 12 日，中央红军与红四方面军会合后召开的会议，包括两河口会议、芦花会议、沙窝会议、毛儿盖会议、巴西会议、俄界会议等。这些会议都是讨论两大主力红军会师后的军事计划、战略方针、行动方向、作战方案，以及与张国焘的分歧，努力求得共识。这一时期的会议没有实现与张国焘求得团结、共同北上的结果，但是最终决定红一、三军团和军委纵队单独北上陕甘建立根据地。

榜罗镇会议：确定长征的最终落脚点

党中央率陕甘支队，在突破大险腊子口后，接者翻越岷山，先头部队于 9 月 18 日占领哈达铺。党中央于 21 日下午进驻哈达铺，利用在哈达铺休息的短暂时间，对北上红军集中进行了整编，正式宣布组成中国工农红军陕甘支队，下设三个纵队：原红一军团编为第一纵队，纵队长林彪

（兼），政委聂荣臻；原三军团编为第二纵队，纵队长彭德怀（兼）（10月，由彭雪枫接任），政委李富春；军委直属纵队为第二纵队，纵队长叶剑英，政委邓发；中央直属机关编为直属队。北上红军进驻哈达铺后。敌人害怕我军进占天水，威胁西安，迅速将主力集结天水，并以一部兵力占领渭河附近的武山、漳县两城，防我东进。我陕甘支队以急行军突然折向西北，摆脱敌重兵阻击，通过敌人武山、漳县间的封锁线，在鸳鸯镇和山丹之间渡渭河，于9月27日到达通渭县的榜罗镇。

（一）榜罗镇会议

在榜罗镇休息期间，党中央从榜罗镇的一所高级小学校得到很多报纸杂志，从报上看到了日本军国主义侵略我国北方的许多材料，以及陕北红军和根据地的情况。于是，党中央政治局常委在榜罗镇举行会议，分析研究了当前的形势和陕北的军事、政治、经济状况，认为陕甘支队应迅速到陕北同陕北红军和红二十五军会合。会议决定改变俄界会议关于首先打到甘东北或陕北，经过游击战争，打到苏联边界去，取得国际的帮助，整顿休养兵力，扩大队伍，创建根据地的原定战略方针，作出了把红军长征的落脚点放在陕北的决策。

9月28日清晨5时，党中央在榜罗镇小学的操场召开全支队连以上干部大会。支队政委毛泽东，司令员彭德怀，党中央书记张闻天和支队副司令员林彪都在会上讲了话。毛泽东传达了中央政治局常委会议的新的决策，进行了政治动员。毛泽东着重阐明了日本军国主义侵略我国华北的严重形势；关于陕北根据地和陕北红军的状况，以及可能成为党和红军抗日新阵地的陕北的经济、政治条件；当前我军的行动方针是要避免同国民党军作战，以迅速到达陕北根据地同陕北红军和红二十五军会合；要求全体干部，要严格整顿纪律，充分注意群众工作，解释我军北上抗日的意义，注意扩大新战士等。会后，各部队立即召开党的支部会、军人大会进行政治动员，提出整顿军队风纪、做群众工作、扩大新战士、进行宣传工作等具体要求。29日拂晓，毛泽东、彭德怀率第一纵队先行出发，当天起到了通渭城。

在红军通过渭河后，蒋介石即电毛炳文：使尽全力确保两宁（静宁、会宁）、定西封锁线，以树最后歼灭共军之功。但是，正当敌人忙于拼凑二三十万人马，准备对我进行堵截时，我陕甘支队已连续突破会宁、静宁之间的西（安）兰（州）公路封锁线和平凉、固原之间的公路封锁线。

（二）铁边城会议

根据榜罗镇会议作出的保卫与扩大陕北苏区的新的战略决策，党中央率陕甘支队约6000人分左、中、右3路纵队北上，通过通渭地区，翻越六盘山，又经过1000多里的艰苦行军和英勇作战，从甘肃进入陕北，于1935年10月18日抵达铁边城。党中央在这里召开了政治局常委会议。参加会议的有张闻天、毛泽东、王稼祥、博古，以及林彪、聂荣臻、杨尚昆等。会上，张闻天指出：关于在陕北建立苏区问题，政治局同志无一异议；毛泽东在上次榜罗镇召集的会议上作出决定，大家是同意的，应批准；至于中央整个政治决议，应在与二十五、二十六军同志商量后再发。在这次会议上，根据当前形势和部队实际情况，提出了许多议案，如红军入陕后的作战方针主要是在西边打蒋介石的嫡系部队，还是在南边打东北军，或是向北打的问题，同西北红军会合的方向和解决战略方针的问题，整顿部队，提高战斗力，群众工作，解决物资、冬衣等问题，认为上述这些问题迫切需要中央迅速作出决定。毛泽东在会上还指出，现在我们已到陕西，到保安尚有45天路，需要一天休息才好，这几天没有饭吃，不得不走，到前面有粮地方休息。我们要把保安变为苏区，过去敌人对我们是追击，现在改为“围剿”，我们要打破这“围剿”，我们须在敌人“围剿”前做很多工作。这次会议实际上是吴起镇会议的预备会议。

吴起镇会议：巩固扩大陕甘根据地

10月19日，党中央和中央红军进驻陕甘革命根据地吴起镇。随后又同十五军团胜利会师。至此，中央红军胜利地完成了历时一年，纵横11个省，行程2.5万里的长征。党中央和中央红军主力终于找到了长征立足点，抵达最后的目的地，胜利地实现了历史性的战略转移。

10 月 22 日，中央政治局在吴起镇召开会议。参加会议的有：张闻天、博古、毛泽东、王稼祥、周恩来、邓发、李富春、聂荣臻、刘少奇、叶剑英、凯丰、贾拓夫、彭德怀等。会议的中心议程是，总结俄界会议后红军的行动，确定新形势下陕甘支队的行动方针。

毛泽东在会上首先报告俄界会议以来的形势与陕甘支队的任务。主要内容是：

（1）宣布中央红军已完结一年长途行军，提出党的新任务是保卫与扩大陕北苏区，以领导全国革命。报告指出：自俄界出发已走 2000 里，到达这地区的任务已完成了，敌人对于我们追击堵击不得不告一段落，现在是敌人“围剿”，而我们保卫与扩大陕北苏区，主要敌人是蒋介石、张学良、阎锡山。他们正准备对陕北苏区的“围剿”。所以，现陕甘支队应提出保卫陕北苏区的口号。俄界会议与张国焘决裂，那时口号，打到陕北去，以游击战争与苏联发生联系，榜罗镇会议改变了俄界会议的决定，因为那时得到了新的材料，知道陕北有这样大的苏区与红军，所以改变，决定在陕北保卫与扩大苏区。在俄界会议上想在会合后，带到接近苏联的地区去，那时保卫与扩大陕北苏区的观点是没有的，现我们应批准榜罗镇会议的改变，从陕北苏区来领导全国革命。

（2）确定了红军当前作战方针。毛泽东根据陕北的环境和形势，阐明了红军的作战方针。指出，10 月到 11 月初约 20 天，我们方向应是西和西北，大的方向是陕甘，陕甘晋 3 省是发展主要区域，现在先向西，以吴起镇为中心，整顿部队，扩大部队，做群众工作。

（3）规定了红军当前中心工作。报告指出：在部队方面应提高战斗力，扩大红军，解决物质问题。这三件是目前部队中心工作。

（4）决定继续加强与国际联系。报告说：与国际联系派一支队去，取得国际技术帮助，现在仍是一项重要任务，但目前我们具体不能派去，条件还不够。

（5）重视同西北同志的团结。毛泽东指出：现我们应极大注意两方面关系问题。南北军队有些不同，互换领导，亦须注意。我们应以快乐高兴的态度，和他们见面。

在讨论中，邓发、李富春、聂荣臻、刘少奇、叶剑英、凯丰、博古、贾拓夫、张闻天、彭德怀先后发言。他们着重阐述了下列主要问题：

（1）粉碎敌人“围剿”，保卫与扩大陕北苏区。指出：如没有动员广大陕北群众，单靠陕甘支队力量，是不能粉碎敌人“围剿”的。由于陕北苏区领导全国的革命运动，所以，我们的任务是“扩大和保卫陕北苏区”，要“采取一切力量来巩固与发展陕北苏区”。

（2）拥护榜罗镇会议决定，使陕北成为领导全国革命的中心。指出榜罗镇决定的改变是很正确的重要的，是很应该的，应决定在此建立巩固苏区，应向战斗员解释。彭德怀指出：俄界会议还不能决定在陕甘的什么地区建立根据地，现已胜利的到达这一地区，保卫这一苏区是惟一正确方针。

（3）打通国际路线，取得苏联援助。刘少奇认为：打通国际路线，取得联络，现虽不能派部队，但用电报或通信，与之联络是很重要。博古指出：派一个支队打通国际路线，取得联络，求得指示，是很重要的，长期失去国际联络是损失。张闻天认为：打通国际路线，无论如何要打通，主要是政治帮助，与之发生直接联系。

（4）加强与西北红军联系。叶剑英认为，应使二十五、二十六军了解中央红军到陕北苏区，为着领导一方面军二十五、二十六、二十八军，我们应公开军委与中央机关，他还提出，恢复一、三军团名义，有很大历史意义。

毛泽东作会议总结发言时指出，党中央和中央红军已经完结一年长途行军，开始新的有后方的运动战。他还强调指出：正确的方针，需要我们一致的努力，首先统一领导问题，应由政治局委托常委去解决。

吴起镇会议是榜罗镇会议和铁边城会议的继续和完善。会议批准了榜罗镇会议把红军长征落脚点放在陕北的战略决策，决定党和红军今后的战略任务是建立西北苏区，以领导全国革命，从而宣告了中央红军长征的完结，开创了党中央全国革命大本营放在陕北的新的历史时期。这次会议为1935年11月上旬中央红军同西北红军顺利会师做了准备，对团结和汇聚西北革命力量起了重要作用。这次会议对我们党由土地革命战争向民族革命战争的转变和党在西北地区开始建立抗日反蒋统一战线，做了重要的准备，起着决定性的推动作用。

10 月29 日，陕甘支队发表《告红二十五、二十六军全体指战员书》，明确指出，陕甘支队与红二十五、二十六军的会合，为的是“开展西北苏维埃运动的大局面，替中国苏维埃运动定下巩固的基础，迅速赤化全中国”。指出“我们的会合是中国苏维埃运动的一个伟大胜利，是西北革命运动大开展的导炮”。号召全体指战员，“团结起来，为保卫和扩大陕北苏区，粉碎敌人新的‘围剿’开展西北苏维埃运动的大局面，开展神圣的民族革命战争，武装保卫苏联而斗争。”

瓦窑堡会议：确定抗日民族统一战线总政策

1935 年，日本帝国主义继侵占中国东北后，又制造了“华北事变”，妄图把华北变成第二个伪满洲国。1935 年 12 月 9 日，北平学生爆发了一二·九运动，1 万多名学生举行抗日示威游行，推动了全国抗日救亡运动的发展。在此期间，长征中的中国工农红军于 1935 年 10 月胜利到达陕北。11 月下旬，中共驻共产国际代表团所派代表张浩（林育英）回到陕北，向中共中央传达了共产国际关于建立广泛的反法西斯统一战线的精神和八一宣言的内容。在中华民族危机日益严重，抗日救亡运动重新高涨的形势下，迫切要求对日本进攻以来的国内形势作一次正确的分析，制定党在新形势下的策略和政策，纠正严重存在的“左”倾关门主义。为此，根据共产国际七大的决议，中共中央于 1935 年 12 月 17 日至 25 日在陕北瓦窑堡召开了政治局扩大会议。

会议通过《中央关于军事战略问题的决议》《关于目前政治形势与党的任务决议》等决议案。27 日，毛泽东根据会议精神，在党的活动分子会议上作了《论反对日本帝国主义的策略》的报告。会议关于政治形势的决议和毛泽东的报告，圆满地解决了党的政治路线问题。

《关于目前政治形势与党的任务决议》指出，党的策略路线，是在发动、团结与组织全中国全民族一切革命力量去反对当前主要的敌人：日本帝国主义与卖国贼头子蒋介石，并且提出“关门主义是党内的主要危险”。为了适应广泛的抗日统一战线的要求，《决议》规定将“工农共和国”改为“人民共和国”，同时改变不适应抗日要求的部分政策。

会议主要分析了华北事变后国内阶级关系的新变化，讨论了关于建立抗日民族统一战线、建立抗日联军和国防政府等问题，批判了党内长期存在着的那种认为不可能争取民族资产阶级与中国工人、农民联合抗日的“左”倾关门主义的观点，决定了建立抗日民族统一战线的策略。《决议》分析了当时政治形势的基本特点，规定了党在新形势下的策略路线。指出：当前时局的基本特点是日本帝国主义“正准备并吞全中国，把全中国从各帝国主义的半殖民地变为日本的殖民地”。民族矛盾已上升为主要矛盾。一切不愿当亡国奴，不愿充当汉奸的中国人的惟一出路，就是“向着日本帝国主义及其走狗汉奸卖国贼展开神圣的民族战争”。《决议》认为，民族革命的新高潮推醒了工人阶级和农民中的落后阶层；广大的小资产阶级群众和知识分子已转入革命；一部分民族资产阶级，许多乡村富农和小地主，甚至一部分军阀也有对革命采取同情中立的态度以至有参加的可能。党应该采取各种适当的方法与方式，去争取这些力量到反日战线中来。《决议》指出，在地主买办阶级营垒中间，也不是完全统一的，党也应利用他们之间的矛盾与冲突，以利于抗日民族解放斗争。对于日本帝国主义与其他帝国主义之间的矛盾，也应采取这样的策略。

毛泽东作了军事问题的报告。毛泽东在他的报告中，对于民族资产阶级的两面性和利用地主买办营垒内部矛盾的可能性问题，作了精辟的分析。他指出：“国民党营垒中，在民族危机到了严重关头的时候，是要发生分裂的。”总之，“把这个阶级关系问题总起来说，就是：在日本帝国主义打进中国本部来了这一个基本的变化上面，变化了中国各阶级之间的相互关系，扩大了民族革命营垒的势力，减弱了民族反革命营垒的势力。”因此，党的基本策略任务，就是要建立广泛的民族革命统一战线，“组织千千万万的民众，调动浩浩荡荡的革命军，是今天的革命向反革命进攻的需要。”根据毛泽东的报告，会议通过《中央关于军事战略问题的决议》，提出红军行动的战略方针是：把国内战争同民族战争结合起来，准备直接对日作战力量和猛烈扩大红军。

会后，毛泽东根据瓦窑堡会议决议精神，于 12 月 27 日在党的活动分子会议上作了《论反对日本帝国主义的策略》的报告，进一步从理论和实践上阐明了党的抗日民族统一战线策略方针。

在报告中，毛泽东盛赞："东北和冀东的抗日游击战争，正在回答日本帝国主义的进攻"。东北抗日斗争的意义，也正如毛泽东在这篇报告中指出的，和全国各地的革命斗争一起，"扩大了民族革命营垒的势力，减弱了民族反革命营垒的势力"，使革命的阵势从局部向全国发展、从不平衡逐渐向某种程度的平衡发展。1936 年 1 月 1 日，在亲笔起草的致朱德电报中，毛泽东将"中央已派大批人去指挥抗日战争，东三省抗日战争有大发展"列为党中央长征到达陕北以来取得的八大成就之一。

瓦窑堡会议是从土地革命战争时期到抗日战争时期中国共产党召开的一次极为重要的会议，是遵义会议的继续和发展，遵义会议只对当时最迫切的军事问题和组织问题作出决议，而瓦窑堡会议则解决了政治路线问题。它总结了两次国内革命战争的基本经验，批评了"左"倾关门主义，解决了遵义会议没有来得及解决的党的政治策略问题，制定了抗日民族统一战线的策略路线，有力地推动了全国抗日民主运动的发展。既着重批判了"左"倾教条主义在政治策略上的错误，也警诫全党汲取大革命中无产阶级放弃领导权而导致革命失败的教训，从而使党在新的历史时期将要到来时掌握了政治上的主动权。

晋西会议：确认以发展求巩固的战略方针

根据共产国际第七次代表大会的新精神，中央政治局召开瓦窑堡会议，制定了抗日民族统一战线的政策和策略，有力地推动了第二次国共合作的建立。会后，党在全国各界广泛开展了抗日民族统一战线的宣传和组织工作，使抗日民主运动得到迅速发展。

从 1935 年秋到 1936 年春，党中央先后派南汉宸、汪锋、王世英、王炳南等与杨虎城谈判，双方达成共同抗日互不侵犯条约，并且寻求同国民党当局进行联合抗日的具体谈判，其先决条件是：（1）停止进攻红军。（2）政治自由。（3）释放政治犯。党中央表示，为联合全国力量抗日救国，愿与南京当局开始具体实际之谈判。

与此同时，根据瓦窑堡会议确定的红军渡河东征的方针，1936 年 2 月组成以彭德怀任总司令、毛泽东任总政委的中国人民红军抗日先锋队。2 月 17 日，中华苏维埃人民共和国中央政府发布了《东征宣言》，庄严宣告红军“为实现抗日，渡河东征”。2 月 20 日，毛泽东、彭德怀等领导红一军团和红十五军团 1.3 万人胜利地东渡黄河，击败了阎锡山的堵截，连续取得了关上村、蓬门、兑九峪等战斗的胜利。3 月又攻克了永和、孝义、汾阳等地，逼近同蒲铁路沿线，威胁太原。

在红军东征取得胜利的形势下，1936 年 3 月 20 日至 27 日，中共中央政治局在山西隰县大麦郊附近的上益千村（今属交口县）、石楼县罗村和四江村等地举行了扩大会议。出席会议的有：毛泽东、张闻天、周恩来、博古、王稼祥、邓发、张浩、彭德怀、杨尚昆、林伯渠、凯丰、陆定一等。会议根据共产国际七大关于建立反法西斯统一战线的政策和策略，全面讨论了共产国际七大的决议和政治、外交特别是军事方面的战略方向问题。到会同志对于红军东征作战所取得的伟大胜利，首先致以深切的慰劳与祝贺。

张闻天在会上作了《共产国际“七大”与我党抗日统一战线的方针》的报告。他在谈到国际形势时指出：“一方面，德、日、意接近，另一方面，英、法、美、苏接近。这种形势表示，帝国主义战争的危险增加了，其一触即发之势时刻威胁着人类。”“中国共产党的任务是：拥护世界和平，反对进攻苏联，反对日本侵占中国。”在谈到国内形势时，指出：“中国共产党的任务是，准备开展大规模的民族革命战争，反对日本帝国主义的侵略。目前的关键，是建立统一战线——抗日的人民统一战线。”在谈到统一战线的方针时，他强调：“建立抗日统一战线时，应与群众切身利益联系起来。”“不论统一战线是上层的，下层的，或上下同时进行的，统一战线的协定如能公开，就一定都要在群众中进行广泛的讨论。”“不放弃对同盟者的立场进行严肃的批评，宣传中国共产党的主张是惟一正确的主张。”“对最反动的法西斯分子进行最坚决的斗争，而不是迁就，如对蒋，这样可以使动摇者倾向我们。”“朝统一战线的政权（抗日联军、国防政府）的方向发展。”在谈到东征时，他指出：“东征的目的是要在这一行动中进入山西，发动抗日，争取对日作战。”他说：“我们向华北发展，不仅因为它是矛盾的集中点，而且因为这是直接指向日本侵略军。”报告最后指出，为了建立抗日统一战线，必须在党内开展两条战线的斗争，既要反对“左”倾关门主义，也要注意右倾情绪。

毛泽东在几天的会议上多次发言。他指出：瓦窑堡会议决议符合共产国际七大决议，中央的工作是与国际的决议一致的。中国共产党站在民族解放的最前列，我们的任务，是要利用每一分钟争取最大多数群众。中央提出的“国内革命战争与民族战争联系起来”“停止内战，一致抗日”“红军集中河北”“争取迅速直接对日作战”这些口号，是布尔什维克的，不是冒险主义的。在谈到去华北对日作战问题时，他说：华北有广大的、革命情绪极高的群众，在那里还可以进行没有固定战线的大规模的运动战。不相信战役上以多胜少，战略上以少胜多；不相信向华北发展，以为向华北发展会动摇了陕北，是完全不对的。在讨论战略方针问题时，他在报告中强调华北在对日作战的战略地位，指出：华北是全面对日作战的战场，华中是后方。我们的方针，是“以发展求巩固”，只有发展才能求得巩固。目前经营山西为主，也要准备在河北、山西、绥远三省进行运动战。在作关于统一战线问题报告时，提醒大家注意，以蒋介石为代表的民族反革命派，坚持其自大革命失败以来的反动路线，他们可能在民众逼迫下假装抗日，其作用在瓦解抗日阵线。他阐明中共中央的外交（统一战线）方针主要有：（1）不但要把民族改良主义与民族反革命派区别开来，而且要把民族改良主义的左派和右派区别开来。（2）同民族革命派的左翼建立坚固的同盟。（3）不管任何派别，都与其进行外交谈判。（4）在基本原则上不能让步妥协。（5）对民族反革命派采取各个击破，对民族革命派采取各个争取。此外，还有对蒋介石谈判的条件，对张学良的策略等。报告最后指出：关于外交（统一战线）工作的领导，军事外交集中于军委，政党外交集中于常委，全部由常委指挥。

周恩来在会上发言指出：红军是抗日的中坚力量，要发动、准备组织抗日战争。当前三大任务是：（1）向东发展，扩大山西根据地。（2）在华北开展游击战争以推动抗日运动。（3）正确运用上下层统一战线，推动和组织国防政府、抗日联军。还提出了中共同国民党建立统一战线的若干原则。彭德怀指出，要继续争取抗日力量的政策，要争取张学良、阎锡山等抗日同盟者。关于政治问题，会议分析了华北的局势，决定以“争取迅速对日作战为党与红军的重要任务”。

关于军事问题，会议批准了中央军委的下列 8 项提议：（1）“在争取迅速对日作战方针下，第一期以经营山西为基本战略方针。在此种方针下，向河北、河南、绥远三省境内作战役的跳跃是许可的。”（2）决定了“以发展求巩固”的原则，目前是“普遍摧毁反动基础，普遍发动群众，猛烈扩大红军，各个消灭敌人”。（3）要求在十月革命节前，扩大红军 3.6 万人。（4）要求 4 个月内完成 3 个军、9 个师、27 个团的编制，每团 750 人。（5）要求地方红军 3 个月内完成 4 个军，每军 1500 人。（6）要在“陕甘及华北五省发展游击战争”。（7）要求“提高红军干部的政治水平与军事水平，保证红军战争中优秀的与坚强的领导”。（8）要求“政治工作保证红军的统一与团结”。

晋西会议是瓦窑堡会议的继续。它贯彻了瓦窑堡会议精神，使全党全军更加明确了党的抗日统一战线的战略方针与奋斗目标，进一步统一了全党政治和军事战略思想。这次会议对于我们党由“抗日反蒋”到“逼蒋抗日”的策略转变起着重要的推动作用。

从 1935 年 9 月 20 日至 1936 年 3 月，中央红军与红四方面军分道后单独进军陕北过程中召开的会议，包括榜罗镇会议、铁边城会议、吴起镇会议、瓦窑堡会议等。这些会议就是不断讨论中央红军对陕北的进军，以及到达陕北后随着形势的变化而调整党的路线和方针政策问题。这一时期的会议最终决定了红军的落脚点为陕北，决定党和红军今后的战略任务是建立西北苏区，以领导全国革命，也宣告了中央红军长征的完结，开创了党中央全国革命大本营放在陕北的新时期。

长征胜利的第❸个理由

勇谋善断的殊死较量

长征是中国共产党和红军历史上最为严酷的一个阶段。国民党占领红军根据地后，先后投入100多万兵力，妄图将处于流动中的红军各部消灭。红军为保存力量，求得新的落脚点，开创发展新局面，与围追堵截之敌展开了殊死搏斗。在长达两年的长征中，红军共进行了近600次战役战斗，师以上规模约120次。长征中的战役战斗取得了歼灭与击溃敌军数百个团，毙伤敌军数万人，俘敌少将以下官兵2.4万余人，缴获各种枪数万支、骡马2000多匹的辉煌战绩。

在长征途中，红军作战频繁，历经各种战斗考验，极大地提高了指战员的整体素质和综合军事能力。各路红军虽受到重大损失，但红军精华得以保留，他们历经艰险，革命意志更加坚定，战争经验更加丰富，成为党和军队的栋梁之材；长征出发前或长征途中参军的新战士经过艰难转战，许多也都成了优秀的红军指挥员。经过长征，红军逐步形成了自己的战略战术，成为一支拖不垮、打不烂的部队，成为不可战胜的威武之师。

苦战突围

一、信丰战斗：突破国民党军第一道封锁线

1934年10月21日至10月底，红一方面军在中央苏区西南之安远、信丰、赣县、南康一带，经过英勇的战斗，突破国民党军（粤军）设置的第一道封锁线，取得了红军长征第一仗的胜利。

1934年10月，中共中央、中革军委率领中央红军8.6万余人从瑞金等地出发。这次大转移前，与敌人的精心准备不同，红军几乎没有具体部署。蒋介石在中央苏区四周部署了16个师共77个团，在红军可能转移的道路上设下了四道封锁线，由号称“南天王”的陈济棠率领粤军所设置的第一道封锁线，位于当时中央苏区西南的安远、信丰、赣县和南康一带。这是一条以信丰桃江为天堑的南北长120多公里、东西宽50多公里的弧形封锁线。为了加固封锁线，粤军构筑数以千计的碉堡。此外，还有部分靖卫团、“铲共团”，扼守关卡和交通要道，禁运食盐、布匹、日用品等，实行经济封锁。粤军认为他们的封锁线“铜墙铁壁，坚不可摧”，扬言“红军休想越雷池一步”。

10月5日，中共中央、中革军委派时任中央宣传部副部长潘汉年和粤赣军区司令员兼政委何长工为代表，同陈济棠的代表在寻乌进行会谈，双方达成了就地停战、互通情报、解除封锁、互相通商和必要时相互借道等5项协议。根据这些协议，按理红军西进时应该可以平安通过粤军防线。但没想到的是，10月21日，红军部队到达信丰县新田镇百石的时候，粤军依然没有撤退，并以武力阻止红军通过，红军被迫与粤军交火。至此，打响了红军长征的第一仗。后来才知道，原来陈济棠将停战协议的内容，秘密传达到前线部队少将以上军官，要求部队让出通道。“可惜，当时通信不畅，加上高度机密，粤军前线官兵没能及时得到情况通报，导致了这次原本可以避免的战火。”

10月21日上午10时许，红三军团第四师从赣县韩坊塘坑口向百石挺

进，被守在信丰的“铲共团”常备第二中队（约200人）发觉，遭到火力阻击。红四师第十团因势利导发起冲锋，攻击制高点堡垒。守在此处的敌人便弃堡躲进了百石大屋下的一个名叫“万人祠”大堡垒，红十团将其重重包围。驻金鸡村的粤军企图从左翼增援，被红十一团击溃，红十一团乘胜向古陂推进。龟缩在“万人祠”的“铲共团”，不听红军劝降，顽固死守。傍晚时分，红军用迫击炮将其摧毁，全歼顽敌，缴获几十支枪。不幸的是在前线指挥作战的红四师师长洪超被敌人的流弹击中，英勇牺牲。他是长征路上牺牲的第一位红军师长。

此外，中央红军还先后经过了古陂、安息、石背、安远、赣县王母渡等数次战斗，摧毁了敌人的一道道封锁障碍。10月25日，中央红军主力渡过信丰河，突破敌人第一道封锁线，向赣粤边界推进。

二、汝城、郴县、宜章战斗：突破国民党军第二、三道封锁线

汝城位于湘粤赣三省交界处，地处南岭山脉与罗霄山脉的交接部，是湖南省进出南岭地区的交通要道，地势险要，地形复杂，古有“内为衡（阳）宝（庆）门户，外扼赣粤咽喉”之美誉。1934年10月21日，红军主力部队顺利突破了国民党设置在安远、信丰的第一道封锁线，经江西崇义，迅速向湖南汝城、广东城口方向挺进。蒋介石急令堵截，迅速制定了一个初步追堵计划。当红军通过粤军余汉谋部的防线，到了湘粤边境时，蒋介石只好电令陈济棠、何键出兵，火速在汝城、仁化、乐昌间，利用湘粤军原在这一线的碉堡阻截红军（即第二道封锁线）。同时，令北路军薛岳、周浑元各率四个师分由古龙岗、兴国地区西进，协同南路军、西路军追击红军。然而派系林立的国民党政权，军阀之间都是相互猜疑、互不信任的。当红军西进时，陈济棠根据与红军达成的协议，让开大路20公里，在他的防区内没有对红军进行大规模的堵截。

湖南军阀何键接到蒋介石“追剿”命令后，迅速调集湘军六十二师赶往汝城布防，并在湘南各地加紧办理保甲，建筑碉堡，实行所谓坚守碉

堡、清查户口、集中粮食、处理食盐的坚壁清野政策。汝城县成立了以朱松俦为首的建碉委员会。建碉堡委员会强抓民夫，日夜赶修，短期内共筑成碉堡200多座。每个碉堡都分别由国民党湘军六十二师师长陶广、汝（城）桂（东）宁（岗）遂（川）边区“剿匪”指挥胡凤璋、汝城“铲共义勇队”副总队长朱凤鸣率队驻守，粤军安排了一个连驻守城口，企图依托坚固工事堵截消灭红军。汝城至城口的主道、隘口上，碉堡相望，沟壕相通，火力相连。

1934年10月30日中午，红军右路前卫红三军团四师十一团抢先抵达汝城热水。10月31日凌晨，十一团经过一天一夜急行军，如神兵天降抢占了汝城县苏仙岭制高点。驻守县城的国民党军和胡凤璋保安团发觉后，分三路包抄，向苏仙岭形成合围之势，坚守苏仙岭的红军顽强拼搏，击退了敌军多次进攻。

因为湘敌六十二师先我占领汝城，加之汝城碉堡坚固，山炮不能征服，地下作业又无时间，红军激战两三日，伤亡甚重，未能拿下。11月3日晨，红军野战军司令部决定“放弃进攻汝城”，改为派一个师监视和钳制。4日，野战军司令部指示一、三军团“打开由官路下到文明司山田铺的道路”。

虽然上有国民党军的飞机轮番轰炸，前有敌军重机枪的疯狂扫射，但头顶柳圈的红军战士毫不畏惧，愈战愈勇。飞机一来，战士们隐匿在草丛中；飞机一走，战士们则用土炮猛轰敌军碉堡。4日，红军相继攻下泰来圩、城头寨、米筛岭、伍桂岭、腊岭坳等几处主要碉堡据点，并捣毁沿线碉堡30余座，顺利打通了官路下至文明司山田铺的道路。

当红军大部队刚通过延寿，国民党粤军独立第二师及独立第二旅与独立第三师及独立第一旅分别从广东城口、江西大余出发，向延寿街尾追击红军。驻汝城的湘军陶柳部与胡凤璋保安团也派其一部经外沙磻溪赶往山田坳进行尾追。此时，红军后勤部队大批骡马、辎重却拥塞于延寿向西的山间小道上，行进迟缓。粤军在增援的湘军及胡凤璋保安团的配合下，与红五军团三十四师反复争夺延寿江边制高点青石寨，许多红军战士倒在江中，情况万分危急！军团长董振堂猛地一声吼：“跟我来!”手端冲锋枪，身先士卒，带领战士夺回了青石寨。经过三天三夜血战，终于掩护辎重队伍顺利通过。

次日，红八军团二十一师、红九军团二十二师、红五军团十三师在岭秀八里坳、钩刀坳、百丈岭一带筑好了工事，以居高临下之势阻击数倍于自己力量的湘军，并与敌激战至13日黄昏，完成阻击任务后西进宜章赶上了红军大部队。延寿一战，是中央红军长征突破第二道封锁线最具标志意义一仗，中央红军甩掉了包袱（辎重）轻装上阵；而国民党发现了红军西进北上大转移的战略意图。

中央红军突破敌人第二道封锁线后，11月6日，蒋介石的南昌行营颁布紧急“堵剿”电令。该电判断红军将“继续向宜章方向逃窜”，据此对“堵剿”红军作了具体部署，在第三道封锁线上修筑了数百座碉堡，加强防堵。

红军在敌军兵力尚未完全调集之际，立即一面攻郴县，钳制湘敌，一面进占宜章，阻拒粤敌，主力则从中突破，向嘉禾、临武进军。13日，红军一举占领宜章县；15日，攻克临武县城。而且，红军也认真执行谈判协议，不入广东腹地，只沿粤、湘、赣边西进。于是，红军一路未遇粤方顽强阻截，又顺利地突破了敌人的第三道封锁线。

三、湘江战役：突破国民党军第四道封锁线

湘江战役，是蒋介石精心策划的一次大战役，也是红军长征经历的第一场恶战。蒋介石投入嫡系部队和湘、粤、桂三省地方军阀部队近30万人的兵力，妄图全歼我中央红军于湘江以东地区。1934年11月25日至12月1日，突围的中央红军跨越敌军的三道封锁线，进入湘南的嘉禾、兰山、临武地区。这时，蒋介石真正搞清了红军战略转移的目的地。他任命湘军头目何键为“追剿军”总司令，调动湘军和桂军，在零陵至兴安之间近300里的湘江两岸配置重兵，构筑碉堡，设置了第四道封锁线。蒋介石则亲率国民党中央军周浑元部及部分湘军在后面追击。中央红军在全州（今广西全州县）以南的湘江东岸与敌浴血奋战……

11 月20 日，白崇禧见红军的一支部队占领了湘南的江华，又向广西恭城奔来，白崇禧同粤军和湘军一样，不愿同红军硬打而消耗实力，以防红军进入本省或被蒋介石吞掉，就借口兵力不够及防止红军南进广西，在11 月21 日忽然从兴安、全州、灌阳撤兵，使湘桂军阀联合防守的湘江防线出现了一个缺口。何键为求自保，也不尽快派兵南移接防，致使这130里防线无兵防守达7 天之久。顺利通过第四道封锁线的机会到来了。可惜，红军未能抓住这一良机。

11 月25 日，中革军委才下达抢渡湘江的命令。红一军团先头部队于11 月27 日赶到界首，未经战斗就占领了这一渡口，很快控制了界首以北60 华里的湘江两岸。这时军委纵队也到达了离渡口不到80 公里的灌阳以北的桂岩地区。剩下的问题就是争取时间。十万火急的命令一道接一道。遗憾的是，中央军委纵队就是加快不了行军的速度。11 月26 日，走了8公里；27 日，只走了6 公里；28 日，走了28 公里；29 日，走了32 公里。足足4 天，才走到湘江岸边。最高“三人团”是想将中央苏区整个地搬到湘西去。临突围前，雇了几千名挑夫，绑了3000 多副挑子，兵工厂拆迁一空，工厂都卸走机器，凡是能够搬走的值钱的东西都装在骡子和驴子的背上带走，组成了庞大的启方运输队。需要七八个人抬的石印机，需要十几个人抬的大炮底盘，也舍不得丢下。在山间羊肠小道上行走，这样的队伍怎么能加快行军速度呢？

11 月29 日，湘军和桂军蜂拥而来，敌人向正在渡江的红军发起了进攻。两岸的红军战士，为掩护党中央安全过江，与优势的敌军展开了殊死决战。红军的阻击阵地上，炮弹和重磅炸弹的爆炸声不绝于耳，许多来不及构筑工事的战士们被震昏了，耳鼻出血。装备单一的红军要用血肉之躯抵挡敌人飞机和重炮的狂轰滥炸，战斗的残酷可想而知。但“保卫中央纵队安全渡江”的口号仍响彻阵地上空。

12 月1 日，战斗达到了白热化程度，敌人对我发动了全线进攻，企图夺回渡口，歼我于半渡中。这是生死存亡的一战，是意志的较量。狭路相逢勇者胜。红军将士硬是用刺刀、手榴弹打垮了敌军整连、整营的一次次进攻，湘江两岸洒下了无数红军将士的鲜血，渡口始终牢牢地掌握在红军手中。至当日17时，中央机关和红军大部队终于拼死渡过了湘江。

湘江战役是中央红军突围以来最壮烈、最关键的一仗，我军与优势之敌苦战，终于撕开了敌重兵设防的封锁线，粉碎了蒋介石围歼红军于湘江以东的企图。红军虽然突破了第四道封锁线，但付出了巨大的代价。五军团和在长征前夕成立的少共国际师损失过半，八军团损失更为惨重，三十四师被敌人重重包围，全体指战员浴血奋战，直到弹尽粮绝，绝大部分同志壮烈牺牲。渡过湘江后，中央红军和军委两纵队，已由出发时的8.6万人锐减到3万人。

湘江一战，是红军有史以来最大的一次惨败。血的事实，宣告了“左”倾教条主义军事路线的彻底破产，使广大红军指战员对王明路线怀疑、不满以及积极要求改变。

四、独树镇战斗：突出重围的遭遇战

1934年11月中旬，继中央红军第五次反“围剿”失败被迫进行长征后，红二十五军近3000人也奉命撤离鄂豫皖根据地，在军长程子华、政委吴焕先、副军长徐海东的率领下，高举中国工农红军北上抗日第二先遣队的旗帜，开始战略转移。

11月16日，红二十五军从河南省罗山县何家冲出发，开始长征；17日，以突然行动，越过平汉线，直抵桐柏山区。蒋介石闻讯红二十五军西进，十分震惊，急忙调动豫鄂皖3省“围剿”总队的5个支队和3个师等大批兵力进行围追堵截，妄图围歼红二十五军。红二十五军采用机动灵活的战略战术，26日进抵方城县以东地区。这天寒风刺骨，风雪交加。红军指战员顶风冒雪，踏着泥泞，步履艰难地朝着独树镇七里岗急速行进，准备在此越过许（昌）南（阳）公路，进入伏牛山。

下午1时许，程子华、吴焕先率一梯队到达独树镇七里岗一带，准备从七里岗穿越许南公路。七里岗是伏牛山东麓向南延伸的一条土岗，东面是河，地势陡峭，西南连着一片平原，许南公路与七里岗交叉处，岗顶与公路落差十几米，形成人工地堑，易守难攻。敌四十军一一五旅和骑兵团已抢先两小时占领了马岗、七里岗、砚山铺一带。由于气候恶劣，能见度低，红军先头部队没有发现敌情。当红二十五军第一梯队（二二四团）沿七里岗脊北进接近许南公路时，突然遭到敌炮火猛烈阻击。敌人开火后，二二四团几乎完全暴露在敌人的火力之下，加上寒流袭击，红军战士穿着单薄，手冻僵了，一时连枪栓都拉不开，不能有效地反击敌人，处境十分被动。敌军趁此机会发起冲锋，从两翼包围上来。

危急时刻，从后面跑步赶到阵前的军政委吴焕先一面指挥二二五团冲到前面反击，一面高声呼喊："同志们，就地卧倒，坚决顶住敌人！"在吴焕先的指挥下，指战员迅速趴在泥地里，利用地形地物进行反击。敌人仍气势汹汹地扑过来，吴焕先手持大刀指挥红军从雪地上跃起，勇猛地冲上去，与敌人展开白刃格斗，杀声连天，震撼山冈。当战斗激烈进行时，副军长徐海东带领第二梯队（二二三团）跑步赶到，立即投入战斗。经过一番恶战，我军终于把正面进攻的敌人压了下去，占领了公路两侧的有利地形。

随后，敌军连续发起数次进攻，都被红军一次次打退。为了打开一道缺口，通过公路，军首长指挥二二三团向七里岗发起冲锋。正面之敌挡不住红军的凌厉进攻，纷纷向东西两边退去。红军冲过公路，占领了七里岗村北 500 米处的任岗村。敌人急忙组织火力封锁，并炮击公路南北两侧红军阵地。红军不得已退到公路以南。

天黑后，风雪不止。红二十五军乘机撤到张庄附近。此时，敌骑五师和"追剿"纵队已分别由羊册象河关向独树镇一带逼近。红二十五军处在数万敌人前后夹击的危险境地。根据当地老乡提供的情况，军首长决定连夜绕道突围。当夜一更天，红二十五军指战员忍着极度的饥饿和疲劳，由中共鄂豫边工委书记张星江和张庄农民王永合带路，冒着风雪，悄然出发了。当天夜里，红二十五军绕道保安以北的沈丘附近，越过了许南公路。27 日拂晓，抵达伏牛山东麓，突破了敌人的合围。

独树镇战斗是关系红二十五军生死存亡的一场恶战。在敌强我弱、敌锐我疲、地形与天气都不利的情况下，指战员们舍生忘死，英勇战斗，终于突出重围，转危为安。

五、强渡乌江：背水一战从飞渡

1935 年 1 月 1 日，中共中央在猴场作出了《中央政治局关于渡江后新的行动方针的决定》。《决定》指出："建立川黔边新苏区根据地。首先以遵义为中心的黔北地区，然后向川南发展，是目前最中心的任务"。红军总政治部下达《关于瓦解贵州白军的指示》。朱德电示红军各部，"偷渡部队不应小于一个团"。红一军团第二师进抵乌江南岸，其前卫四团逼近乌江界河渡口，进行火力侦察，准备渡江。

国民党"追剿军"第二兵团总指挥薛岳到马场坪，与贵州总指挥王家烈商定黔北部署。王家烈称"30 日晨匪一股由王文场向江界河新老渡口抢渡"，"午又匪一股约 4000 余人，向我回龙北岸渡口抢渡"。

1 月 2 日，红军右纵队一军团主力和九军团，在余庆县箐口附近的回龙场渡口击溃黔军第八团万式炯部，渡过乌江。9 时，红一军团二师四团在团长耿飚、政委杨成武的率领下，在江界河用竹筏强渡乌江未成功。入夜后，四团再次强渡乌江，第三连连长毛振华率 4 名战士登上北岸。

黔军教导师师长侯之担上报称"匪一股由回龙场以枪炮向箐口猛攻"，"又一股约 2000 人在江界河对岸，向我猛攻"，"匪即扎筏强渡"。

1 月 3 日 9 时，红军在江界河发起猛烈攻势，击溃江防黔军第三旅林秀生部第五、第六团，强渡乌江成功。红军干部团、工兵连在渡口架设浮桥。军委纵队及五军团渡过乌江。左纵队三军团于茶山关渡口过乌江，进驻遵义尚稽。17 时，红一军团二师先头连占领黔军"前敌指挥部"所在地猪场（今珠藏）。王家烈向蒋介石电报乌江战况，称"该匪北窜渡江之企图，已可明证"。

1 月 4 日，红一军团二师第六团接受夺取遵义的任务，在团长朱水秋、政委王集成的率领下，向遵义团溪方向前进。王家烈电报蒋介石："冬日午时共匪突以巨大火力，向我岩门老渡口猛烈轰击，我第八团余营守兵，击毙匪众逾千，该营亦伤亡殆尽，匪乘势抢渡，占据箐口"。

1 月 5 日，红九军团占领湄潭，驻守县黔军第八团溃退凤岗。红三军团进入遵义懒板凳。红一军团第二师第六团由团溪经龙坪向遵义进发，在深溪歼黔军第一营。22 时 36 分，中央军委电令我各路红军迅速休整，准备进入反攻战。24 时，红一军团向所属各部队下达《关于进城执行政策的规定》。

1 月6 日，红一军团第二师在遵义城外桑木垭至丰乐桥之间与黔军侯汉佑部交战。晚黔军溃败，红军将黔军俘虏押到遵义城南门。俘虏叫开城门后，红军冲进城内与黔军激战。黔军教导师副师长、遵义城防司令侯汉佑从遵义北门退往板桥。红五军团集中猪场，并以一部扼守乌江袁家渡、江界河、孙家渡渡口。

王家烈电报："匪大部渡过乌江。支日分陷湄潭、团溪，向遵义压迫。七在乌江南岸一部约 3000 人，经中坪、龙旺河西窜，微午逼近开阳"。

1 月7 日，红军全面占领遵义城，一军团向娄山关、桐梓方向追击，扩大占领区，确保中央机关的安全。晚 21 时 40 分，中革军委在团溪致电各军团及军委纵队："我二师已袭占遵义，敌由北门溃退，正乘胜追击中，我野战军已到达预定的集中地域"。

占领遵义后，红军得到了宝贵的休整时间，为中央政治局会议的举行创造了良好的条件。

出奇制胜

一、遵义战役：长征以来第一大胜仗

遵义战役是在敌情极其严重的情况下打的。二渡赤水后，红军后尾有川军潘文华部、滇军孙渡部的紧急压迫，前方有黔军王家烈部和中央军薛岳部的迎头堵击，机动回旋的余地已经不是很大，再加上红军有土城新败，川滇边境又无法立足，颇有几分"走投无路"的感觉。红军五天之内取桐梓，夺娄山关，占遵义城，尤其是消灭中央军吴奇伟部九十三师大部，五十九师一部，击溃黔军 8 个团，毙伤敌 2400 多人，俘敌 3000 余人，缴获大量枪支弹药，取得中央红军长征以来最大的一次胜利。

1934 年 12 月 15 日至 1935 年 1 月 17 日中央政治局扩大会议在遵义老城柏辉章公馆召开。经过激烈争论会议到最后一天，作出了两项重要决定：第一项就是改变了原定的红军行动方向。在这个关系红军生存命运的最紧迫问题上，鉴于黔北人烟稀少，少数民族多，无群众工作基础等不利因素，会议根据刘伯承和聂荣臻的建议，决定放弃在黔北建立根据地打算，北渡长江入川，在人多粮丰的成都西南或西北建立新的根据地。在研究从何处北渡长江时，根据朱德、刘伯承过去在川军时了解的实际情况，决定取道桐梓、习水、赤水直插泸州与宜宾之间渡过长江。因这段江面平缓，渡口较多，敌防守亦弱。

1 月 23 日晚 22 时，中革军委于习水境内的新罗坝向各军团下达了接近赤水河时注意事项和各军团应到达地域的电令：红九军团于赤水县城下游 20 里处东岸一带；红一军团于赤水县城至以南地域；红三军团元厚至土城一线。并要求各部队到达预定地域后，要查明当地渡赤水河的渡河点，徒涉场地以及左右岸的地形要点，迅速驱敌并架设浮桥。1 月 24 日，一军团攻占黔西北军事重镇土城。与此同时，中央纵队前卫五军团先头营于梅溪河与从江津南下截击的川军郭勋祺部相遇发生战斗。至此，川军郭勋祺部两个旅六个团奉刘湘之命尾追中央纵队不放，成为中央红军西渡赤水河的包袱。

（一）挥师东进集结桐梓

28 日土城战斗激烈时，川军南岸总指挥潘文华就预计中央红军西渡赤水进入川南一事，即派刘兆黎旅在“蔺、赤间天星桥、天池镇等处，断匪西窜之路”。同时调集 6 个旅在长宁、兴文、珙县、筠连、高县、庆符等长江以南、横江以东的川南六县防堵中央红军。中央红军西渡赤水后，川军郭勋祺部亦随即由土城过河尾追红军。中央红军这时仍拟按原计划第二步继续向西，“由金沙江，经叙川上游渡过大渡河进入川西北”。

2 月 5 日 3 时，中革军委朱德致电一、三、九军团：“我野战军目前方针在集中全力于长宁以南及西南地域争取休息，进行渡金沙江的侦察，在渡江不可能时即留川滇边的机动。”由于敌人的严密防堵和追击，2 月6日，朱德电告一、三军团：“根据目前敌情及渡金沙江、大渡河的困难，军委正在考虑渡江可能问题。如不可能，我野战军即应决心留川、滇边境进行战斗与创建新苏区。”

2 月7 日，三军团彭德怀和杨尚昆二人向军委建议：“由于行军中落伍的人比较多，中央红军应转向川、滇、黔三省毗邻地区的扎西集结，让部队休息和整编，在川黔边建立根据地。”当日下午，中革军委综合彭、杨二人意见后，向各军团下达行动指示，命令中央红军脱离敌人，集中全力，改向分水岭、水潦、水田寨和扎西（今云南威信）等地前进。

2 月16 日，川军发现中央红军有向东北转移的迹象，潘文华和薛岳的判断：中央红军北移，有经古蔺、叙永向北渡江的可能，因此把防守的重点放在古蔺、叙永一带的城镇和主要交通线上，太平渡没有通往东岸贵州的大路，中央红军的动向不可能向东，因此没有防卫，留下了太平渡一带的空缺。

为了同敌人抢抓战机，红军各部白昼急行军。2 月18 日上午，中革军委电告各军团：“现我处此各方有敌的河套中，急需远离追敌，迅速渡赤水，争取有利阵势，以便集中全力消灭黔军一部，开展战局。我各军团首长必须认识这一战役的严重性，须在明（19 日）后两天以最迅速坚决行动，确实取得并控制渡河点，架好浮桥，最迟20 日夜及21 日上午全部渡河完毕，以利时机。”行动步骤安排好后，渡河成功，攻占娄山关就成为毛泽东首先要考虑的问题。

2 月18 日下午，团长谢嵩和政委钟赤兵率领三军团十二团赶到二郎滩渡口，当时河东岸有黔军副师长魏金荣（绰号“魏豺狗”）率一个团驻守河东岸。因二郎滩河岸狭窄，为避免遭到红军由河西岸高处俯射袭击，魏金荣把阵地设在河东岸山顶上的把斯坳，在河东岸滩头阵地留下空缺。谢嵩和钟赤兵两人趁机指挥十二团找到三只木船，每船载重30 人，先渡过去一个营，占领并控制滩头阵地。同时派出一支游击队伍先登到山顶，遇上守敌开火。20 日晚，蒋介石得知“朱毛共匪已集结于古蔺东南地区”的消息后，即令薛岳命各部尾追，并指令李韫珩部由黔东开赴遵义，在城周筑碉堡；调上官云相部在綦江、松坎间修筑碉堡；电告刘湘加强泸州上下一带长江防线，并挺进到长江以南的叙永、古蔺、赤水、土城地区修筑碉堡封堵中央红军。电示龙云以孙渡部进至大定、毕节以东地区，防堵并修筑碉堡。

（二）攻破娄山雄关

中央红军各部迅速响应中央号召，遵照中革军委的命令，于2月18日至21日，由太平渡、二郎滩等渡口东渡赤水河，此即二渡赤水。接着，以红一、五、九军团及军委纵队为左纵队，以红三军团为右纵队，向敌人兵力比较空虚的桐梓地区急进；同时，以红五军团的一个团向温水开进，以吸引和迷惑追敌。24日，红一军团第一团占领桐梓县城。中央红军回师黔北，打乱了敌人的部署，川军又急忙抽调部队由扎西地区回头向东追击；黔军王家烈也急忙抽调部队向娄山关、桐梓增援；吴奇伟第一纵队的第五十九、第九十三师也由黔西、贵阳地区向遵义开进，企图阻止并围歼红军于娄山关或遵义地区。鉴于此，中革军委决定，乘追敌尚在川南之际，迅速击破黔军的拦阻，占领娄山关及其以南地区，再取遵义城，以争取主动。

娄山关是大娄山脉的主峰，是川黔之间的重要隘口，地势险要，自古乃兵家必争之地。黔军杜肇华旅和第十五团防守这个地区。25日，中革军委以红五、红九军团在桐梓西北地区迟滞川军，集中主力南取娄山关。25日拂晓时分，红三军团第十三团从北向南对娄山关之黔军发动猛烈进攻。经过激战，于当日晚攻占娄山关，控制了制高点——点金山。敌人为夺回失去的阵地，调集约6个团的兵力，组织多次反扑，均被红军击退。接着，红一、红三军团在彭德怀、杨尚昆统一指挥下，以一部兵力从正面钳制敌人，集中主力分别从两翼向敌人后方的黑神庙、板桥迂回，歼敌一部，余敌如惊弓之鸟，仓皇夺路南逃。

（三）激战红花岗、老鸦山

娄山关战斗后，红一、红三军团又乘胜向遵义方向追击。26日，红三军团在董公寺、高坪、大桥等地击溃黔军第六、第十五、第九团的拦阻。接着，于26日在遵义城西北的石子铺等地，又将敌第一、第五、第八团击溃，进到遵义城下。黔军残部退入遵义城，固守待援。是日黄昏，红一、红三军团不顾疲劳，奋力发起攻城战斗，经一个多小时激战，占领遵义新城，王家烈慌忙率黔军第一、第六团弃城向南溃逃。29日凌晨，红三军团经三四小时激战，重占遵义城，并控制了城南的红花岗、老鸦山一线高地。敌人为夺回遵义，疯狂反扑，命各路急驰遵义增援。敌吴奇伟纵队第九十三师已进入忠庄铺，一部前进到遵义城南2.5公里的洛江桥；第五十九师已进至新站，正向忠在铺开进，企图向遵义进行反攻。其部署是：以第五十九师第五五三、第五五八团和第九十三师一个团主攻，经桃溪寺向遵义城南之红花岗、老鸦山攻击；黔军两个团由忠庄铺向北攻击，配合第五十九师行动；第九十三师主力和第五十九师第五五五团在忠在铺地区为预备队。28日14时许，吴奇伟以一个团进占红军红花岗阵地受挫后，将主力转向老鸦山，经过激战，攻占该山制高点。但黔军因屡遭红军打击，畏缩不前。

中央红军乘吴奇伟部孤军冒进，黔军畏缩不前，尾追川军又被阻于桐梓以北地区的有利时机，即遵照中革军委的命令，以红一军团主力从水师坝突破黔军阵地直插忠庄铺吴奇伟之指挥部，求歼该敌。这一出敌意外的打击，使王家烈狼狈不堪地逃往打鼓新场；吴奇伟仓促率残部约1个团急急如漏网之鱼向懒板凳方向逃窜。红一军团当即派第二师奋力猛追，并以一部取捷径先敌占领懒板凳，主力插至乌江岸边，断敌之退路。吴奇伟唯恐被活捉，率残部先逃过乌江。他为保自己性命，不顾三军死活，立即砍断浮桥，致使尚未过江的1000余人和大批辎重物资均被红军俘获。滞留在老鸦山地区的第五十九师闻风丧胆，转入防御。黄昏，红军干部团投入战斗，配合红三军团夺回老鸦山制高点，歼敌大部，残敌向八里水、鸭溪方向仓皇逃遁。至此，遵义之战全部胜利结束。

二、四渡赤水：毛泽东的“得意之笔”

1935 年 1 月上旬，中央红军长征到达贵州遵义地区。15 ~ 17 日，中共中央政治局在遵义召开扩大会议，纠正了王明“左”倾冒险主义在军事上的错误，实际上确立了毛泽东在红军和中共中央的领导地位。这时，蒋介石为阻止中央红军北进四川同红四方面军会合或东入湖南同红二、六军团会合，围歼中央红军于乌江西北的川黔边境地区，调集其嫡系薛岳兵团和黔军全部、滇军主力和四川、湖南、广西的军队各一部，向遵义地区进逼。1 月中旬，薛岳兵团 2 个纵队 8 个师尾追红军进入贵州，集结于贵阳、息烽、清镇等地，先头已进至乌江南岸；黔军以 2 个师担任黔北各县城守备，以 3 个师分向湄潭及遵义以南的刀靶水、懒板凳进攻；川军 14 个旅分路向川南集中，其中 2 个旅已进至松坎以北的川黔边境；湘军 4 个师位于湘川黔边境的酉阳至铜仁一线构筑碉堡，防堵红军东进；滇军 3 个旅正由云南宣威向贵州毕节开进；桂军 2 个师已进至贵州独山、都匀一线。

中共中央和中央革命军事委员会根据上述情况，决定中央红军由遵义地区北上，在四川省泸州西南的蓝田坝、大渡口、江安一线北渡长江，进至川西北，同红四方面军一起实行总的反攻，争取赤化四川。如渡江不成，则暂时留在川南活动，并伺机从宜宾上游北渡金沙江。1 月 19 日起，红一、三、五、九军团分三路先后从遵义、桐梓、松坎地区出发，向土城、赤水方向前进。黔军随即占领遵义、湄潭；川军以一部兵力防守宜宾、泸州，以 8 个旅分路向松坎、温水、赤水、叙永等地推进。24 日，红一军团击溃国民党军黔军的抵抗，攻占土城。28 日，红三、五军团、军委纵队、干部团、红一军团一部在土城、青杠坡地区对尾追的川军 2 个旅发起猛攻，予以重创。此时，川军后续部队 4 个旅迅速增援，毛泽东等遂决定，立即撤出战斗，西渡赤水河，向古蔺以南地区前进，寻机北渡长江。演出了军事史上著名战例——四渡赤水。

(一) 一渡赤水

1935年1月29日拂晓前，我军除以少数部队阻击敌人外，主力分三路从猿猴场（今元厚）、土城南北地区西渡赤水河，向古蔺、叙永地区前进。川敌立即以8个旅分路向我追截，以4个旅沿长江两岸布防；薛岳兵团和黔敌也从贵州分路向川南追击；滇敌3个旅正向毕节、镇雄急进，企图截击我军。

2月2日，我右纵队红一军团先头第二师进攻叙永不克，后卫第一师在三岔河遭敌截击。3日至6日，我军在继续西进中，一军团又先后在叙永、毛坝、大坝等地遭川敌截击；左纵队红三军团在天堂坝同川敌两个团发生战斗。

这时，中共中央和中革军委鉴于敌人已经加强了长江沿岸防御，并以优势兵力分路向我进逼，乃于2月7日决定暂缓执行北渡长江的原计划，改取“以川滇黔边境为发展地区，以战斗的胜利来开展局面，并争取由黔西向东的有利发展”的方针；并命令各军团迅速脱离四川追敌，改向川滇边的扎西（今威信）地区集中。

红军在扎西进行了整编。全军除干部团，共编为16个团，红一军团缩编为2个师6个团，红三军团缩编为4个团，红五、红九军团各编为3个团。为了加强川南的革命力量，党中央派原红五师政治委员徐策、军委纵队干部团上干队政委余鸿泽等组成中共川南特委，率几百人在扎西东南的石坎子成立了中国工农红军川南游击队，积极活动于川滇黔边地区，策应主力红军作战。川南游击队在红军主力转移后，继续在当地坚持斗争。

我军进入川滇边境后，蒋介石重新调整部署，将湘军改为第一路军，在湘西“围剿”红二、六军团，薛岳兵团和滇黔两省敌军组成第二路军，龙云为总司令，薛岳为前敌总指挥，辖4个纵队，以吴奇伟部4个师为第一纵队；周浑元部4个师为第二纵队；滇军孙渡部4个旅为第三纵队；黔军王家烈部5个师为第四纵队，与川军潘文华部一起，企图围歼中央红军于长江以南、叙永以西、横江以东地区。

2月7日，龙云命令第三纵队由镇雄、毕节向扎西以南之大湾子推进；

第一、二两纵队主力集中黔西、大定（今大方），一部向叙永推进；第四纵队留赤水河以东之遵义、桐梓、赤水等地区。川军以一部兵力固守叙永、古宋、兴文、长宁等地和长江、横江沿岸，防止我军北进；主力则由高县、珙县、长宁及其以南地区向扎西推进。

（二）二渡赤水

1935 年 2 月 9 日，中央红军在扎西地区集结完毕。这时，敌人孙渡纵队和川军潘文华部分别从南北西面迫近扎西，周浑元纵队主力正从黔西，大定地区向古蔺、叙永方向追击。为了迅速脱离川、滇两敌之侧击，中革军委于 10 日决定迅速东渡赤水河，向敌兵力薄弱的黔北地区进攻，以开展战局。11 日，中央红军分 3 个纵队由扎西地区东进，经营盘山、摩泥、回龙场，于 18 日同至 21 日分别由太平渡、二郎滩东渡赤水河，向黔北的桐梓地区急进，同时以红五军团的 1 个团向温水开进，以吸引追敌。

我军二渡赤水河，回师黔北，完全出敌意外。川敌 3 个旅慌忙由扎西附近向东追击，黔敌急忙抽调遵义及其附近的部队向娄山关、桐梓增援，第一纵队之第五十九、第九十三师由黔西、贵阳地区向遵义开进，企图阻止并围歼红军于娄山关或遵义以北地区。

中共中央、中革军委决定乘追击之敌大部尚未到达之际，迅速击破黔军的阻拦，占领娄山关及其以南地区，再取遵义，以争取主动。2 月 24 日，红一军团先头团攻占桐梓，迫使桐梓之敌退守娄山关。25 日，中革军委决定，以红五、红九军团在桐梓西北地区阻滞川敌，集中主力进攻娄山关及其以南之黔敌，乘胜夺取遵义。

当晚，红三军团攻占娄山关，歼敌一部。26 日，我军在粉碎敌人向娄山关的多次反扑之后，以一部兵力从正面反击进攻娄山关之敌，而以红一军团主力和红三军团 1 个团从娄山关东、西两侧向敌后方之板桥地区迂回，经激烈战斗，击溃了进攻娄山关之敌，并相继攻占了娄山关以南之黑神庙、板桥、观音阁等地，残敌向遵义逃跑。27 日，红一、红三军团又在遵义以北之董公寺粉碎黔敌 3 个团的阻击，28 日晨占领遵义，并控制了城南的红花岗、老鸦山一线高地，黔敌王家烈率残部两个团逃向忠庄铺。

这时，由黔西、贵阳地区北开之蒋介石嫡系部队，第一纵队第五十九师进至新站，第九十三师进至忠庄铺地区，一部前出至遵义城南五里之枫落桥。中革军委当即决定集中主力，求歼该敌于遵义以南地区。28 日上午，敌以第五十九师主力及第九十三师的 1 个团为左路，经桃溪寺向红花岗、老鸦山进攻，黔敌两个团为右路，由忠庄铺向遵义进攻；第九十三师主力和第五十九师 1 个团控制于忠庄铺为预备队。11 时许，第五十九师攻击我红花岗阵地受挫后，将主力转攻老鸦山并占领了制高点；但右路黔敌观望不前。我红一军团主力乘隙从水师坝地区向忠庄铺猛烈反击，直插敌第一纵队指挥所。吴奇伟慌忙率残部约一个团向懒板凳方向逃窜。红一军团跟踪猛追，并以一部取捷径先敌占领了懒板凳，残敌逃过乌江。此时，滞留在老鸦山地区之敌第五十九师已被迫转入防御。黄昏，我干部团投入战斗，配合红三军团夺口了老鸦山制高点，歼敌第五十九师大部，残敌向八里水、鸭溪方向逃窜。

遵义之战，我军在敌情非常严重的情况下，5 日之内，连下桐梓、娄山关、遵义，击溃和歼灭敌人两个师又 8 个团，俘敌约 3000 人。这是长征以来最大的一次胜利，充分表现了毛泽东的指挥艺术和红军的英勇善战。这次胜利，鼓舞了全军士气，获得了物资补充，打击了敌人，特别是打击了蒋介石嫡系部队的嚣张气焰，使我军得到了短期休整的机会。

（三）三渡赤水

敌吴奇伟纵队遭到沉重打击后，蒋介石急忙于 1935 年 3 月 2 日由汉口飞往重庆，亲自策划新的围攻以阻止我军东渡乌江。5 日，蒋介石发现我军西移后，又改以堡垒主义和重点进攻相结合的战法，实行南北夹击，企图围歼我军于遵义、鸭溪狭小地区。其部署：川军 3 个旅由桐梓向遵义地区进攻，新调来的上官云相部两个师由重庆向松坎、新站地区推进，支援川军进攻遵义，第二纵队主力 3 个师进至仁怀、鲁班场地区，第三纵队进至大定、黔西地区防堵；第四纵队一部集结于金沙、土城等地，阻止我军向西发展；第一纵队 4 个师位于乌江南岸，策应其他纵队作战。此外，蒋介石还命令第五十三师由镇远向石阡推进，湘军 3 个师沿乌江东岸筑堡，阻止我军东进。

1935 年 3 月 5 日以后，我军根据中革军委的决定，以红九军团在桐梓、遵义地区吸引川敌向东，主力由遵义地区西进自腊坎、长干山，寻歼敌人第二纵队，未能得手。蒋介石遂命令各路军要不顾一切寻找红军决战。11 日，川敌 3 个旅进占遵义，乌江南岸之敌第一纵队也以一部兵力北渡乌江，向鸭溪、遵义推进。根据当时情况，中共中央决定，中央红军仍以黔北为主要活动地区，控制赤水河上游，以消灭薛岳部和王家烈残部为主要作战目标。15 日，我军主力进攻鲁班场之敌第二纵队，因敌 3 个师挤在一起、攻击未能奏效，而援敌第一纵队已进至枫香坝地区。我军遂主动撤出战斗，向仁怀以北的茅台地区机动。

3 月 16 日，中央红军为寻求新的战机，在茅台及其附近西渡赤水河，向古蔺、叙永方向前进。接着，攻占镇龙山，击溃川敌 1 个团的拦阻，进至大村、铁厂、两河口地区。

（四）四渡赤水

在国民党军重兵再次向川南集中的情况下，毛泽东等决定，乘敌不备折兵向东，在赤水河东岸寻机歼敌。1935 年 3 月 20 日，为迷惑国民党军，红一军团 1 个团大张旗鼓地向古蔺前进，诱敌向西；主力则由镇龙山以东地区，突然折向东北，于 21 日晚至 22 日分别经二郎滩、九溪口、太平渡东渡赤水河，从敌重兵集团右翼分路向南急进。26 日进至遵义、仁怀大道北侧干溪、马鬃岭地区。27 日，红九军团由马鬃岭地区向长干山方向佯攻，引国民党军北向；主力继续南进，于 28 日突破鸭溪至白腊坎间国民党军封锁线，进至乌江北岸的沙土、安底等地。31 日经江口、大塘、梯子岩等处南渡乌江。4 月 2 日，中央红军以一部兵力佯攻息烽，主力进至狗场、扎佐地域，前锋逼近贵阳。这时，国民党军在贵阳及其周围地区只有第九十九师 4 个团。正在贵阳督战的蒋介石十分惊恐，一面急令各纵队火速增援贵阳，一面令守城部队死守飞机场，并准备轿子、马匹、向导，准备随时逃跑。4 月 4 日，红九军团在打鼓新场以东老木孔地域击溃黔军 5 个团，歼其 2000 余人。至此，中央红军巧妙地跳出了国民党军的合围圈，将蒋介石的几十万军队甩在乌江以北。四渡赤水之后，中央红军主力乘滇军东调增援贵阳之机，迅速进军云南，并于5月9日，在皎平渡、洪门渡渡过金沙江。与此同时，活动在乌江以北地区的红九军团，也从会泽以西的树节、盐井坪渡过金沙江。

三、金沙江战斗：巧妙的渡江行动

红军四渡赤水后，迅速南渡乌江，大出蒋介石的意料。毛泽东为了造成蒋介石的错觉，进一步调动国民党军，即采取示形于东而击于西的策略，佯攻贵阳，以便调动滇军“救驾”，尔后乘虚进军云南，威逼昆明，直袭金沙江。

金沙江位于长江的上游。它穿行在川滇边界的深山峡谷间，江面宽阔，水急浪大。如果红军过不去江，就有被敌人压进深山峡谷，遭致全军覆灭的危险。当红军大队人马向金沙江挺进时，蒋介石如梦初醒恍然大悟，认定红军的目的既不在贵阳，也不在昆明，而是“必渡金沙江无疑”。1935年4月28日，他下达命令，控制渡口，毁船封江。就在红军进抵金沙江前夕，江边的敌人已将所有船只掠到北岸了。

1935年5月3日，军委干部团的同志们接受了抢夺皎平渡的任务。他们二话未说，翻山越岭日夜兼程180里，当天夜晚就来到了金沙江边。在渡口，他们幸运地找到了一条船。原来这条船是送探子来南岸探查情况的，探子不知跑到哪里去了。后来，他们又在当地农民的协助下，从水里捞出了一条破船，用布把漏洞塞上。

然后，他们乘坐这两条船悄悄地渡到北岸。敌人的哨兵以为探子回来了，没有在意。他们来了个突然袭击，一举消灭了一连正规军和一个保安队，控制了皎平渡两岸渡口。后来，他们又找到了五条船，动员了36名艄公。

与此同时，红一军团赶到了龙街渡口，红三军团赶到了洪门渡，但这两个渡口都没有船只，加上江宽水急无法架桥。军委命令他们迅速转到皎平渡过江。

从5月3日至9日，在7天7夜的时间里，红军主力就靠这7只小船从容地过了江。担任后卫的九军团在南渡乌江以后奉军委命令一直在黔西绕圈子，时东时西，忽南忽北，牵制了敌人部分兵力。5月6日，他们到了云南东川与巧家县之间，并于5月9日在树节渡顺利地渡过了金沙江。两天以后，敌人的追兵才赶到南岸。可是红军已经毁船封江，远走高飞，无影无踪了。

巧渡金沙江，一是巧布迷阵迷惑敌人，二是巧夺三县扫外围，三是巧寻渡口得天助。此役是红军继四渡赤水之后又一次重大军事胜利。从此，中央红军跳出了几十万国民党军的围追堵截，粉碎了蒋介石围歼红军于川、黔、滇地区的计划，实现了渡江北上的战略方针，取得了长征中具有决定性的胜利。

四、越西战斗：巧摆迷阵钳制敌军

1935年5月17日红军占领德昌后，以一部兵力监视西昌之敌，主力绕过西昌到达礼州，同红九军团会合。5月20日，中央红军先遣队司令员刘伯承、政治委员聂荣臻到达西昌以北的泸沽。先期到达的红一团团长杨得志、政治委员黎林向刘伯承、聂荣臻汇报了侦察情况。由泸沽到大渡河有两条路：一条为东路，经登相营、越西到汉源的大树堡（今属石棉），是通往雅安、成都的大道，由此渡河对岸就是富林（今汉源县城）；另一条为西路，经冕宁到安顺场，这是一条崎岖难行的山道，尤其是要通过一向被汉人视为畏途的彝族聚居区。

接着，中共冕宁地下组织特派员又汇报了两条道路的里程、敌情、民情和给养等情况。敌军判定红军不会走西边的小道，因而将主要防守兵力部署于东路。西康军阀刘文辉第二十四军四旅在左，守泸定桥一带；第五旅在右，守安顺场至富林一带。据说，刘湘部一个旅也正向富林开进，第二日可到。据此情况，刘伯承、聂荣臻向中革军委建议，红军主力走西路，经冕宁到安顺场渡大渡河；同时以少量部队走东边大道，佯装主力，以迷惑和钳制敌人。中革军委采纳了刘伯承、聂荣臻的建议。

中央红军从冕宁泸沽地区兵分两路北进：毛泽东、周恩来、朱德、刘伯承等率领主力经冕宁大桥、托乌等地，通过彝族聚居区，向石棉县安顺场进发，抢渡大渡河；另一支红军由红一军团参谋长左权、红二师政治委员刘亚楼等率领，包括军团便衣队、红一团侦察连及红五团，佯装主力，沿西昌至雅安大道，经越西向富林前进，以转移敌人对安顺场方向的注意力，掩护主力行动。

越西城地处四川西南部，大渡河支流越西河口上游，是会理通富林、雅安的要道。越西城墙高大坚固，周围是悬崖峭壁，只有东北角有一个斜坡通道，川康边防军暂编第七师一个营驻扎在此，他们在通道入口的断崖下，设置了屋脊形铺地的铁丝网鹿砦，并在土崖边沿和围墙周围构筑了许多明碉暗堡，阻止红军前进。

战斗经过：5 月 21 日，各部队按计划开进。左权、刘亚楼接到前方的情报：从泸沽到越西，必须经过一条非常险要的小相岭隘口，前方的道路已被敌人挖断，川军一个排在此扼守，他们还架了吊桥。

左权就地铺开地图，与刘亚楼研究对策。隘口地势险要，敌军碉堡夹在两座又高又陡的大山之间，军事位置占有绝对优势，若红军正面强攻，胜算小，可能付出惨重代价。他们决定采取迂回夹击战术，以一部兵力吸引当面之敌，另一部分从敌军疏于防守的大山两侧攀上去，居高临下用手榴弹轰击敌人的碉堡，打开缺口。然而，小相岭两侧的石壁几乎是垂直的，几乎没有任何攀附物，要想攀岩非常困难。红五团团长陈正湘请来一位采药老人做向导。红五团一排排长陈胜忠带领突击队跟随其后。按照采药老人的办法，用带铁钩的长竿子，钩住岩缝、树根、石嘴，一节一节攀到山顶再放下绳索，突击队员抓着这条绳索攀登了上去。然后在隘口半山腰发出一颗白色信号弹，左权看到突击队迂回成功，兴奋地下达进攻的命令……

红军个个奋勇向前攻击，守敌也利用碉堡掩护，集中火力疯狂向红军扫射……敌军的强势阻击把正面攻击的红军压缩到隘口的东南面。此时，敌军架好迫击炮准备向红军发射，千钧一发之际，突击队把集束手榴弹投向敌人的碉堡。接着，压缩在东南面的红五团指战员迅速发起冲锋，与突击队前后夹击，击溃守敌，迅速占领了隘口。红五团越过小相岭隘口后，以一天 80 公里速度向越西疾进，5 月 22 日中午抵达越西城。

攻占越西城战斗开始了。左权、刘亚楼将红五团重炮连、侦察连各种口径的火炮和轻重机枪，与军团便衣队的机炮连统一组织起来，封锁压制城门敌人的火力点和炮火阵地。二营四连为突击队，沿着东北角斜坡的通道向城门发起勇猛攻击。一个战士伏在城门前的铁丝网上让战友踏着自己的脊背越过。守军见突击队员靠近通道，从突破口两侧拼命向下投手榴弹、推滚雷。手榴弹、滚雷在城下爆炸，火光映红了城墙上下。第二突击队分队临危不惧，坚定沉着地顶着梯子靠在城墙上。他们这种将生死置之度外的大无畏精神，激励着后面的红军战士前仆后继奋勇冲杀。经过 40 余分钟的激烈拼杀，突击队员终于冲上通道，突破城墙，炸开了城门。

守军被坍塌的城墙和红军战士英勇无畏的气势震慑住了，惊慌失措地跑散开……其实，早在他们得知小相岭丢失时就有弃城逃跑的念头，此时更是一盘散沙。红五团指战员随即冲进城门，与守敌短兵相接，白刃格斗，团长陈正湘命令战士向碉堡投手榴弹，最终守敌以举白旗投降结束战斗。红五团袭占越西城门后，旋即进入县城，释放了被国民党关押的几百名彝汉群众，焚毁了县府的地契、银册簿和各种文书档案，处决了恶霸地主，俘虏了越西县长彭灿和其残部。而后，红军翻过晒经关，进到大渡河南岸的大树堡，抢夺船只，请船工造船，修工事，虚张声势，扬言要在此抢渡大渡河，攻打北岸的县城，进军雅安、解放成都。当蒋介石慌忙往这里调兵遣将时，5 月 25 日，左权收到红一师在安顺场抢渡大渡河胜利的喜讯，遂迅速撤离，赶往安顺场与主力部队会合。

越西进攻战斗，红军占领越西城，歼灭川军 1 个营大部兵力。红军攻占越西在军事上起了如下作用：一是吸引了川军注意力，把川康地区的国民党军调集在大树堡对岸及其附近，将杨森所部牵制在大树堡下游一带，使红军主力避开了川军重兵阻击；二是麻痹了在安顺场、泸定桥北岸的守军，为红一团在安顺场抢渡，红四团飞夺泸定桥创造了有利条件；三是广泛宣传了党的民族政策，为红军顺利通过彝区打下了群众基础。

五、荆紫关战斗：出奇制胜的奔袭战

1935年6月5日的夜村遭遇战，红军取得胜利后，红二十五军甩开密集之敌，转向东南疾进。6月10日经庾家河向东，13日包围了商南县城，次日克富水关，继而在青山街击溃了萧之楚的第四十四师，俘敌170余人。

二十五军向北跳到外线后，敌军原来指向东南的进攻矛头，不得不改而向北：第一〇七师由商县迂回到雒南县城东南，迎头堵击红军，第一一〇师和第一二九师跟踪尾追，第四十四师由山阳继续北上。

红军见各路敌人密集，决心放弃先打东北军的计划，掉头向东南，大踏步前进，继续在外线活动，以调动、分散和疲劳敌人，创造战机。6月14日，红二十五军攻克富水关之后，由于部队相当疲惫，于是决定就地休整一日。为了明确下一步进军目标，军长程子华、政委吴焕先、副军长徐海东抓紧时间碰头交换意见，决定采取先疲后打的方针，利用商南山区的有利地形，将敌“肥的拖瘦，瘦的拖死”，继续牵着敌人的鼻子走，使敌人晕头转向，寻机歼敌。

这时，部队获悉前方不远的荆紫关一带，驻有国民党军第四十四师后方临时补给站，守敌比较薄弱，仅驻有淅川县一个民团。徐海东一拳砸在地图上，激动地说，“这是送到咱嘴边的一块肥肉”。由此，红二十五军定下了远程奔袭荆紫关的作战计划。

由富水关奔袭荆紫关，中间的金豆沟是必经之地。侦察得知，敌人已经在金豆沟设有警戒分队。情况比预想的要复杂。怎么才能夺下金豆沟又不被荆紫关的敌军发觉呢？徐海东琢磨了一个万全之策，一方面派第二二五团在荆紫关西北之马蹄店扼守隘口，阻击尾追之敌；另一方面他亲率手枪团化装成敌四十四师的部队，连夜奔袭荆紫关。

6月16日拂晓，经过连夜的急行军，徐海东率领手枪团达到金豆沟附近。他下令部队乔装成敌四十四师部队，大摇大摆地进入了敌军警戒部队的防御阵地金豆沟。驻扎在这里的是当地民团一个连。

徐海东带着部队故意虚张声势，老远就大声呵斥警戒哨兵，让他赶快叫来他们的连长，敌连长以为是自己人，就集合民团所有人，徐海东见时机成熟，迅速命令红军制伏了敌人。经审问得知，荆紫关里驻有淅川县民团一个营，主要守护第四十四师后方临时供给站。

智取金豆沟，红军不费一枪一弹，就解除了该地武装，顺利地通过了敌人的警戒线，迅速逼近荆紫关城下。6 月 16 日傍晚，红二十五军手枪团和第二二三团以闪电般速度包围了荆紫关。守关的敌军赶紧关闭城门，居高临下向红军开火。徐海东立即组织 6 挺机枪掩护，手枪团第一分队搭人梯强行登城，被敌人火力压制，多次登城受阻。徐海东见状，立刻将火力调集到城门口，压制住敌人。攻城战士隐蔽接敌，快速登城，与城墙垛上的敌人短兵相接。敌人被红军战士大无畏的英雄气概震住了，纷纷弃关而逃，徐海东率后续部队潮水般地冲关而入，势如破竹，一举攻克荆紫关。

荆紫关一战，歼敌一个连，活捉敌第四十四师军需处长王均生，缴获白面、猪肉、白糖、弹药、军衣、鞋子和布匹等大批军用物资，仅上等布料就有 3000 多匹。

远程奔袭荆紫关，是红二十五军在第五次反“围剿”中取得的第一个大胜利。在这场战斗中，红军指挥员采用出其不意、攻其不备的策略，显示了高超的指挥艺术；攻城战士勇猛顽强，斩关夺隘，表现出不屈不挠的战斗精神；缴获了大量军用物资，及时补充了红军供给，极大地鼓舞了官兵士气，同时，打乱了敌军的部署，把尾追之敌拖得筋疲力竭，士无斗志，锐气大减。

锐不可当

一、强渡大渡河：撕开蒋介石防线上的缺口

1935 年 5 月上旬，中央红军长征从云南省皎平渡巧渡金沙江后，沿会理至西昌大道继续北上，准备渡过大渡河进入川西北。蒋介石急令第二路军前线总指挥薛岳率主力北渡金沙江向四川省西昌进击；令川军第二十四

军主力在泸定至富林（今汉源）沿大渡河左岸筑堡阻击；以第二十军主力及第二十一军一部向雅安、富林地区推进，加强大渡河以北的防御力量。企图凭借大渡河天险南攻北堵，围歼中央红军于大渡河以南地区。

大渡河是岷江的一大支流，河宽300米，水深流急，两岸是险峻的群山，地势险要，大部队通过极其困难。5月24日晚，中央红军先头部队第一师第一团，经80多公里的急行军赶到大渡河右岸的安顺场。此地由川军2个连驻守，渡口有川军第二十四军第五旅第七团1个营筑堡防守。当晚，红一团由团政治委员黎林率第二营到渡口下游佯攻，团长杨得志率第一营冒雨分三路隐蔽接近安顺场，突然发起攻击，经20多分钟战斗，击溃川军2个连，占领了安顺场，并在渡口附近找到1只木船。

25日晨，刘伯承、聂荣臻亲临前沿阵地指挥。红一团第一营营长孙继先从第二连挑选17名勇士组成渡河突击队，连长熊尚林任队长，由帅士高等4名当地船工摆渡。7时强渡开始，岸上轻重武器同时开火，掩护突击队渡河，炮手赵章成两发迫击炮弹命中对岸碉堡。突击队冒着川军的密集枪弹和炮火，在激流中前进。快接近对岸时，川军向渡口反冲击，杨得志命令再打两炮，正中川军。突击队迅速登岸，并在右岸火力的支援下奋勇冲杀，击退川军的反扑，控制了渡口，后续部队及时渡河增援，一举击溃川军1个营，巩固了渡河点。随后，红一军团第一师和干部团由此渡过了被国民党军视为不可逾越的天险大渡河。

二、泸定桥战斗：抢先飞夺铁索桥

1935年5月25日，中央红军长征先头部队红一军团第一师第一团一部在四川省安顺场强渡大渡河成功后，蒋介石急调川军2个旅增援泸定桥。中央革命军事委员会为迅速渡过大渡河，挫败国民党军前后夹击红军的企图，决定红一军团第一师及干部团由安顺场继续渡河，沿大渡河左岸北上，主力由安顺场沿大渡河右岸北上，两路夹河而进，火速夺占泸定桥。

27日晨，右路先头部队红一军团第二师第四团，由团长王开湘、政治委员杨成武率领从安顺场出发，沿途击破川军的阻击，经2昼夜强行160

公里，29日晨占领了泸定桥西桥头。泸定桥扼川康要道，全长100余米，宽2.8米，由13根铁索组成，横跨在汹涌奔腾的大渡河上，两岸是峭壁，东桥头与泸定城相连。守城川军第四旅第三十八团（欠1个营）在红军抵达前，已将桥上的木板拆除，只剩悬空的铁索。是日16时，红四团第二连连长廖大珠等22名突击队员，在全团火力掩护下冒着川军的密集火力，攀踏着铁索，向对岸冲击，当接近桥头时，川军突然施放火障，突击队勇敢地穿过火墙，冲进泸定城，同川军展开巷战。后续部队及时投入战斗，经激战，红军占领泸定城，川军一部被歼，其余向天全溃逃。与此同时，红一师和干部团击溃川军的阻击，胜利到达泸定城，策应了红四团的夺桥战斗。接着，中央红军主力从泸定桥上越过天险大渡河，粉碎了蒋介石歼灭红军于大渡河以南的企图。

三、包座战役——打开北上通道

红一、四方面军会师后，1935年8月3日，红军总部制定了夏洮战役计划，将红军分成左右两军：在卓克基及其以南的地区的第五、九、三十一、三十二、三十三军为左路军，由朱德、张国焘率领，经阿坝北进；在毛儿盖地区的第一、三、四、三十军为右路军，由徐向前、陈昌浩率领，经班佑北上。中央、中革军委随右路军行动。（此时原红一方面军之第一、三、五、九军团已依次改为第一、三、五、三十二军）

8月20日，中共中央政治局在毛儿盖召开会议，批评了张国焘西进的错误主张，决定以主力迅速占领以岷州为中心的洮河流域地区，并以此向东发展取得陕甘。随后，右路军进入茫茫的若尔盖大草原。红军将士以藐视一切困难的革命精神，克服了常人难以想象的泥泞和饥饿，历尽艰辛，终于在8月底以前到达班佑、巴西地区，左路军也于8月20日经过草地到达阿坝。

班佑以东之上下包座位于松潘北部，群山环抱，地势险要。守敌胡宗南部独立旅第二团分驻上包座的大戒寺1个营、求吉寺2个营，两处凭借山险林密，筑以集群式碉堡，构成一个防御区，卡在红军进入甘南的必经之路上。胡宗南发现红军过草地北上，急令第四十九师由松潘以北的漳腊驰援包座，并在上、下包座至阿西茸一线堵截红军。

消灭包座之敌，开辟前进道路，是摆在右路军面前的迫切任务。徐向前主动向党中央建议，攻打包座的任务由红四方面军部队来承担，并准备采取围点打援的战法，求歼包座和来援之敌。具体部署是，以三十军第二六四团攻击大戒寺之敌，三十军主力第八十八师、八十九师埋伏在上包座西北的丛林中，准备歼灭敌增援的四十九师；四军第十师攻击求吉寺之敌，其主力控制各要道，并随时准备出击；以红一方面军第一军为预备队，位于巴西和班佑地区待机。

29 日黄昏，部队发起攻击。经一夜激战，红军扫清外围据点，并攻占了大戒寺。残敌退入大戒寺后山碉堡负隅顽抗，等待援兵。为诱敌来援，红军对其围而不攻。30 日夜，援敌四十九师先头部队二九一团进抵大戒寺以南，为诱敌深入，红三十军以二六四团略作阻击便且战且退，撤至大戒寺东北山区隐蔽。敌见我阻击无力，包座敌人又频频告急，便放心大胆地急速前进，至当日下午，敌二九一、二八九两个团进至包座河西岸，二九四团进到包座河东岸，师部进至大戒寺以南，全部被诱入我伏击圈内。

下午 3 点，红军向敌四十九师发起总攻，隐蔽在山上的红军将士一齐向敌出击，红军第八十八师第二六八团由包座河以西像一把钢刀一样插入敌二九一团和二八八团之间，并切断了东西两岸敌人的联系，敌四十九师被分割成 3 块，首尾不能相顾。刚刚走出草地的红军英勇拼杀，在气势上完全压倒了敌人，一小时后，首先将敌二九一团歼灭。经七八个小时的激烈战斗，终于在当晚将胡宗南的第四十九师全部歼灭，敌师长伍诚仁受重伤后跳河。固守在大戒寺后山高地的 200 余敌人，见大势已去，在红军政治攻势下全部缴械投降，求吉寺之敌也被全歼。

此役是红一、四方面军会师后的一个大胜仗，红军歼灭包座地区守敌及援敌四十九师的大部，共毙、伤、俘敌 5000 余人，缴获轻重机枪 50 余挺，长短枪 1500 余支，还缴获了红军急需的牦牛、骡马、粮食、弹药等军用物资，使北上红军得到了基本补充。包座战斗的胜利，扫清了红军北上的障碍，打开了向甘南进军的通道，使敌企图把红军困在草地的阴谋彻底破产。

四、激战腊子口：建立革命大本营的“奠基礼”

1935 年 9 月 13 日，党中央率陕甘支队（由红一方面军第一、三军和军委纵队改编）由俄界出发，沿白龙江东岸。爬高山，穿密林，歼灭了一些敌人堵击部队，于 17 日到达岷山脚下的腊子口。

腊子口是岷山山脉的一个重要隘口，是川西北通向甘南的门户，口宽约 30 米，周围是崇山峻岭，地势十分险要。两个悬崖绝壁间夹着一道窄窄的山沟向上延伸，两边绝壁峭立。山中一道河水急流而下，隘口处的河上架着一座木桥，横跨于两岸陡壁之上，是通过腊子口的唯一通路。蒋介石在岷县、腊子口地区配置了两个师，妄图凭借天险挡住红军的出路。鲁大昌两个营的兵力驻守在腊子口，1 个营扼守隘口，1 个营配置在隘口后边的三角形谷地，师主力配置在隘口以北至岷县一带，可随时增援。他们在桥头和山崖上构筑了碉堡，形成了交叉的火力网。

毛泽东清楚地知道，腊子口再险，红军也要攻下来，否则就得重回草地去。乌江、金沙江、大渡河没有挡住红军的前进，雪山草地红军都走过来了。毛泽东果断地下达了“两天之内拿下腊子口”的命令。

9 月 17 日下午，红一军二师四团向腊子口发动了猛烈的进攻。可是由于地形不利，兵力无法展开，从下午攻到半夜，连续冲锋十几次都没有成功。在半夜时分，部队暂停进攻，重新研究作战方案。根据新侦察到的情况和战士们的建议，他们决定兵分两路、一路由政委杨成武率领第六连从正面进行夜袭，夺取木桥；如果偷袭不成就连续发动进攻，达到疲劳敌人，消耗敌人弹药，造成敌人恐慌的目的。另一路由团长王开湘率领第一、第二连，悄悄地迂回到腊子口右侧，攀登陡峭的崖壁，摸到敌人后面去。

战斗再次打响了，正当正面战斗激烈进行的时刻，迂回部队已摸到腊子口右侧峭壁下。一个苗族战士手持带铁钩的长杆，顺着陡壁最先爬了上去，然后将事先接好的绑腿缠在树干上放下来，后来的战士拉着绑腿一个接一个地全部上去。他们突然出现在敌人的后方，吓得敌人魂飞魄散，扔下枪支仓皇逃命。

党中央率陕甘支队通过腊子口后，9 月 20 日，进占甘南的哈达铺。至此，党中央和红一方面军主力终于走出了雪山草地的藏民区域，打破了蒋介石妄图利用恶劣的自然条件“困死”红军的阴谋。突破腊子口是红军进入甘南的关键一战，聂荣臻元帅曾对此评论说：“腊子口一战，北上的通道打开了。如果腊子口打不开，我军往南不好回，住北又出不去，无论军事上政治上，都会处于进退失据的境地。现在好了，腊子口一开，全盘棋都走活了。”

五、四坡村战斗：绝路逢生歼强敌

1935 年 7 月，红二十五军北出秦岭，威逼西安，在获知红四方面军和中央红军北上动向后，毅然作出西进甘肃，迎接党中央，北上会合陕甘红军的决定。红二十五军挥师猛进，占两当，攻天水，连下秦安、隆德县城，翻越六盘山，直逼平凉城，截断西兰公路。

1935 年 8 月 21 日，红二十五军进入泾川王村镇，在离县城约三十华里的向家沟上中原。先头部队经四坡、羊圈洼、掌曲，在东王家徒涉汭河。因大雨滂沱，在渡河中间，山洪又暴发，汭河猛涨，河面卷起浑浊的巨浪，有几名战士不幸被急流卷走。军政委吴焕先立即组织部队，用布拧索拴在河两岸的树上，牵引继续渡河。全军的行李、担架、医疗药品器材以及随同的伤病员和担任后卫掩护任务的二二三团，都被阻于河北岸。部队正准备用缴获的数匹布匹扭成绳索过河，忽然，南塬上响起了枪声。原来，敌第三十五师一〇四旅二〇八团 1000 余人，由泾川县城沿着南塬突然袭来。位于塬上四坡村东北角的第二二三团五营，首先与敌接火，当即凭借房屋、土墙和窑洞与敌人展开激战。为配合第三营抗击敌人，第二二三团重机枪连连长戴德归奋不顾身地把一挺重机枪架在窑洞顶上，向蜂拥而来的敌人猛烈扫射，压住了敌人的进攻势头。

这时，先头部队已渡过汭河，难以回援，后卫掩护部队背水作战，形势极为不利。于是，军领导命令第二二三团一、二营立即投入战斗，从西南方向猛烈反击敌人。吴焕先带领一百余人，一鼓作气从河边冲到塬上，直插敌人侧后。他一边指挥，一边向战士们振臂高呼："同志们，压住敌人就是胜利，决不能让敌人逼近河边！"战士们不顾道路泥泞，迅速抢占了塬上制高点，从侧翼向敌人发起冲击。与此同时，第二二三团三营在重机枪火力掩护下，集中力量进行反击，对敌形成夹击之势。敌人顿时混乱，纷纷溃散。战斗正在激烈进行时，吴焕先不幸中弹负伤。与此同时，徐海东指挥的二二三团，从正面发起了冲锋，把敌二〇八团向赶羊似的压到掌曲沟圈，二〇八团人马相互践踏，官兵各不相顾，团长马开基骑马企图夺路逃走，被红军战士举枪射中，连人带马倒在断崖边上。

这场战斗把国民党三十五师二〇八团全部被歼，团长马开基被击毙。就在战斗即将结束的时刻，军政委吴焕先停止了呼吸。傍晚，徐海东等军部领导人和战士们抬着政委的遗体，渡过汭河，把吴政委安葬在郑家沟村东宝盒子山脚下。

六、绥崇丹懋战役：锐不可当的进攻战

1935年8月底，中国工农红军第一、第四方面军长征通过草地到达四川省北部阿坝、巴西地区后，中央革命军事委员会副主席、红军总政治委员张国焘公开对抗中共中央，拒绝执行红军北上方针，强令红军南下。红四方面军各军和红一方面军第五、第三十二军先后从阿坝和巴西、包座地区南下，于9月下旬集结于马塘、松冈、党坝一带。国民党四川军阀部队得悉红军南下，立即沿大、小金川布防。其第二十四军两个旅，位于大金川沿岸之绥靖、崇化（今安宁）、丹巴一线；第二十军4个旅另1个团，位于小金川沿岸之懋功（今小金）、抚边、达维一线；第二十八军1个团驻守抚边以东之日隆关等地，企图凭借高山峡谷，阻止红军南下。

10月7日，张国焘为了打开通往天全、芦山的道路，实现其在川康边创建根据地的计划，发布《绥（靖）崇（化）丹（巴）懋（功）战役计划》，令红四方面军副总指挥王树声率红九军第二十五师、红三十一军第九十三师及红五军组成右纵队，沿大金川右岸前进，强占绥靖、丹巴；红

四方面军总指挥徐向前、政治委员陈昌浩率红四、红三十、红三十二军及红九军第二十七师大部组成左纵队，出大金川以东地区，夺取崇化、懋功。8 日，左右两纵队开始行动。右纵队红九军第二十五师在绥靖以北强渡观音河受阻，方面军随即调整部署，以左纵队红四军从党坝地区强渡大金川。11 日，红四军渡河成功后即沿右岸疾进，12 日克绥靖，击溃守军 2 个团，继向南发展，16 日克丹巴县城。红三十军亦于 11 日渡过党坝河，15 日占崇化。红九军第二十七师于 15 日夜对绥靖以东两河口之第二十军第七旅发起攻击，激战 3 小时将其击溃，并连夜追击，于 16 日克抚边，歼其 2 个营大部，19 日夜又袭占达维，击溃第二十军第四旅。20 日，红三十军一部攻克懋功，守军第二十军 2 个旅向夹金山以南溃逃，进占达维之红九军第二十七师主动截击，俘获甚多，接着该师迅速向东南发展，连占日隆关、巴郎关、火烧坪、邓生等地。至此，战役结束。此役，红四方面军击溃国民党川军 6 个旅，毙俘其 3000 余人，攻占懋功、丹巴两城及绥靖、崇化、抚边、达维、日隆关等地。

此次战役是在地形十分复杂的条件下进行的。大小金川地区到处是深山绝壁和峡谷急流，易守难攻。红军在两过草地之后，减员很大，未得到休整。在这种情况下，红军能够取得这次作战的胜利，主要是各部队能够做到克服各种困难，以坚忍不拔的毅力和迅速果敢的行动，运用夜战、奇袭和小部队大胆迂回的战术，出敌不意地通过峡谷，夺占要隘，抢占桥梁，强渡急流。有的部队还创造了七天五战，疾进 500 余里的突出事例。在红军疾风暴雨般的攻势面前，敌人常常弃阵而逃，不敢据险顽抗。广大指战员在这些战斗中，进一步表现出了革命军队不怕困难、英勇顽强的战斗作风。

智取巧打

一、劳山战役：围点打援牵“牛鼻”

1935 年 9 月中旬，陕甘苏区红军正在进行第三次反“围剿”作战。此时，中国工农红军第二十五军长征到达陕甘苏区，同红二十六、红二十七军合编为红十五军团，共7000余人。

1935年10月1日，中国工农红军第十五军团在陕西省甘泉县劳山地区，对国民党军展开伏击战。国民党军在劳山地区遭受打击后，采取步步为营的堡垒政策，对陕甘苏区实行严密封锁，企图逐步缩小包围，最后消灭红军。10月20日，第六十七军第一〇七师1个团附1个营，进驻甘泉以南榆林桥。

国民党军为了进一步加紧对陕甘苏区的“围剿”，以南线的第六十七军由中部（今黄陵）北进，其军部率第一〇七师进驻洛川，其第六一九团1个营进占羊泉；第一一〇师、第一二九师（欠六八五团）沿洛川至延安公路推进至延安；第六八五团驻甘泉，维护南北交通。

红十五军团军团长徐海东、政治委员程子华、副军团长兼参谋长刘志丹，根据第六十七军兵力比较分散和甘泉至延安之间的劳山地区群山连绵、树木茂密的特点，决心运用围城打援的战法，以一部兵力包围甘泉县城，切断驻延安国民党军之补给线，迫其回援甘泉；主力进至大小劳山地区设伏，伺机歼灭由延安回援之第六十七军一部。9月21日，红十五军团从延川县永坪地区出发，23日，进至甘泉西北的王家坪地区集结。其部署：红八十五师师部率第二四一团在甘泉县城以北白土坡地域担任正面阻击；红七十五师师部率第二二三、第二二五团在劳山东西两侧；红七十八师师部率第二三四、第二三二团在小劳山东西两侧；骑兵团位于卢家村、土黄沟地域。28日，红八十一师第二四三团和地方武装包围了甘泉县城。29日拂晓，军团主力进入伏击地域，隐蔽待机。1935年10月1日晨，国民党军第一一〇师从延安出发南下，行至四十里铺时，留1个团在该地守备，师部率2个团直奔甘泉。14时许，当该部进入伏击地域时，红八十一师第二四一团突然发起攻击；红七十八师骑兵团从侧后出击，断其退路；红七十五师和红七十八师主力从两侧发起攻击，将其分割在大劳山西南的小劳山村和榆树沟口。经过5个多小时激战，将其全歼。

计毙伤师长何立中以下1000余人，俘团长以下3700余人，缴获长短枪3000余支，轻重机枪180余挺，炮12门，战马300余匹和电台1部。

劳山战役是红二十五军到达陕北，与陕甘红军会师后取得的第一场胜仗。此战的胜利，不仅使远征千里的红二十五军部队得以喘息；战役中的大量缴获也使新组建的红十五军团的武器装备得到改善，服装给养得到补充；劳山战役及随后进行的榆林桥战斗，巩固和扩大了陕甘革命根据地，壮大了红军的力量，从而为迎接中共中央和中央红军的到来创造了有利条件。

二、鸭池河战斗：瞒天过海过乌江

1935 年 11 月，红二、六军团完成了策应中央红军北上抗日的任务后，奉命挥师西进贵州，挺进黔西、大方、毕节，创建新苏区。1936 年 2 月 1 日，红二、六军团在贺龙、任弼时、萧克的领导下，长征途经清镇市卫城镇，2 日，先头部队以神速的战斗，控制住了鸭池河渡口，3 日，在国民党追兵达到前，两军团顺利地渡过了鸭池河。

乌江上游的支流鸭池河，河谷深险，水流湍急。鸭池河渡口是清（镇）毕（节）公路的咽喉，宽 100 多米。河上一直没有桥梁，往来人马车辆，均靠木船摆渡。

鸭池河东岸属清镇，距渡口 5 公里的新店子是卫城通往鸭池河渡口的门户，国民党驻有保警兵 80 多人。保警队在公路两侧的山坡上修筑了碉堡，企图阻止红军西进。西岸是黔西县的烂泥沟（今大关镇），地处要津，是川盐集散地，驻有盐警及团防军 1 个营 300 多人，主要兵力驻守大关、小关，一个小分队约 20 人驻守在鸭池河渡口，控制船只。红军进入清镇之前，团防军营长郭昆甫就下令封船禁渡，并准备了煤油，在必要时烧毁船只。

为了扫清前进道路上的敌人，让红二、六军团 18000 多人顺利通过鸭池河渡口，奉总指挥部参谋处参谋李达之命，1936 年 2 月 1 日，从红二军团四、五、六师共抽调 120 多名红军干部战士组成的侦察队，由红军排长王绍南带领，从修文和清镇交界的猫跳河渡口索桥渡河西进后，于当日下午 6 时左右离开清镇市卫城镇，继续向清镇与黔西交界的鸭池河渡口前进。

2月1日深夜，红军侦察队到达新店子，找当地的群众了解情况后，立即部署战斗，机智勇敢地袭击了保警队驻地王家祠堂。80多名保警兵在睡梦中成了红军的俘虏。侦察队在得知国民党在渡口的防御部署后，命令俘虏吴银安、袁华久、丁子安在前面带路。侦察队兵分两路：一路由清毕公路直下鸭池河，抢时间控制渡口；另一路从新店子走小路，经韩家坝，过铁锁屯，直取陇上渡口，过鸭池河后，迂回敌后，夹击鸭池河渡口西岸的防堵之敌。

陇上渡口距鸭池河渡口约10公里，国民党区团保甲听到红军到修文的消息后，将所有的渡船拉到西岸，锁船封渡。侦察小分队到陇上后，挨家逐户进行宣传：红军是穷人的子弟兵，要渡河去打土豪。农民吴维刚出来指认渡河地点。一名水性好的侦察员游过鸭池河，划来了一只小船，侦察小分队分批渡到西岸。

侦察队过河后，立即向大关、小关的国民党守军发起攻击。敌人企图据险顽抗。此时，从陇上渡口过河后的侦察员，迂回到大、小关国民党军背后，配合正面部队夹击守军。受前后夹击，国民党军顾此失彼，无力抵抗，仓皇地向烂泥沟方向溃逃。过河部队一部分迅速占领制高点，控制渡口，一部分继续追击逃敌。抢占渡口成功。2日凌晨4时，红军控制了鸭池河渡口。

2月2日中午，红军主力五师和六师十七团陆续来到鸭池河边，舟少船小，单靠渡船，时间不允许。红军找当地熟悉河道水性的船工张海清、郭忠华、王成楝等商量后，决定在渡口两岸的昌茂石、羊舔石之间架浮桥。

军民合作，困难迎刃而解。需要铁丝，区长逃跑后，用来安装电话线的铁丝没有运走，正好派上用场。没有圆木，街上地主杨家门口堆着建新房的木料，抬来就是。需要枋板，群众自愿借出门板、床板。没有抓钉，渡口两岸的铁匠马上升火开炉，分头加工。前卫六师迅速组织部队和当地群众搭浮桥。不到3个小时，就在鸭池河渡口搭好了一座长100多米，宽近2米的浮桥。这是鸭池河渡口有史以来的第一座桥。

2月2日中午，贺龙率红二军团进驻卫城，下午，萧克率红六军团到达。2 月3 日中午，贺龙、萧克率军到达鸭池河渡口，按先二军团，后六军团的顺序渡河。当红六军团还有两个师准备过河时，国民党五十九师三十五团追到，接着，九十九师和二十三师的先头部队也赶到。这时，过河的红军借西岸有利地形，组织火力，掩护两个师渡河后，拆毁浮桥。红二、六军团主力顺利通过鸭池河后，留下十六师五十三团二营殿后。将敌人九十九师、二十三师甩在鸭池河南岸。

三、乌蒙山回旋战：连走带打寻机歼敌

乌蒙山回旋战是1936 年2 月至3 月，中国工农红军第二、第六军团在云贵高原乌蒙山区对国民党军进行的著名机动作战。

红二军团（总指挥贺龙、政委关向应）、红六军团（总指挥萧克、政委王震）鉴于继续在贵州省黔西、大定、毕节活动不利的情况，决定首先转移到黔南的安顺地区创建苏区。2 月27 日，红二、红六军团退出毕节，西进乌蒙山区。

贵州山区的2 月，天寒地冻，许多地区渺无人烟，几乎买不到粮食。1 万多人的红军在一座座大山中转来转去，艰难困苦是很难形容的。这时，国民党军以10 个师又1 个旅尾追和从南面侧击。因为敌军遮断了通往黔西南的道路，红二、红六军团不能直接从毕节去安顺，为了摆脱敌军的反复合围，遂沿毕节、威宁大道向西前进，以吸引国民党军向西，使其疲惫和造成错觉，尔后选择有利时机，再突然折向东南去安顺地区。

3 月2 日，红二、红六军团进到赫章以东的野马川地区。这时，国民党军李觉、郭汝栋、郝梦龄3 个纵队都已转到东南，截断了红军去安顺的道路。红军便向西进，拟经贵州省威宁以东的妈姑（今妈姑镇）地区折向南行，赶到李、郭两纵队前头，再进入滇东的南北盘江之间地区。

4 日，红二、红六军团到达妈姑、回水塘地区时，李纵队已经进到水城、威宁之间，南进道路又被截断。国民党万耀煌、樊嵩甫和郝梦龄3 个纵队的追击也接近了红军的后卫，其中，樊纵队的先头部队竟前出到红二、红六军团左前方的朱歪地区。红军立即改变路线，向云南省奎香、彝

良方向疾进，造成北渡金沙江假象，以调动追击和截击的国民党军向西北方向行动，使其敞开南面或东面的道路。不出所料，“追剿”军判断红军要经彝良、盐津北渡金沙江，樊、万、郝3个纵队急忙转向西北追击，国民党川军也派第一二三师南出川滇边之白水江岸牛街地区堵住红二、红六军团的去路。

8日，红二、红六军团由奎香突然南返，在威宁以北的以则河对国民党樊纵队发起反击，歼其两个连；接着，又向北，经乌沙寨向东疾进，拟从镇雄以南突出“追剿”军包围，突然南下去安顺地区。

12日，红二、红六军团在镇雄西南得章坝地区歼国民党万耀煌纵队两个多连，便向西南疾进，14日，进到赫章以北的财神塘地区，国民党军以5个纵队又来围攻。红二、六军团在乌蒙山中辗转回旋，转了差不多1个月。敌人的包围圈越来越紧，可以回旋的地区越来越小。红二、六军团陷入了离开湘鄂川黔根据地以来最艰险的境地。在四面受威胁的紧急关头，红二军团总指挥贺龙召开军委分会会议研究部队行动。他说：“我们的情况不妙，敌人100多个团的情况更不妙。他们从湖南、湖北、四川让我们拖起跑，比我们更受罪。敌人各个纵队只受顾祝同指挥，行动不大一致。包围圈虽然缩小，漏洞还是有的。再有，敌人对我们永远估计不足。这1个月转来转去，敌人会以为我们垮得差不多了，也增加他们的骄气。现在是时候了，我认为应该以迅雷不及掩耳的速度隐蔽地从敌人的接合部钻出去，兼程进入云南，捅捅龙云这个马蜂窝。”大家赞成贺龙的主张。贺龙召集两个军团各师和部分团的干部，下达了秘密突围的命令。要求部队行动一定要十分隐蔽，不准点火，不准喧叫，马蹄裹布，不准发出声音；凌晨从敌夹缝中通过，即使被小股敌人发现也不准打枪，不准捡歼灭小股敌人的便宜，要极迅速地摆脱敌人。根据贺龙的命令，红二、六军团果断地选择从国民党郭汝栋、樊嵩甫两个纵队之间突围出来，第3次进入奎香地区，接着急速掉头南下，19日，在昭通、威宁间突破滇军孙渡纵队防线，直趋滇东，尔后继续南进，分别于28日、29日进占黔西南盘县、亦资孔地区。至此，红二、红六军团在乌蒙山辗转近1个月，完成了回旋作战任务，打破了国民党军重兵围歼的计划。

乌蒙山回旋战，是中国战争史上灵活用兵、巧妙突围的著名战役，是红二、六军团在贺龙的指挥下，在云贵高原上人烟稀少，气候恶劣，山高谷深，缺粮缺水，瘴疫很多的乌蒙山地区进行的，而且又处在多路敌军不停顿地围追堵截之下，使红军经受了极端严重的考验，也写下了贺龙军事生涯中的神来之笔，与毛泽东指挥的四渡赤水之战无论在战略意图和战役指挥上，都有异曲同工之处。

四、来宾铺战斗：出其不意的反击战

1936 年 3 月 22 日，红二、六军团进入云南东北部重镇宣威后，本拟在此休整几天，不料接到侦察员报告：滇军第一旅将于明日扑来，企图阻止我军南下。贺龙、任弼时、关向应等商议后决定：在来宾铺迎击该旅，杀杀滇军气焰，为进入盘江地区打开通道。为此，贺龙命令红六军团担负主要歼敌任务，红五师担任阻击郭汝栋纵队增援任务，红四师占领东山，掩护战场左翼，其余部队在核桃园附近集结，作为预备队。

3 月 23 日晨，大雾弥漫。立功心切的刘正富，亲率其部出宣威城，向来宾铺扑来。红六军团将红十七师部署在堰塘一带，红十六师部署在黎家寨一线，以红十八师位于红十七师左翼策应。然后，派出小股部队，和刘正富的先头首先交火，边打边退，将敌诱至红军伏击阵地。红十七师面对的是刘正富亲自指挥的两个主力团。战斗一打响，立即给予沉重打击。慌乱之中，刘正富忙令其部抢占制高点虎头山。这时，红十六、红十八师投入战斗，向南线敌人发起猛攻。红十七师一鼓作气，冲上虎头山，同敌人展开肉搏。敌人不支，向宣威方向溃逃。红十七师遂占领虎头山，并在此构筑工事，准备迎击敌人的反击。

在红六军团同刘正富旅激战的同时，红五师在北线与郭汝栋纵队先头部队展开激战。敌人的多次密集冲锋，均被红五师击退。在消灭敌人一个营后，红五师主动撤至陡山坡垭口，构筑工事，阻击郭汝栋部。在东山掩护的红四师，也击退敌人保安团的进攻，策应了红六军团的战斗。

下午 1 时许，刘正富重新组织兵力，对红军实施反击，双方在虎头山展开争夺战。由于孙渡纵队的另外两个旅赶来增援，敌人越来越多，战斗进入胶着状态。孙渡“企图吸引红军，等第二旅明日到达后，再举全力与红军决战”。但这一企图被贺龙识破，命令红军发起几次火力袭击后，于深夜撤出战斗。来宾铺战斗宣告结束。

这次战斗，国共双方投入兵力都在万人以上，是红二、六军团入滇后的第一次大规模战斗，使红二、六军团声威大振，滇军气焰受到沉重打击。

五、华家岭阻击战：红军三大主力会师后最惨烈一战

华家岭阻击战是红军三大主力在会宁地区大会师前后10多次战斗中最为艰苦、惨烈的一战。

1936年10月，经过二万五千里长征的中国工农红军第一、二、四方面军陆续进入陕甘宁交界的广大地区，即将实现胜利会师。不甘失败的蒋介石紧急调集胡宗南等部25万余人，企图通过组织“通渭会战”将红军主力部队压制于黄河东、西两岸一举“歼灭”。

为了粉碎国民党反动派的“围剿”阴谋，中共中央指示红二、四方面军挥师北上，向静宁、通渭、会宁集结，国民党第三军王均部、第三十七军毛炳文部也紧追而来。

位于甘肃省通渭县和会宁县之间的华家岭，当时是“西兰”（西安至兰州）公路的必经之地，敌人企图在这一带控制红军北上、西进，而红军要粉碎其阴谋就必须御敌于西兰公路以南。

10月20日，红四方面军总部命令担负后卫任务的红五军在华家岭地区设伏阻击敌人。此时，红一、四方面军先遣部队已在会宁会师。在胜利会师消息的鼓舞下，红五军官兵斗志旺盛、士气高昂，连夜构筑了野战工事。

10月22日，四方面军主力已全部离开通渭进入会宁县境。已追至下马营镇的敌三十七军9个团自恃人多势众、装备精良，排着4路纵队气焰嚣张地沿公路向华家岭扑来。

红五军军长董振堂令红三十七团在华家岭南一带阻击敌人。一场空前激烈的阻击战在下马营至华家岭20多公里的山梁和沟壑间打响了。

当敌人进入伏击圈后，埋伏在华家岭公路两侧山头上的红三十七团立即发起攻击，子弹雨点般地射向敌群。敌人惊慌失措，仓促应战。一声冲锋号响，全团指战员冲出战壕扑向敌阵，顿时杀声震天，敌尸遍野，30多名未来及逃命的敌人被俘。短短30多分钟，一场伏击战就干净利落地结束了。

敌军原以为红军经过长途跋涉不堪一击，没想到战斗力如此强盛，受挫后变得警觉起来。午后，敌人先用迫击炮轰击红三十七团阵地，随后以整营、整团的兵力集中冲锋。红五军三十七团与三十九、四十三、四十五团轮番上阵，阻击9倍于己并有7架飞机配合的敌人。红三十七团团长李连祥指挥部队抢先占领了双墩梁、回回湾、孙家梁等高地。敌派出6架飞机在双墩梁、回回湾一带轮番轰炸，冲天的沙石、滚滚的浓烟笼罩在华家岭上空。就这样，在华家岭公路两侧，红军与数倍于己的敌人整整鏖战一天。三十七团边打边撤、伤亡严重，战斗进行得非常激烈。

10月23日，敌第三、三十七军在猛烈炮火的配合下，全力向华家岭的红五军阵地发起总攻。红五军第三十九、四十三、四十五团分别占据周围山头有利地形，接连打退了敌军的5次冲锋。敌见正面进攻不能奏效，便调来7架飞机助战。红军的作战工事都在光山秃岭上，没有树木遮挡，敌机的轮番轰炸和俯冲扫射使红军伤亡剧增，副军长罗南辉不幸被炸弹击中壮烈牺牲。当红三十七团赶到大墩梁时，红三十九、四十三、四十五团已经伤亡惨重。

敌军在飞机的支援下又接连组织冲锋。红五军各团虽组织了几次反冲锋，但未能有效打退敌人，只好沿杜家梁、毛牛川向会宁县城方向撤退。敌机穷追不舍，轮番狂轰滥炸。敌军乘势蜂拥而来，将红军团团围困在毛牛川。在“报仇！报仇！”的呐喊声中，红军战士个个像猛虎一样跃入敌群，子弹打完了，就用刺刀、枪托、木棒与敌人进行殊死搏杀。经过持续两天的血战，红五军最终胜利完成了阻击任务。

华家岭战斗，红军给敌人以重创，彻底粉碎了蒋介石将红军消灭在西兰公路以南的企图，有力地配合了主力红军的胜利会师，为红军西渡黄河、东进陕北赢得了时间，打开了通路。

六、山城堡战役：长征的最后一仗

1936 年 10 月，中国工农红军第一、第二、第四方面军在甘肃会师。蒋介石不顾中国共产党一再提出“停止内战、一致抗日”的主张，继续坚持反共内战政策，调集国民党军第一、第三、第三十七军和东北军的第六十七军、骑兵军等五个军，从会宁至隆德一线，由南向北分 4 路向红军进攻，企图消灭红军于靖远、海原地区。为粉碎国民党军的进攻，争取抗日民族统一战线的形成，红军前敌总指挥部根据中共中央委员会和毛泽东的指示，决定集中主要兵力给胡宗南第一军以歼灭性打击；以一部兵力钳制第三、第三十七军，并相机予以打击；对东北军第六十七军和骑兵军积极进行统一战线工作，迟缓其前进。

10 月底，红军各部由打拉池、海原地区逐次向东转移。至 11 月 15 日，分别移至萌城、甜水堡、豫旺堡以东地区。此时，国民党军除第三十七军在黄河以西外，东北军前进比较迟缓，第三军进占同心城后停止前进，唯第一军紧紧尾追红军，进至豫旺地区。11 月 17 日，第一军分 3 路前进：左路第一师第一旅由惠安堡东进，中路第一师第二旅向萌城、甜水堡推进，右路第七十八师由西田家原向山城堡前进。其第四十三、第九十七师位豫旺，为第二梯队。当日，红四方面军第四、第三十一军在萌城、甜水堡以西地区击溃第一师第二旅，毙伤其 600 余人，并击落飞机 1 架。18 日，红军前敌总指挥部决定集中优势兵力，在山城堡地区求歼孤军深入之第七十八师。19 日，前敌总指挥彭德怀到山城堡部署作战，以红一方面军第一、第十五军团和第四、第三十一军集结于山城堡南北地区隐蔽待机；以红军第二十八军在红井子一带钳制国民党军第一师第一旅；以红二方面军第六军团和红一方面军第八十一师在洪德城、环县以西迟滞东北军；以红二方面军主力集结于洪德城以北地区为预备队。

20 日，国民党军第七十八师第二三二旅及另 1 个团进占山城堡地区，孤立突出，翼侧暴露。21 日下午，红军发起进攻，红十五军团和红一军团第二师向山城堡西北之哨马营方向进攻，断其退路，其他各部红军向山城堡进逼。是日黄昏，红一军团第一、第四师和红三十一军一部，乘第二三二旅变换阵地之机，从南、东、北三面向山城堡猛攻，激战至 22 日上午，全歼国民党军第七十八师 1 个多旅。与此同时，红二十八军在红井子附近击溃第一师第一旅。第一军其他各部仓皇西撤。

山城堡战役胜利，迫使国民党军停止了对陕甘革命根据地的进攻，挫败了蒋介石的进攻计划，大振了红军的军威，巩固了陕甘宁抗日根据地，改变了红军的被动局面。对于增强红军内部团结，巩固与发展同东北军等部的统一战线，促进逼蒋抗日方针的实现，都具有重要意义。

山城堡战役取得胜利之后，更加坚定了张学良、杨虎城将军与红军联合抗日的决心，成了西安事变的直接导火线，在山城堡战役后仅 20 天，即 1936 年 12 月 12 日，便爆发了震惊中外的西安事变，使长达 10 年之久的国内革命战争宣告结束，实现了国内和平，为抗日民族统一战线的建立和全民族抗战局面的形成奠定了基础，实现了中国近代史上的一次重大转折。彭德怀在其自述中谈到山城堡战役时指出：“此役虽小，却成为促成‘双十二事变’的一个因素。”聂荣臻在《结束第二次国内革命战争的最后一仗——山城堡战斗》中说：“这一战斗对国内和平和抗日战争的实现，起了重要的促成作用。”

长征胜利的第❹个理由

深得人心的民族政策

长征中，中国共产党领导中国工农红军经过了苗、瑶、壮、侗、布依、土家、白、纳西、彝、藏、羌、回等十几个少数民族地区。因此，一直把做好民族工作作为整个战略方针的一部分，制定了许多带有方针性的切实可行的民族政策。对少数民族，中国共产党采取了妥善处理方式，充分尊重少数民族的宗教信仰和生活习惯，确保了红军长征的胜利。

首先，强调各级领导机关必须把民族工作放在最重要的地位上来做。红军长征的作战目的，主要是摆脱国民党军队的围追堵截。为此，“打”和“走”是战胜敌人、减少损失的重要形式。但是要“打”好和“走”好，就必须创造一个良好的群众条件。因此，党在红军长征过程中，始终把“争取少数民族”作为一项突出的任务。特别提出：“我们部队中地方工作的中心应以全力放在争取少数民族的上面，每个红色指战员都要自动地来参加这个工作”。并尖锐地指出：“不懂得共产党的民族政策的，不配当一个共产党员，不了解争取少数民族的重要性和不参加这一工作的，不配当一个好的红色战士”。这样，党又把懂得民族政策，了解民族问题的重要性，参加民族工作，提到党员标准与好战士标准的高度。

其次，号召全党全军各级领导同志认真学习马克思列宁主义关于民族问题的理论。在红军长征战斗频繁、环境艰苦的情况下，党中央为了提高全党全军关于民族问题的理论水平和工作方法，仍不失时机地提出了认真学习马克思主义关于民族问题理论的要求，明确指出："马克思、列宁、斯大林关于民族问题的理论与方法，是我们解决少数民族问题的最可靠的武器，只有根据这种理论与方法，我们在工作上才能有明确的方针与路线，学习马克思、列宁、斯大林关于民族问题的理论与方法，是目前我们全党的迫切任务"。

再次，提出各级组织必须从实际出发，加强调查研究，以制定切合少数民族情况的政策。从少数民族的实际出发，是把党关于民族问题的理论同民族工作的具体实践结合起来的根本途径，也是正确制定和执行民族政策的基础。红军进入民族地区以后，党鉴于少数民族经济文化落后，社会情况复杂，宗教信仰甚盛，与汉族地区存在着许多不同的特殊情况，便以红军总政治部的名义指示各军团，"必须深入开展关于少数民族情况的调查，并根据这个发布切合某个少数民族具体情况的宣传品、布告、传单、图画、标语等等"。同时，派出先遣队、工作团深入到少数民族群众中，调查社会情况，了解民情风俗，听取群众意见。后来在回民地区，总政治部更具体要求，"回民工作应以团为单位成立回民工作团，研究回民的生活习惯以及对回民的政策与方法"。为了建立党和少数民族的可靠联系，增强民族工作的针对性，党还非常重视培养和使用少数民族干部。在红军长征的过程中，党中央曾多次强调指出：必须挑选出一部分优秀的少数民族人员，"给以阶级的民族的教育，以造成他们自己的干部"。同时规定各部队的少数民族干部应"尽量集中到各政治机关的地方工作部去"，并给予"优待"，从而，充分发挥民族干部在制定党的民族政策中的参谋作用和沟通党与少数民族群众联系的桥梁作用。

颁布切实可行的清明政令

一、主张并宣传民族平等

马克思主义认为，民族有大有小，有先进和落后，但绝无优劣和贵贱之分。马克思主义坚决主张民族平等，反对任何形式的民族压迫和民族歧视。列宁说，“我们要求国内各民族绝对平等，并无条件地保护一切少数民族的权利”。中国共产党在处理民族问题上，一贯坚持民族平等这一马克思主义的根本原则。历史上长期形成的民族压迫和民族歧视，是造成民族隔阂、民族仇恨的根本原因。红军在长征的过程中，通过发布口号、印发传单、张贴标语，以及召开军民联欢会和群众大会等形式，向各少数民族广泛宣传党关于各民族一律平等的原则。1934 年 11 月 29 日，中央红军在途经广西全州、龙胜壮、瑶、苗、侗各民族聚居地区时发布的《关于对苗瑶民族的口号》就特别强调：“共产党是主张民族平等，民族自治，解放弱小民族的”。红军抵达贵州省镇宁、锦屏等县也曾郑重宣告：“不论汉族、苗族、布依族；不论各民族人口多少，都一律平等”，“政治上、经济上，苗人、侗人与汉人有同样的权利”。要求红军战士向各族人民“宣传红军的主张，特别是民族自立和民族平等”的政策。1935 年中国共产党《为抗日救国告全体同胞书》和《中央关于一、四方面军会合后的政治形势与任务的决议》也严正声明：实行中国境内各民族一律平等政策；成立真正的民族平等与民族团结的中华苏维埃。红军经过大凉山彝族地区时，红军总司令朱德发布了《中国工农红军布告》，布告指出：“中国工农红军，解放弱小民族；一切彝汉平民，都是兄弟骨肉；可恨四川军阀，压迫彝民太毒；苛捐杂税重重，又复妄加杀戮；红军万里长征，所向势如破竹；今已来到四川，尊重彝民风俗；军纪十分严明，不动一丝一粟；粮食公平购买，价钱交付十足；凡我彝民群众，切莫怀疑畏缩；赶快团结起来，共把军阀驱逐；建立彝人政府，彝族管理彝族；真正平等自由，再不受人欺辱；希望努力宣传，将此广播西蜀。”这张通俗易懂的布告，既讲明了红军的性质、任务，又讲明了红军的政策纪律；既揭露了军阀的民族压迫制度，又表明了彝族应享有的权利，对内对外都具有很大的号召力。1935 年 6 月，中国共产党中央委员会《告康藏西番民众书——进行西康民族革命运动的斗争纲领》提出“中国共产党的民族政策是主张解放各被压迫民族”；红四方面军把对待少数民族的一些注意事项编成歌曲：对待藏民兄弟一个样，说话要注意，不准说蛮子；在对回民工作的指示中说：我红军目前要“加紧争取与帮助回民走到抗日反国民党军阀卖国贼的战线上来，并联合苏维埃红军，为回民的自决与解放而斗争”。上述指示，还都强调要“坚决反对大汉族主义”。红军长征途中，能够安然通过向来被视为“恐惧之彝民山地”，并出现刘伯承将军和小叶丹首领歃血为盟、结为兄弟、互赠礼物、热情相送的动人场面，归根到底，是党的民族平等和民族团结的主张深入人心的结果。

二、保护少数民族群众利益

当红军到达贵州少数民族地区时，1934 年 12 月24 日红军总政治部发布了《关于注意与苗民关系，加强纪律检查的指示》，《指示》指出：“最近我军经过之地，地瘠民贫，苗民甚多，各部队更应向战士详细解释，严格督促。山田牛少，居民视牛如命，绝不应杀牛。土豪牛要发给群众，严厉处罚乱杀牛者。加强纪律检查队的工作，在宿营地分段检查纪律，开展斗争，立即克服一切侵犯群众、脱离群众行为”。与此同时，总政治部派出检查组深入各部队宿营地进行检查，征求群众意见，对于个别不遵守群众纪律的现象提出严肃批评，对于模范地执行“三大纪律八项注意”的红一军团进行表扬。

1935 年 1 月，红军总政治部在贵州颁布公告，特别强调：“红军是有严格纪律的军队，不拿群众一点东西，借群众的东西要送还，损坏了东西要赔，买卖按照市价。如有侵犯群众利益的行为，每个群众都可以到政治部来控告”。红二师占领遵义后，红军总政治部颁发了进驻遵义城的十二条口号及八项注意，要求红军切实遵守，维护群众利益。1935 年 1 月 14 日《中国工农红军总政治部关于地方工作的指示信》要求发动群众的工作上必须做到：没收军阀官僚地主豪绅的一切财产，除了红军必需品外，尽量发给群众，并号召群众自己动手去没收。没收地主的财产房屋山林农具分给农民。红军在上格东打了两家土豪，没收肥猪 12 头，谷子百余担。把一半谷子和部分物品分给穷人，老公公和老婆婆都高兴得哈哈笑。他们说，要不是红军来，哪能分得这许多谷子和物品！红军在贵州遵义没收了王家烈价值大洋数十万元的盐行，分配给贫民百姓。红二军团进驻滇康边的时候，给养极端困难，老百姓受反动宣传逃跑了。红军有一个连队在牛圈里发现一缸青稞，欣喜万分，将青稞倒入粮袋带走，他们见主人不在，就用红纸条写上“留言条”，同时将五十块银元和十二块云南小银币一并放入缸里，埋在原地。红一、四方面军会合后进入川北大草原藏族地区时，缺粮问题十分严重。十万大军没有粮食要走出几百里的沼泽地是难以想象的。为了保证红军的生存和长征的胜利，红军不得不在当地筹集大批粮食。怎样才能做到既收集到粮食又尽量不“与民争粮”，就成了红军的一大难题。开始红军总政治部发出了《关于粮食问题的训令》，强调“在收集的时候，必须注意发动群众来帮助，严禁侵犯群众尤其是番人回人的一点利益”，“绝对禁止强买粮食、私人买粮食、卖粮食不给钱、群众不在家不给钱”。但后来红军缺粮越来越严重，总政治部又发出了《关于收割番民麦子问题的通令》，规定：“（甲）各部队只有在其他办法不能得到粮食的时候，才许派人到番民田中去收割已成熟的麦子。（乙）收割麦子时，首先收割土司头人等的，只有在迫不得已时，才去收割普通番人的麦子。（丙）收割普通番人的麦子，必须将所收数量，为什么收割麦子的原因等，用墨笔写在木牌上，插在田中，番人回来时可拿这一木牌向红军部队领回价钱。（丁）只收割已成熟的麦子及粮食，严格禁止去收割未成熟的麦子及洋芋等。（戊）收麦子时应连根拔起或用镰刀去割，应将全丘麦田割干净，严禁零星拔麦头，践踏田中麦子”。最后强调通令应“向给养与割麦人员详细传达与解释”，并每日派人去检查，对违反本通令的事件之严重者，“送裁判所解决”。在极度困难的情况下，红军指战员仍然严格遵守群众纪律。房门关闭，没有住处，战士们就在屋檐下露营；有时遇到大雨，只好顶着被子过夜。有的连队找到羊只杀掉吃了，就把羊皮抚平放在地上，旁边写上纸条，放上银元或者留下借条，以便主人认领；有的拿了几个南瓜，主人不在，就将钱一份一份地放在南瓜的原来位置上，用了彝族的柴和菜，加倍付给银元；有的使用了群众的锅灶，离开时把锅洗刷干净。

1935 年 3 月，国民党四川省政府在一份抄发高珙十二县联团办事处电呈的训令中供认：红一方面军入川后“实施不住民房，不拉民夫，赈恤贫乏”的政策，与川军、民团“征发便利，拉夫指价”的状况形成鲜明对照。川南各族人民“不畏匪（红军）而畏团队”。蒋介石在 3 月 6 日给刘湘、潘文华的密电中称：“据报朱毛匪部窜川南时，对人民毫无骚扰，有因饿取土中萝卜者，每取一头，必置铜元一枚于土中”，严令刘湘、潘文华整顿军队、民团，借以消除红军在各族人民中所产生的巨大影响。只要红军动用群众一粮一草，没有不照价付款的。中央红军到达哈达铺，这里回民较多，中革军委颁发了《回民地区守则》，规定部队不得入清真寺，不得任意借用回民器皿、用具，不得在回民住家杀猪、吃猪肉。张国焘作出的《大举南进政治保障计划》提出五点要求，其中第三点要求为：严肃纪律，反对任何侵犯群众利益的行为，运用一切方法争取少数民族群众，不伤害少数民族的宗教感情，不许毁坏庙宇经堂，不准到群众家乱翻，不准毁坏居民房屋，在新赤区内特别要注意保护群众利益。加紧对经理和事务人员的教育和管理。红军在长征途中还非常关心各族人民的疾苦，为群众排忧解难，把没收土豪劣绅和贪官污吏的粮食、盐巴、布匹、牛羊等分配给他们。

1935 年 4 月，红九军团袭占了瓢儿井，并发动群众打土豪、斗劣绅，将没收来的谷物、盐巴分给贫民。在越西地区，红军镇压官僚、恶霸的同时，把土豪劣绅的粮仓打开，还抄出各杂货、布匹、食物，分给彝汉穷苦人民，还放了关押在监狱里的 600 多彝民。当红军驻广南寨时，国民党政府派人冒充红军纵火焚烧民房，嫁祸于红军。总卫生部长贺诚立即传令部队去救火。灭火后，召集全镇居民开会说：“这是广西军阀官僚一方面诬陷红军，一方面是残酷的使你们年终的时候，弄得无家可归。红军是帮助百姓的，我们帮助你们救火。现在你们太可怜了，哪家房子被烧的，红军愿把没收土豪的洋钱救济你们。大家到那边去领。”红九军团在云南宣威没收了一家反动的大土豪的家产，将他家堆满几屋的火腿和宣威罐头大批地分给群众，有许多贫民一个人分得了两三只火腿。在东川仅一天半时间，散发了一万多石土豪的谷子。

1936 年 3 月，红十五军团到东社后，宣传抗日主张和红军宗旨，同时开仓济贫。红军打开粮仓，招人领粮，大力宣扬“开仓济贫”，动员穷苦百姓到粮店背粮去。一些“吃饭照影影，睡觉看星星”的贫苦群众分得了粮食，解决了饥寒；许多衣不蔽体、“白天钻草窝，晚上去干活”的人家，也分得了衣物；商县孙家山有个叫狗娃子的农民，经过红军救济之后，全家才穿上了裤子，群众反映说：“红军来了，狗娃子一家能出门见人了！”有少数群众心有疑虑，不敢公开接受斗争果实，指战员就在夜里将衣物粮食送上门去。红军将兑九峪街上一家豪绅的粮店打开，开仓济贫。对其他粮店和工商业者却秋毫无犯。当地民众都十分钦敬地称颂红军是“除暴安良，打恶济善的仁义之师，一定能成大事”。红军纪律严明、秋毫无犯的消息，迅速传遍四方，原来怕红军而躲走的百姓，陆续回村。而且在物质条件极端困难的情况下，红军处处体恤各族穷苦群众。在黔东南，总政治部曾号召全军每人准备一件礼物送给苗、侗族同胞。毛泽东在黎平通往剑河的行军途中，遇见了一位衣衫褴褛、怀抱一个赤身裸体的小孩饿倒路旁的苗族老太婆，他不顾寒冷，马上脱下身上穿的绒衣，吩咐警卫员拿出为他预备的粮食，一并送给了这位老太婆。在彝族区，“不少红军战士发扬阶级友爱，脱下棉衣，取出从家乡一直带在身边舍不得穿的鞋子送给彝族同胞”。红军关心群众生活，问寒问暖，把自己的东西分给穷人。红军送给老百姓毡子、衣服、铜盆、银筷子、竹藤篮、扁担等等，红军还尽心尽力地为穷人治病、修房，帮助穷人挑水、扫地、喂猪。各族人民从红军严明的纪律和模范行动中，逐步认识到红军确实是各族人民的子弟兵。因而对红军由怀疑、疏远变为信任、亲近，并称颂红军是“天底下最好的军队”“仁义之师”“菩萨兵”。

三、尊重少数民族的宗教信仰和文化

中国少数民族各有自己的宗教信仰和风俗习惯。在衣、食、住和节庆方面也有自己的特点。坚持各民族一律平等，前提条件就是要尊重少数民族这些长期以来形成的习俗，尤其是要尊重少数民族的宗教信仰。只有这样，才能团结最广大的少数民族群众。中国共产党早在三大的党纲草案，以及四届三中全会决议中就对宗教持慎重态度，主张“革命活动不应分党派、宗教、阶级”。红军长征进入宗教信仰特别深厚的民族地区后，党的民族宗教政策也进一步完善。为了尊重少数民族的宗教信仰和风俗习惯，红军总政治部通知各部队“绝对尊从少数民族群众的宗教、风俗、习惯，并将这些习惯向战士说明”，部队每到一个地方，立即派出人员深入调查少数民族的风土民情，并印成“情况通报”供大家参照执行。红军的干部战士频繁地活跃在街道、广场、田间，写标语、讲演、唱歌、演戏，利用多种形式向群众宣传党的民族政策：“切实尊重苗族和其他少数民族的风俗习惯”，“反对伤害回、番民族的风俗习惯和宗教感情”。在红军经过信仰喇嘛教的藏民区和信仰伊斯兰教的回民区时，党都明确宣布，“回番民宗教信仰自由”，“准许人民信仰菩萨，不愿当喇嘛的允许还俗”，并规定“严禁住经堂与毁坏经典、神像及祭仪”。红二、六军团渡过金沙江进入藏族区后，还用藏文书写了保护寺庙的布告，规定红军不得随便进入喇嘛寺和民房，不准撕毁藏民贴在门上的封门“神符”和红布条，对少数民族衣着等风俗习惯不准干涉。在云南中甸时，贺龙等军团领导在军团部驻地藏经堂热情地接见了喇嘛寺派来的代表夏那古瓦、巴丹单巴等人，并接受了喇嘛寺敬献的哈达。贺龙随即致信喇嘛寺八大僧老表示感谢，讲明红军政策。为尊重民族宗教信仰，红军写出了通令全军“严禁进入寺庙”的布告，贴在喇嘛寺门前，同时加派了岗哨。贺龙亲自向喇嘛寺赠送了“兴盛番族”的横幅。红二军团的先头骑兵分队的战士们路过丽江时，事先了解到纳西族人民群众逢年过节要用红颜色表示喜庆吉祥，战士们便每人口含一朵红绸大花，头戴绿柳编的防空帽，几十匹乘骑也披红挂绿。当部队进抵丽江南郊东元桥和玉龙锁脉的“接官亭”时，受到纳西族人民持彩欢迎。进入四川乡城县时，王震、萧克给桑披喇嘛寺纳瓜活佛赠送了锦旗。红四方面军驻炉霍时，为了保护白利喇嘛寺，专门发出了布告，布告上写道：“查白利喇嘛寺联合红军共同兴番灭蒋，应予保护，任何部门不得侵犯，违者严办”。红二十五军长征过渭水，到静宁附近回民区时，为了尊重回民的风俗习惯，部队不入清真寺，不吃猪肉，不准在回民面前说猪、骂猪，不动用回民的家具。军部还向回民送了匾和银锭。到达甘肃回民聚居的兴隆镇时，军政委吴焕先对全体指战员进行了党的民族政策教育，制定了“三大禁令、四项注意”：禁止驻扎清真寺，禁止打回族的土豪，禁止在回民家中吃大荤；注意尊重回族人民的风俗习惯，注意用回民水桶在井里打水，注意回避青年妇女，注意实行公买公卖。军政治委员吴焕先和其他几位领导同志一起，在军号、锣鼓、鞭炮声中拜访了清真寺，并赠送了匾额和礼品。中央红军进入西北回民区后，总政治部发出了关于回民工作的指示，规定了“禁止入清真寺，禁止吃大荤，禁止毁坏回民经典”的三大纪律。朱德在云南和甘南，曾多次亲临清真寺与其教民首领谈话，宣传中国共产党的主张。这些行动，使当地的回民深受感动。回民们杀羊宰牛慰劳红军，阿訇摆上香案、点心迎接红军。红军离开这些地区时，有的教民首领组织教民列队欢送，有的还组织教民参加红军。红军十分尊重少数民族的语言文字，不仅尊重“彝、回民族有语言文字的自由”，重视发展民族的文化、学校，而且提倡汉族的红军指战员“学番民语言”和其他少数民族语言，优待通司（翻译）。红军和红色政权发布文告时，除使用汉文外，还使用藏文和回文。还把尊重少数民族语言文字的政策编成歌谣来宣传。

四、做好少数民族的统战工作

长征时期，中国共产党根据中国少数民族“经济与文化发展的极端落后，民族与宗教的社会关系的地位，以及他们内部反对汉族压迫的民族团结”，有些民族“内部的阶级斗争还没有显著的开展”，他们的土司、头人、管事在群众中还有权威和威信，有些地方的少数民族群众正在“他们的领导下，同国民党军阀进行流血的武装斗争”的实际情况，指出这些“上层阶层显然还带有革命的作用”，“除了极少数上层分子外，还有民族统一战线的可能”。因此，党主张“同他们订立各种政治的与军事的联盟”，通过他们去接近群众，去推动广大的少数民族群众进入革命斗争的阵营。为了争取少数民族上层人士，党和红军对少数民族上层的统治方式、思想习惯以及宗教仪式，表示尊重，不求过早地去发动少数民族内部的阶级斗争，来破坏我们同他们的反对帝国主义的一致行动。红军长征进入民族地区后，先后发出了“不打苗民土豪，不杀苗民有信仰的甲长和乡长”，在彝民区“绝对不打彝民的土豪”的指示。在藏族地区，党又规定，“不打番人土豪”，“不立即提出没收土司的财产土地”，“不没收喇嘛寺的土地和财产”。

1936 年 8 月，在回民地区，党强调除发动回民群众没收回奸与反动军阀官僚及广大回民所痛恨的大财主的土地外，不打回民土豪，而采取一种过渡的办法如减租、减息、募捐、卖粮等方式来改善回民生活和解决红军给养。而且在政治上相信少数民族上层人士，吸收他们参加各级人民革命政权建设。由于中央红军在广西、贵州境内实行了较为切合少数民族具体情况的政策，军纪严明，从而获得了镇远县苗民领袖刘秀才，黔西南布依族实力派陆瑞光、王仲芳的大力支援，使红军顺利通过了聚居于两省境内的少数民族地区。党和红军的领导人亲自做少数民族上层人士的工作。红军到大凉山彝族地区时，由于长期造成的民族隔阂和国民党反动派的挑拨，彝族聚居区人民阻挡红军通过。毛泽东亲自接见彝族头人沽基达涅，并通过他向沽基小叶丹等四个头人送了礼品。刘伯承将军与彝族头人沽基小叶丹杀鸡饮血，结拜为兄弟。席间，沽基小叶丹对刘伯承说：“明天我要沽基家的娃子到山边接应你们过境，罗洪家支抢了你们的东西，还抓了你们的人。如果明天罗洪家支的再来，你们打正面，我们从山上打过去，打到林子里，把全村都给它烧光。”刘伯承连忙解释说：“彝族内部要团结，不要打冤家，要和好；汉族彝族是一家，不要隔阂，要共同对付军阀刘文辉。”刘伯承还代表中国工农红军将一面写有“中国工农红军夷民沽鸡（基）支队”的红旗赠给了小叶丹，宣布小叶丹为中国彝民红军沽基支队队长，经地下党员向德伦做工作，小叶丹公开为红军作宣传。大桥镇附近彝族罗洪支头人罗洪点都牵着羊到城里拜谒红军，红军送给他十支枪、三匹绸子和三钵鸦片。当红军进占寿灵寺时，该寺的世袭相子（管家）益西多吉，由于受反动宣传的影响，逃到炉霍北面的泥巴沟躲藏了起来。益西多吉曾代管过炉霍县政，对康北的其他地方也有一定的影响。红军进占寿灵寺后，他派其亲信绍古到炉霍打听消息。绍古将红军在炉霍执行民族政策和宗教政策的情况告诉了他；同时，红军也派人向益西多吉做解释和动员工作，使他基本消除了对红军的疑惧。益西多吉从泥巴沟回到炉霍，见红军所为，十分感动，于是决心与红军合作。他利用自己在炉霍和康北一带的影响，派他妻子的哥哥曲吾太和寿灵寺喇嘛罗绒多吉，给朱倭的觉日喇嘛寺、甘孜喇嘛寺及甘孜县的土司头人送去他的藏文亲笔信，劝他们不要与红军为敌。由于益西多吉的工作，红军到达朱倭时，该寺的扎日活佛率领全寺喇嘛，大开寺门迎接红军，为后来红军顺利进军甘孜、瞻化创造了有利条件。1936 年 4 月，红军到甘孜绒巴岔后，德格土司动员了 2000 多土兵由夏克刀登率领袭击红军。为了不和德格土司发生激烈冲突，争取和平解决，二六五团对于德格土司的进攻，采取守势，边打边撤。红军夜袭土司驻地，俘虏了夏克刀登和另一头人曲朱土登。三十军政委李先念等领导人亲自和他们谈话，向他们宣传红军的民族政策。通过反复宣传解释，夏克刀登等对红军有了认识，于是写了一封藏文信，派人送到绒巴岔，令集结在那里的德格土司武装不要再和红军作战，立即回德格。4 月 23 日，夏克刀登在德格土司的授权下，与红军代表李先念订立了《互不侵犯协定》。从此，德格土司再也没有进攻红军了。后来，夏克刀登留在甘孜，做为红军筹集粮草的工作。甘孜博巴政府成立后，夏克刀登又担任了领导职务。在四川甘孜藏族地区，红军团结了藏族上层格达活佛，组成了甘孜藏族博巴政府，格达活佛担任了政府中的重要职务。他向藏族人民和僧侣宣传中国共产党的民族政策和宗教政策，积极为红军筹粮，保护了大批红军伤病员。松番县白羊、镇江关一带羌族土司安登榜放弃高贵的土司头衔，毅然参加红军为民族的解放光荣牺牲；甘南藏族土司杨积庆，主动撤出铁布地区的防务，将几百石仓粮用来接济过境红军。党在回族地区团结阿訇。当时对消除民族隔阂，加强民族团结，支援红军粉碎国民党反动派对红军的围追堵截，最后胜利北上抗日，起了重大作用，也是对党的民族政策、统一战线工作的一次检验。1935 年 1 月 1 日，红军总政治部发布了《关于瓦解贵州白军的指示》。《指示》指出，贵州白军之特点在于组织成分上以贵州人占多数，且包含极多苗、瑶等少数民族籍。对贵州白军士兵应提出以下斗争和宣传口号，进行瓦解的工作：

（1）不打抗日红军，哗变拖枪当红军打日本！

（2）红军为解放贵州群众而来，哗变拖枪当红军来打土豪分田地，赤化贵州！

（3）反对国民党军阀王家烈强迫苗瑶民族当兵！

（4）苗瑶弟兄不替压迫苗瑶民族的国民党军阀当兵，哗变拖枪到红军来！

（5）苗瑶弟兄红军赞助苗瑶民族解放，哗变拖枪到红军来！

（6）汉族弟兄与苗族弟兄一致配合起来，打倒国民党军阀王家烈！

（7）不受冷、不受饿，要求立即发棉衣穿，要吃饱饭！

（8）反对野蛮的肉刑，反对打骂与虐待士兵！

（9）红军欢迎贵州白军弟兄来当红军！

（10）红军优待白军俘虏兵，欢迎俘虏兵当红军！

各级政治机关深入开展调查工作，针对贵州白军不同的情况，通过火线上的喊话及大量地散发宣传品，把以上这些斗争和口号加以具体化、通俗化地深入到贵州白军士兵中去，煽动与争取他们哗变拖枪到红军中来。正因为贵州白军绝大多数是贵州人及苗瑶人，更需要我们加强地方居民及苗瑶民族中的工作，发动他们特别是白军士兵家属给白军士兵写信散发宣传品等，以散布红军影响。俘虏到时，各级工作人员必须全体动员到俘虏中进行各种形式的宣传鼓动工作与解释工作，完全消除他们对红军的怀疑与误会。在他们了解与相信红军的主张的基础上，争取他们当红军。对苗瑶士兵必须注意到他们的民族意识，依照湘江政治部关于苗瑶少数民族工作的指示原则进行教育。在生活上须尽量保证俘虏兵有饭吃并吃饱，有开水吃，并设法解决他们生活上的困难，使之从实际的红军生活中了解红军优于白军。1935 年 5 月 19 日，红一军团第一师依照中革军委命令部署，作为全军前卫，直奔西昌县境。当时刘元璋在德常与西昌间布防了第二十旅旅长兼彝务指挥官邓秀廷的人马。邓秀廷是彝族人，其有正规军两个团，并能调动附近彝民武装近万人，是当地实力雄厚的土著地主武装。刘伯承早年与邓相识，遂写了一封亲笔信，派人送给邓秀廷。信中说：红军系北上抗日，路经贵防，不以彝民为敌，彝民打枪我不还击，但路是一定要过的，请假道。精通汉文并深知刘伯承乃蜀中名将的邓秀廷见信后，遂召集军官开会说："非有我的命令，不能开枪"。红军来到时，有几个彝民不听招呼打了十几枪，邓立即用彝语加以制止。红军高喊"彝汉一家""彝汉是兄弟"的口号继续前进，顺利通过了邓秀廷的防区。红军在祥云时，广为宣传党的民族政策，优待白军士兵。上千名青年在县长杨钟寿的带领下参加了红军，其中大部分是少数民族。中国共产党对少数民族上层人士和国民党军阀中少数民族将领士兵的统战工作，使我们党团结了一切可以团结的力量，从而孤立和打击了最主要的敌人，不仅扩大了革命队伍的阵营，而且也为党的民族统战政策积累了宝贵经验。

五、协助各族人民建立自己的武装和政权

少数民族人民要谋求解放，必须有自己的武装力量。为了使少数民族早日解放出来，摆脱国民党反动派的奴役，我党主张各族人民建立自己的革命武装和政权。根据这个政策，在一些民族地区建立了少数民族的革命政权，实现了各族人民自己管理自己事务的权利。1934 年 12 月 15 日，中央红军在黔东南的黎平建立了第一支苗族、侗族武装自卫队。红军长征途经贵州瓢儿井到八坝一带，沿途有许多苗人，红军帮助他们组织了苗民自救会，成立了苗民自卫军，并发给他们十余支枪，苗人非常高兴。

中央红军渡过金沙江后，1935 年 5 月 5 日，红军在通安州的街后营盘召开群众大会，成立了通安州革命委员会。委员会设主席、副主席，劳动、财务、土地等委员，还成立了游击大队。红军途经彰冠时，又帮助当

地群众成立了以刘恒甫为主席的彰冠贫农团。1936 年 2 月，红二、六军团进占黔西县城。按预定计划，在黔西、大定、毕节地区发动群众，建立政权，扩大武装，开展根据地建设工作。经过 20 多天工作，建立起苗、瑶等各民族、各阶层爱国进步人士组成的民族统一战线，成立了贵州抗日救国军，清末秀才、辛亥革命老人周素园任司令员；扩充红军 5000 多人。1936 年 4 月 15 日成立博巴自卫军，兵力约 1000 人，有骑兵 300 余人，其宗旨是保卫博巴独立和博巴人民的利益。随后又成立了金川独立师与丹巴独立师，还组建了回民独立连。红九军团在四川披沙、松坪一带帮助彝民成立了彝民自卫委员会。红军还在会理城郊建立了革命委员会。这些革命委员会和红军一起没收地主财物，将银元、大米、衣物分配给贫苦群众。红一方面军到达四川冕宁、越西彝汉杂居地区，推翻了反动的旧政权，废除了“换班坐质”制度，救出了坐牢的各族头人，分别建立了县革命委员会，组织了“抗捐军”。在刘伯承的帮助下，拖乌地区也建立了“彝民红军”。中国共产党中央委员会《告康藏西番民众书——进行西藏民族革命运动的斗争纲领》指出，“康藏的民众要结束这种水深火热的情况”，必须“建立自己的革命政权”。又说：“这种政权是以广大的劳动群众为基础，但是不拒绝一切真正反对帝国主义国民党军阀的分子参加”。四川、云南藏族地区也普遍建立了苏维埃政府。1935 年 11 月 18 日，在绥靖成立了格勒得沙共和国中央革命政府（又称番人共和国中央革命政府，简称番人革命政府），主席克基（嘉绒藏族），副主席杨海山（藏族）、孟兴发（藏族）、马文显（回族）。格勒得沙共和国以绥靖为中心，包括丹巴、小金、金川、马尔康四县和壤塘、阿坝两县的部分地区。中央革命政府下设有绥靖、崇化、丹巴、懋功、卓斯甲、阿巴六个县级革命政府以及卓斯甲道和阿坝特区。各县苏维埃政府之下设区、乡苏维埃政府或人民政府。成立了格勒得沙革命军（番人革命军），总司令为卡格尔·江根。1936 年 2 月到 4 月的两个多月中，先后在藏族聚居的炉霍、道孚、甘孜等县建立了博巴政府（藏族人民自己的政府），县以下还建立了区、乡两级博巴政府。1936 年 4 月 15 日，在这三个县博巴政府的基础上，又成立了中华苏维埃博巴自治政府，朱德主持了成立大会。政府主席是藏族格达活佛，副主席兼军事部长是夏克刀登。1936年5月5日，成立了博巴依得瓦共和国中央政府（又称博巴人民共和国中央政府，简称博巴政府），主席多德，副主席达结、孔撒。辖区包括今甘孜、炉霍、雅江、新龙等县。共和国中央政府之下设有：(1)泰宁博巴政府。1936年4月建立，政府驻今道孚县泰宁区，主席钦多吉，副主席阿巴安吉、凯来扎巴。(2)博巴依得瓦道孚独立政府。1936年4月建立，主席觉洛，副主席荣中、张德喜。(3)炉霍博巴政府。1936年4月15日建立，主席益西多吉，副主席泽仁贡布、洛泽仁、李文海。(4)甘孜县博巴政府。1936年4月建立，主席赵承武，副主席严海云、多吉。(5)茂县回民苏维埃。1935年5月18日成立，主席、委员、秘书等，均由当地回族余登科、兰正华、许季伧等人担任。(6)绥靖回民革命政府。1935年10月成立，主席肖桦（肖福祯，阿訇），副主席周阿訇、吴三哥。各类革命政权，除有主席、副主席外，还设有若干机构或委员，分别负责地方武装、财经、交通、保卫、革命法庭、土地、劳动、粮食、内务、文化等方面的工作。少数民族地区的中央人民政府，还设有民族工作部、宗教部等职能机构或负责人。当时，对政府的工作和政权具体形式也作了规定。

1936年5月总政治部《关于回民工作的指示》要求，“启发回民的民族觉悟与斗争”，“并把斗争一直提到推翻国民党政权的统治，建立回民自己的政权”。政权可用两种方式，“在回汉人杂居的乡或区，可组织回汉两民族的乡或区的混合政府，其正副主席、代表及政府的委员人数，以该乡或区的回人与汉人数量为比例决定；在完全是回人集居的乡或村，则组织回人单独的回民政府”。各级博巴政府和苏维埃政府的主要任务是：(1)为红军筹办粮食、柴草、羊毛；(2)领导群众打土豪、分田地；(3)向逃亡在外的群众宣传党的政策，号召大家回家生产；(4)帮助群众生产，接济贫苦农民的口粮、种子，政府工作人员帮助群众犁地、打土、播种等；(5)为红军派向导、通司，并协助宣传党的政策、张贴布告等；(6)安置红军留下的伤病员。各类人民革命政权均辖若干区、乡、村苏维埃，基层政权星罗棋布，数以千计。县以下各级政府主要成员，基本上由当地少数民族人民提名，经过代表大会选举产生。各族人民实现了当家作主的夙愿。1936 年 10 月初，在半个城清真寺成立了豫海县回民自治政府。参加大会的正式代表有 180 多人，加上各部队代表和群众代表共 300 多人。一些开明绅士和宗教上层人士都被邀请参加了会议。中共陕甘宁省委书记李富春，红军部队负责人徐海东、程子华、王首道、唐天际、杨奇清和马青年都到会祝贺。会议开了五天。通过了《豫海县回民自治政府纲要和条例》和回民自治政府的有关议案。马和福当选为回民自治政府主席，副主席是李进善。下设军事部、土地部、没收委员会、保卫部。豫海县回民自治政府管辖 12 个区，五万多人口。这些革命武装和政权，在配合红军打仗、为红军运送弹药、抬伤病员、刺探敌人情报、扰乱敌人后方、维护地方治安、保卫红色政权等方面发挥了巨大作用，是红军的有力助手。尽管这些革命政权存在的时间短暂，但其意义和影响仍是十分深远的。

六、帮助少数民族发展经济、文化事业

红军在帮助少数民族建立革命政权后，积极帮助民族地区发展经济、文化事业，逐步消除历史上遗留下来的不平等。（1）兴办工业：以小手工业工厂为主，办有盐厂、工厂、茶厂，供军需民用。由于敌人封锁，民族地区物质更为缺乏，盐更为紧张。为了解决这个问题，红军驻天全某部和当地苏维埃政府聘请三位熬盐师傅作技术指导，在盐井沟打了两排灶，安了八口大锅，办起了盐厂，群众称为“红军盐厂”。每天生产雪花盐七八百斤。红军某部在芦山县东沫乡组织当地匠人，办起了工厂。设有铁工组、木工组、篾工组、缝纫组，一方面为红军修枪械，打战刀，编斗笠，缝制棉衣、八角帽等，另一方面也生产满足人民需要。红军占领芦山县后，在太平区开办茶厂，制出茶叶供藏民饮用。此外，还开采矿场山林，开发富源，以利百姓。（2）发展农业：红军在少数民族地区鼓励人民多生产粮食，多喂牲畜，不荒废土地，不种鸦片，开垦荒地。如属官地，谁开出即是谁的；如属私人山地树林，须酌给地价。对一部分特别落后的民族地区，无偿发放农具、耕牛、种子、粮食等，减轻粮税，奖励改良农具，兴修水利。实行财政补贴，发放各种贷款、救济款和补贴费。各地驻军派

出部队帮助群众抢种抢收，组织群众互助合作。少数民族群众说："红军打仗很得行，做庄稼也是内行。"苏维埃干部也带头劳动，帮助搞生产，呈现一派兴旺景象。（3）发展商业：红军在少数民族地区尽可能地发展商业，繁荣经济。红军利用打土豪得来的资本和物资办起"工农合作社""贫农合作社""百货铺"等合作性质的店铺，经营布匹、油、盐、烟、酒、针线、农具等商品，平价出卖。欢迎少数民族私人投资，并奖励他们。回番夷民自己经商采办盐巴、布匹、茶叶，提高回番夷土产价格。红军执行"保护中小商人利益"的政策，保护通商和自由贸易，恢复赶场制度，公平交易。废除一切苛捐杂税、高利贷，保护牛厂、商人、娃子和手艺工匠，打击不法商人，稳定物价，活跃市场。（4）兴办教育：红军在天全、芦山两县，创办了"工农小学"，其他县创办了夜校识字班。川陕省苏维埃、格勒得沙和博巴人民革命政府，也都创办过格勒得沙学校、列宁学校、干部训练班等，吸收劳动人民子女入学，为苏维埃政权和各类人民革命政权培养人才。甘孜县博巴政府在红军的帮助下，曾创办一所干部学校，由邵式平领导，为全县培养民族干部，从事翻译、宣传和群众工作。格勒得沙共和国决定发展格勒得沙文化教育，设立格勒得沙学堂，以格勒官话为格勒得沙共和国国语。《中华苏维埃西北联邦临时政府回、番、夷少数民族委员会布告》，提出民族工作的十二条主张，其中第八条为"提高回番夷民众的文化教育，创立回番夷民众的学校，用回番夷自己的语言文字教育回番夷青年男女，读书不出钱"。此外，建立医院，设立卫生机构，防病治病，关心少数民族人民群众的健康。

全心全意地落实执行

一、上下同心积极贯彻政策

红军长征经过和停留在少数民族地区，客观上为全体指战员造成了人人接触少数民族的机会，经过各级党组织的深入动员和认真组织，党的民族工作就变成了红军官兵的自觉行动，出现了不仅领导机关和领导干部做民族工作，而且广大指战员甚至红军士兵人人做民族工作的局面。

红军长征进入苗族地区时，毛泽东向红军战士讲述苗族的宗教信仰，并嘱咐大家在苗族地区要更好地遵守群众纪律，不许下门板，不许动苗族同胞养的羊和鱼。到了彝族地区后，毛泽东又指出：四川的彝族人和广西的苗族人都是一样，他们都是受白军压迫的民族，所以他们也最痛恨白军的。可是他们对我们就不同了，我们尊重他们，把他们看成我们的弟兄，要和他们团结起来共同反对白军压迫。中央红军进入甘肃境内的回族地区时，毛泽东具体地向红军战士阐述了回族人民的风俗习惯、宗教信仰，要求红军战士切实予以尊重，从感情上赢得回族人民的爱戴与支持。毛泽东亲自参观了清真寺，向阿訇询问了回民的生活情况，与回民亲切交谈，受到回民群众和阿訇的热烈欢迎。朱德也在有彝、汉人参加的群众大会上讲话，说彝、汉是一家，穷人要团结起来，打倒蒋介石和四川军阀，才能过好日子。任弼时亲自进行民族政策的宣传教育，动员干部战士积极开展宣传活动，揭露国民党和敌军残害苗族、侗族人民的罪行，做好沿途山寨寨主和土司头人的争取工作。长征中，林伯渠负责征粮工作。在少数民族地区，他十分重视党的民族政策，经常教育干部战士："我们是革命的队伍，我们是保卫劳动群众和少数民族的，只能打土豪，不能伤害劳动群众和少数民族。只有这样才能得到人民群众的支持和拥护"。贺龙向云南省中甸喇嘛寺赠送一块红布横匾，上书"兴盛番族"四个大字，使受尽苦难的藏族同胞深为感动。红军行军至彝民区境内三十多里的喇嘛房时，一群彝民从四面八方呼啸而来，阻挡了红军先头部队的去路，并抢劫了工兵连的架桥器材和其他用品。工作团的萧华、冯文彬出面宣传"红军彝族一家人，红军绝不打彝民"和北上抗日的道理，初步取得了彝民的信任和同情。不仅"红军各部队从军、师、团到连，都建立和健全地方工作部门，从组织上保证了群众工作的落实"，而且"健全连队中的宣传工作，实行连队写标语竞赛"。红二方面军战士在行军中不顾疲劳，坚持学习《战士读本》中的有关民族政策。为了使全军上下人人懂得党的民族政策，红二、六军团在长征中，还把对少数民族的十条纪律编成政治教材，给战士讲课。为了解决红军与少数民族语言不通的困难，红四方面军在川西北时，曾编印了一个常用的汉藏语对照表，供部队学习使用。为了推动大家以自己的实际行动加强同少数民族的感情联系，中央红军在进入黔东南苗族聚居区时，政治部即通知各部队，在苗家区域中绝对遵守纪律，并叫红军战士每人备一件东西送给苗家。在进入大凉山彝民聚居区后，也要求每个战士送一件礼物给彝民，每个连队与驻地彝民组织联欢。1935 年 6 月，红一、四方面军会合后，党更加响亮地提出："不懂得共产党的民族政策的，不配当一个共产党员，不了解争取少数民族的重要性和不参加这一工作的，不配当一个好的红色战士。"

二、严明纪律做到秋毫无犯

红军长征在寻找落脚点的过程中，流动无定，环境艰苦，容易发生违反政策触犯纪律的行为。为了保证党的民族政策的贯彻落实，党中央一再强调，必须"严格我们部队的纪律"。因此，红军各级领导机关都采取了许多措施，防止部队违纪行为的发生。中央红军进入西南地区以后，《红星报》在《怎样来克服物质条件的困难》的文章中，要求各单位在派出找稻草火把的人员中，至少有一人是"政治战士"，以保证对群众进行充分的解释工作，防止损害群众利益。当时，不仅政治机关和群众工作组织经常检查部队遵守群众纪律的情况，而且中央军委的领导同志也经常到部队进行检查。如红军进占遵义前夕，朱德、周恩来、王稼祥、李富春等亲自检查了红一军团、红三军团、红九军团执行群众纪律的情况，并随即发出指示，责令部队"严格整顿纪律"和"发动每个连队党的组织及所有的政治工作人员"，向违反纪律的现象作斗争，严厉处罚故意以及屡犯纪律的分子以至枪决。红一、四方面军会合后进入川北大草原藏族地区时，缺粮问题十分严重。红军总政治部发布了《关于收割番民麦子问题的通令》，规定：收割普通番人的麦子，必须将所收数量，为什么收割麦子的原因等，用墨笔写在木牌上，插在田中，番人回来时可拿这一木牌向红军部队领回价钱。只收割已成熟的麦子及粮食，严格禁止去收割未成熟的麦子及洋芋等。收割收麦子时，应将全丘麦田割干净，严禁零星拔麦头，践踏田中麦子。并每日派人去检查，对违反本通令的事件之严重者，“送裁判所解决”。《二、六军团长征的政治工作总结报告》中说，对发现收集群众粮食不在家而不放价条的，乱拿番民的家具携走或毁坏的，毁损了喇嘛寺内东西的，住房未打扫清洁的，打鸡子、宰小牛猪羊和耕牛的，敞放骡马于麦田的，红军均进行了纪律处分。红二、六军团进入藏族区发布的文告规定：红军不得随便进入喇嘛寺和民房，不准撕毁藏民贴在门上的封门“神符”和红布条，对少数民族衣着等风俗习惯不准干涉。当部队进入回民聚居区时，又发布了《回民区域政治工作》注意事项：进入回民区域，应先派遣代表同阿訇接洽，获得许可后才准进入回民乡村宿营，否则应露营；不得擅入清真寺，不得损坏回民经典；不准借用回民器皿用具，各部队在回民地区不得吃猪肉、猪油。长征途中，党发布了许多严格的文告、通令，保证了党的民族政策得到贯彻执行，使红军在少数民族地区的违纪行为减少到最低限度。

三、具体灵活地运用政策

红军长征前，由于王明教条主义统治着党中央，“左”的那一套不同程度地影响了各个革命根据地，使红军在地方政策上出现了许多“左”的错误，造成了“吓跑中立者，扩大敌对势力，孤立自己”的不良后果。红军长征进入少数民族地区以后，党从少数民族经济与文化发展的实际出发，改变了过去对上层的压迫者剥削者不加区别统统杀掉的做法，明确指出：有些民族“内部的阶级斗争还没有显著的开展”，他们的土司、头人、管事在群众中“还有权威与威信”，因此，主张通过他们去接近群众，做好争取少数民族的工作。

在这一思想的指导下，红军总政治部曾先后发出了“不打苗民土豪，不杀苗民有信仰的甲长和乡长”，在彝民地区“绝对不打彝民的土豪”，在藏族地区，“不打番人土豪”，“不立即提出没收土司的财产土地”，“不没收喇嘛寺的土地和财产”，在回族地区，不打回民土豪，而采取一种过渡的办法如减租、减息、募捐、卖粮等方式来改善回民生活和解决红军给养。毛泽东签发的《中华苏维埃中央政府对内蒙古人民宣言》提出："只要你们真认识到蒙古民族解放的必要，不愿做亡国奴，有反对日本帝国主义与蒋介石等中国军阀的决心，那不管你们的领导者是王公贵族或平民，我们都可以给你们以善意的实力援助……"

由于红军采取了较为切合少数民族情况的政策，从而使民族工作取得了很大的成效，最大限度地团结了少数民族。在民族地区建立政权的问题上，党中央也从少数民族中阶级分化与社会经济发展的条件出发，认为在民族地区"一般地组织工农民主专政苏维埃是不适当的"，主张在有的民族中，可以采取工农民主政府的形式，而在另一些民族中，则可以采取人民革命政府的形式。后来在回民地区，党中央更加明确地规定"凡是愿谋回族解放的贵族、阿訇及一切回民都可以参加"回民政府。所有这些，都同过去教条主义的做法迥然不同。它标志着中国共产党在民族问题上的政策已经走上了理论和实践相结合的正确道路。

四、不拘一格的工作形式

红军长征时期，党的民族工作方式方法多种多样。既以颁布关于民族政策、民族工作的法令、布告——如《中国工农红军总政治部布告》《中国共产党抗日救国十大纲领》——等庄重严肃形式来进行民族工作，也以《通知》《训令》《指示信》等普通形式来进行民族工作，如1935年1月14日红军总政治部发布的《关于地方工作的指示信》对于做好民族工作提出了具体的要求；1935年5月20日中革军委发布了训令，要求要以最大努力争取彝民群众到我们方面，并组织彝民游击队，反对刘文辉、蒋介石。此外还有《关于创立川黔边新根据地工作的训令》《瓦解贵州白军的指示》《关于争取少数民族的指示》《告康藏西番民众书——进行西藏民族革命运动的斗争纲领》（草案）等。也有散发传单，如《出路在哪里?》《中共中央告民众书》等宣传民族政策的形式。既有党和红军的领导人与少数民族上层的倾心交谈、感情联络来开展民族工作的形式，如刘伯承与彝族沽基小叶丹歃血为盟；也有开群众大会轰轰烈烈的形式，如 1936 年 3 月 7 日，红军在石楼县的双池镇二郎庙召开了上千人的抗日救国动员大会，还专门召开少数民族座谈会，讲解党的民族政策。既有红军战士在墙壁、板壁、路边石头上、岩石上写的革命标语和歌谣，如："红军到，干人笑，绅粮叫！""白军到，干人叫，绅粮笑！""要使干人天天笑，白军不到红军到！""要使绅粮天天叫，白军弟兄拖枪炮！""拖了枪炮回头跑，打倒军阀妙妙妙！"也有讲故事、快板、诗歌、扭秧歌、演戏等活泼诙谐、通俗易懂、为群众所喜闻乐见、易于接受的民族工作形式。此外还有富有地方特色的、人人熟知的陕北民歌形式——信天游："打倒豪绅地主哟，杀光反动派，男女都平等哟，人人闹革命，大人娃娃一条心，革命早成功……"这种灵活多样的工作形式，加深了少数民族对党和红军的了解和亲近，使长征得以胜利实现。

赢得信任，得道多助

在长征中经过了 10 多个少数民族聚居和杂居地区，接触了各族受苦的群众，广泛地宣传和解释了中国共产党的民族政策，使绝大多数兄弟民族了解了中国共产党和红军的革命主张和抗日救国的道理，用铁的事实驳斥了国民党反动派的欺骗宣传，加深了少数民族对党和红军的认识。红六军团经过清水江流域的南嘉地区时，任弼时令红军在沿途张贴布告，散发传单，扶危济困，对山寨主、土司、头人进行争取工作，使苗、侗两族同胞很快消除对红军的误解，并变敌对为友善。苗族人民称赞红军是"天底下最好的军队"，"红军是穷苦人民群众自己的队伍"。红军在六甲地区作战，枪声一停，当地苗、瑶等少数民族群众就自动地给红军送来了饭菜，送来了茶水。"我记得当部队进入距宣威县城还有二十里地的徐屯、核桃园、观音堂、来宾铺一带时，当地人民听说红军来了，贫苦农家纷纷开门欢迎，有的人家还把糯米粑粑、饵块拿出来给过路的红军吃，以表达他们欢迎红军的心愿。"在越西地区，红军废除了国民党对彝族人民"以彝治彝"的政策，废除了"换班坐质"的做法，发给他们新衣服，还备酒饭款待，发银元作路费让他们回家。将越西县府地亩粮册簿和人犯、人质等文书档案全部焚毁，彝族人民感激红军的恩情，高呼："红军卡沙沙（感谢红军）！""红军哇哇苦（红军万岁）！"称"红军彝民一家人"，藏族人民把红军说成是"菩萨兵"，回族人民称红军是"仁义之师"。1936 年 4 月，红二军团先遣队四师越过玉龙关要隘，前锋骑兵连进至东元桥时，几十名纳西族同胞持彩旗迎接红军进丽江城。红军北上以后，国民党军队和地主还乡团卷土重来，重新统治了各民族地区，实行惨无人道的大屠杀。土家苗族聚居的永顺龙家寨被杀害的有 400 多人；龙山县茨岩塘，红军走后 3 天内就有 150 余人牺牲在敌人的屠刀之下；在藏族聚居的甘孜县，红军走后的第二天，博巴政府的工作人员就有 40 多人惨遭屠戮。但是敌人的淫威并没有吓倒受过党教育的各族人民，他们在那风雨如晦、昏天暗地的日子里，仍日夜思念着党和红军，盼望红军多打胜仗，早日回来。在苗岭山区，苗族人民深情地唱着：穿起草鞋踏刺窝，再苦几年算什么？盼到红军回来后，分田分地好生活。红军穷人心连心，鱼水关系怎能分。红军爱民如亲人，穷人永远念红军。在雪山草地，藏族人民唱道：红军给我一块钱，镰刀斧头在中间。装在罐里埋地下，等待红军早回转。红军好，红军亲，红军一心为穷人。留的茶叶能治病，穷人日夜盼亲人。《博巴第一次全国代表大会宣言》说得好：为了感谢红军诚意，藏族人民愿与红军订立"永远的盟好"。大凉山的彝族人民还把当年出生的婴儿取名为"红军仔""红军女"。这些都表达了少数民族对党和红军的深切思念与感激之情。

一、保证红军安全过境

红一方面军渡清水江时，苗、侗族群众积极为红军侦察水势，寻找渡口，收集船只，扎结木筏，协助红军闯过清水江。红军来到金沙江边后，当决定在绞车渡渡江时，"当地彝、傣、汉各族群众都赶来支援，三十六个船工九天九夜不停地划船送红军过江"。从此，中央红军跳出了几十万敌军围追堵截的圈子，取得了长征途中具有决定意义的重大胜利。后来红六军团人马离开清水江地区时，苗、侗同胞得知红军渡江有困难，又积极为红军侦察水势，收集船只，架设浮桥，协助红军在清江县的南家堡渡过了清水江。中央红军渡安宁河后，由傈僳族农民纪老大做向导，登上了土地梁。谁知土门子一姓童的地主派了一些傈僳族人在此堵截，他们看见有大队人马走近，便放起枪来。纪老大连忙用傈僳话喊道："我们是自己人，不要打自己人！"傈僳人听见纪老大解释以后，就退开了。入川后，要先期抢渡大渡河，就必须争取和平通过彝族区。大凉山彝族区，历来被视为"畏途""兵家忌地"，历史上兵败此地是不乏先例的，太平天国石达开部就是在这一带陷入四面楚歌而被彝族、藏族土练配合清军消灭的，蒋介石也曾幻想红军做石达开第二。但刘伯承率红军先遣队进入彝民区后，耐心做彝民的工作，说明我党和红军的主张，刘伯承将军还与彝民首领沽基小叶丹杀鸡饮血，结为兄弟，沽基彝民非但不打红军，而为红军引路及招抚"阿越""罗洪"等十余部落。"小叶丹专门派沙玛尔各、沽基子达等人给红军当通司，护送红军到拖乌，再由沽基其他支一站一站送到箫箕湾。沿途山上山下，到处是成群结队的彝民，发出'啊呼！''啊呼！'的吆喝声，这是彝民笑逐颜开地在迎送红军过境"，使红军顺利通过了彝族地区，及时赶到了安顺场渡口，从而为突破天险大渡河赢得了宝贵的时间。红军进占茂县前夕，守城川军砍断了横跨岷江两岸的大篾索桥——镇西桥，码头也被烧毁殆尽，船只也被烧毁，红军不能过河西进。当地羌、回各族人民成立架桥队，将竹木板等架桥物资运到工地，打成四根各长三十多丈的桥绠，抢时修复了这座桥。他们还筹料，解木板，赶制出木船七八只和木筏多只，动员船工支援红九军七十五、七十六团渡过海子。威州索桥和堡子关索桥是通往里番、草地和大、小金川的交通咽喉。1935 年 5 月，进占茂县的红军沿岷江南下，威州团总徐银波、郑伯南在逃离前令团丁将这两座索桥砍毁。威州和克枯乡等地的羌族群众冒着蒋帮飞机的轰炸和扫射，于 6 月 7 日架好了这座桥梁。6 月 21 日两桥再次被蒋帮飞机炸毁，威州和克枯乡羌族群众再次修好了这两座跨度近两百米的索桥，有力地保证了主力红军向里番一带运动。此外，为了支援红军尽快占领岷江以西地带，汶川、里番、茂县的各族群众，还协助红军修复跨度百米以上的索桥九座，渡索多处，还修造了渡船、排筏等一批渡河工具。红二、六军团过金沙江北上时，丽江的纳西族、傈僳族、苗族等各族群众为红军渡江做到有人出人，有力出力，路熟的自动为红军当向导，会木工、打铁的，则帮助红军扎木筏，会摆渡的则为红军当船工，全力支持红军过江。在鹤庆，当地的白族人民对红军十分友好，群众听说红军要过江，当即就有猎人、木匠奋勇报名，愿为红军当向导，造木筏。巴塘县仁波寺喇嘛拉波，是成百上千名红军向导中的一个。1936 年红二军团穿越康南地区进入巴塘县境时，拉波主动要求为红军带路、当翻译，一直把红二军团从巴塘送到甘孜。他返回途中被坏人出卖，英勇就义。红军在藏族区过雪山草地时，更离不开藏族向导的指引。可以毫不夸张地说，没有少数民族群众为红军当向导、做翻译、递情报、当挑夫、架桥摆渡，红军要想通过冰封雪冻的民族地区是不可想象的。

二、解决红军生活困难

肖锋在长征日记中写道：1935 年 1 月 7 日红一方面军经波中场到达瑞湖峪宿营，行程九十里。数天来全在苗胞地区活动，苗民很穷，没有衣服穿，一家人只有一两条裤子，谁出去谁穿。他们都养猪，送猪支援红军，我们很感激。九军团进入四川披沙、松林坪一带，经过做民族工作，当地有三处彝民送牛、羊慰劳红军，还送给红军几匹马。定乡桑披喇嘛寺派寺僧通知藏身深山的群众回村，把粮食集中到寺庙里卖给红军。集中到寺里的小麦、大麦、青稞、荞子堆得像小山一样。龙绒喇嘛寺经“堪布会议”研究决定，赠送红军青稞 15000 斤，并派人到附近农村动员群众出售粮食 46000 多斤，以及大量肉类和酥油，帮助红军克服了困难。刘伯承与沽基小叶丹歃血为盟后，不但红军先头部队顺利通过了彝族区，“此后红军全部过此彝民山时，彝民则牵牛送羊欢迎于道旁。”红二、六军团经丽江北上渡金沙江时，红军手中握有云南货币“滇票”，过金沙江进入川康地区后就不能用了，这会给红军生活带来一定的困难。红军供给部想用“滇票”换银元，纳西族、傈僳族、白族、苗族各族人民全部按比价给予兑换，积极把羊皮、红糖、盐巴、生姜和辣椒出售给红军，支援红军过雪山之用。当红军到达巨甸时，当地各族人民，不分男女老幼，他们身背肩扛，从远地赶来，把最好的糯米粑粑和最新榨出的红糖一筐筐、一箩箩地送给红军。为了给红军筹集粮草和各种物资，各少数民族地区人民自己宁可上山挖野菜充饥，而把省下来的口粮支援红军。仅甘孜白利寺僧俗群众半年内交纳的“拥护红军粮”就有青稞134石另八斗，豌豆22石，还支援军马15匹，牦牛19头。夏克刀登被红军争取后，帮助红军筹集了150头牛、53匹马和大批粮食。丹巴县巴底乡贫苦农民格达一先，把家里仅有的玉米馍和留做种子用的3斤二季豆也毫无保留地送给了红军，又用自家的麻为红军织了15双草鞋。四方面军南下后，格勒得沙共和国各级政府普遍成立粮食委员会，为红军筹集粮食。仅绥靖、崇化两县粮食委员会就为红军筹集了4000石粮食。丹巴县格勒得沙政府协助红军筹集粮食50万斤，食盐4000多斤，还有大批油、肉等物资。道孚县博巴政府为红军筹集粮食3000多石。各族人民或肩挑、背扛、牲口驮，把粮食、布匹等物资运往前线或供应地。各族妇女也积极行动起来，给红军做鞋、缝衣服，缝子弹带、捻毛线、织毛袜、做皮衣、熬茶膏、磨糌粑，烧水煮饭。红一、四方面军1935年会师和红二、四方面军1936年会师前夕，金川和康北藏族妇女曾开展迎亲人活动，教红军指战员们捻毛线、织毛衣、做皮衣、熬茶膏、做肉干等，以解决衣着食用等问题。当地群众还用油来炒玉米、黄豆等，为红军行军做干粮。红军在黑水的瓦布梁子附近及茂县境内，开设了三个熬盐点。一处在藏民陈克基房侧的大坝子上，有盐锅十八口，由茂县的羌民罗西吾基等四人指导藏族群众工作，两个月时间内就熬制土盐2500余斤，缓解了红军吃盐的困难。芦山县苏维埃政府为了解决红军和金川地区人民的茶叶供应问题，还兴办起了茶厂。1935年，永保县交军鞋5200多双，郭亮县交军鞋5800多双，桑植县交草鞋5000多双、布鞋5600多双。大庸县还有40余名妇女参加缝工连，夜以继日地为红军赶制军服。正是各族人民无私的支援，才使数万红军在长期艰苦转战中，渡过了重重难关，得以生存和发展。

三、救护红军伤员

红军长征中，伤员很多，因病不能随队的也不少，红军所到之处，各族人民主动承担起救护伤病员的繁重任务。他们为伤病员端茶送水，煎汤熬药，在他们的精心护理下，大部分伤病员很快康复，重返战场。中央红军长征经过贵州镇宁六马时，一位红军战士因病留在布依族农民黄大娘家里，黄大娘像慈母对待儿子一样照料这位战士。国民党乡保长和地主闻讯赶来，强迫大娘交出红军战士，但任凭敌人严刑拷打，她始终没有吐露真情。1935 年 1 月红三军团教导营战士在青杠坡战斗中，一位腿部负伤，不能动弹，一位肩部锁骨受伤，不能随军行动，一位生重病，躺在树下，被当地苗民赵原洲、赵银安、钱贵和背回家中，掩护治疗。敌伪团防队长袁少云带领团防队来搜查，先被他们藏在窑洞里，后又被他们送到陶场坝的一个亲戚家里，一直到把他们的病治好。1935 年上半年，红二、六军团 35 名伤病员由永顺龙家寨 17 户土家族、苗族贫农负责护理。红军离开后，这 17 户农民把红军伤病员隐藏在一个深山岩洞里，轮流守护，历时 5 个月没有暴露目标，后来全部由红军派人接走。红军主力进占茂县后，部分部队仍在安县、北川、江油一带与川军进行激烈战斗。土门区羌族人民组成担架队，从观音梁子前线接送红军伤、病员到后方，安置在土门黄金湾一带羌族群众家中治疗。茂县羌族群众腾出住房给伤病员住，还上山采药或献出治病药方，帮助红军医务工作者克服药物不足的困难。伤病员的日常护理及砍柴、背水、运粮、煮饭以及换药、洗衣服等工作，都由当地群众担任。红军在藏区留下的伤病员最多，仅甘孜、道孚、炉霍一带就有三四千，藏族爱国进步人士格达活佛组织藏族群众，冒着生命危险分散隐蔽轻伤员，并把重伤员集中到寺庙里由他亲自治疗，使 200 多名红军伤病员全部得救并保护了这批伤病员。炉霍县各级博巴政府在主席益西多吉带动下，在发动群众分散隐藏红军伤病员的同时，将一批轻伤员分批送往道孚县博巴政府，再由道孚县博巴政府设法将他们送回内地。红军老战士李孝华回忆当年的情况时说：“那时我病了，藏族老乡把我背到他家里，养了三年多，他们对我像对待自己的儿子一样。国民党匪军前来搜索时，便把我藏在喇嘛寺里，以后又转移到深山里，经常给我送吃的东西。有一次国民党部队把大刀架在藏胞脖子上，逼他把我交出来，然而藏胞宁肯自己死了也不交，这样才把我保护了下来!”正如国民党炉霍朱倭政务委员张思本在呈报中写的：“红军散居乡间，因其刻苦耐劳，康民多不肯报，故未查获”。各族群众舍生忘死保护红军伤病员，不仅减轻了红军转战途中的负担，而且也充分表现了各族人民对红军的深厚情谊。

四、踊跃参加红军队伍

中央红军经过黔西北时，有苗、回、彝、汉各族青年 5000 余人参军。1934 年 12 月 15 日，红一军团一师三团九连在苗胞区扩红 4 个新战士，16 日在新柳全团扩红 75 人，有许多苗胞参军，17 日在鳌鱼咀七连扩红 4 名，都是苗胞兄弟。19 日在河口镇二连扩红 5 个新战士，都是苗胞。红军经过大凉山越西时，在两三个小时内加入中央红军第十一团的就有七八百人之多，其中彝族奴隶有 100 多人，被单独编成一个连，称为“倮倮连”。四川披沙、松林坪一带有 30 多个彝民当红军。红军在普格的三天时间里，就有 34 人参加红军，其中有彝族 21 人。在云南东川，“干人儿如山如海似的拥入红军，不到一天半的时间，便扩大了八百多个红军”。在川康藏区，也有成批藏民参军，仅丹巴县巴底乡就有 271 人，党坝乡参加红军的少先队员有 72 人。北川县藏族乡参加红军的也有 52 人。茂县城附近就有 1000 多名各族青年参加红军。羌族地区茂汶县甘堡乡有 200 多人参军。1935 年，红二方面军从湘鄂川黔根据地出发长征时，许多土家族优秀青年参加红军，龙山彭武才一家五口互不相让，都参加了红军。平武县黄羊关的藏族青年杨光金、杨光文、杨光国三兄弟同时参加红军。里番有一藏民，母亲叫板凳桌，当时已 59 岁，大女儿银花 25 岁，二女儿幺妹 15 岁，小儿子唐子全 11 岁，红军到里番后，银花首先参军，改名姜秀英。她又动员母亲和弟妹也参军，于是，板凳桌一家四口都当了红军，一直到了陕北。1936 年 4 月，红三十军在一个月的时间里，从道孚、炉霍、甘孜等地吸收了

200 多名藏族群众参加红军。在藏、羌、回地区，出现了父母送儿子、妻子送丈夫参加红军的动人场面。在甘肃有上千回族青年参军，其中还有些阿訇等爱国宗教人士，他们都在中国革命的危急关头，毅然走上了革命道路。

五、武装配合红军作战

红军长征中非常重视帮助少数民族建立自己的武装。1934 年 12 月，中央红军在湘黔边建立了苗、侗人民游击队，这支游击队配合红二方面军广泛开展游击战争，多次掩护红军，与敌人作战百余次，打退敌人 100 多个团的“围剿”，牵制了敌人的大量兵力，有力地支援了红军长征。红二方面军长征中，在黔西组织了数十支人民自卫队，其中黔西县有 6 支，大定县有 13 支，毕节县有 30 多支，赫章县有 3 支。红二方面军在威宁歼灭国民党第七十九师两个团的战役中，威宁苗、汉人民自卫队立了战功，得到红军的嘉奖。

红三军团长征到越西后，成立了以王观澜为主任的县革命委员会，并组织了一支 100 多人的县游击大队，其中有一个彝民班。红一军团在冕宁地区建立了彝汉人民的武装力量——抗捐军。红四方面军在甘孜一带帮助建立了博巴独立团、游击队、骑兵大队等，这些藏族人民自卫武装除了协助红军突破或击溃各种反动武装的包围与进攻外，还担负起搜查山林草原，消灭散兵游匪，发动群众，站岗放哨，检举坏人，组织购粮队、运输队等任务，藏族人民为红军北上抗日尽了光荣的义务。

长征胜利的第❺个理由

及时有效的政治宣传

思想政治工作是中国共产党的光荣传统和政治优势。在长征途中，党和红军的思想政治教育灵活多变，种类繁多，既有传统的灌输教育，也有根据主题展开的各项活动，为长征的胜利提供力量源泉和政治保证。

其一，大力宣传党的正确路线方针，发挥思想政治工作的导向功能。

长征过程中，由于政策的调整、错误路线的干扰，红军官兵统一思想认识和保持纪律作风成为一项难题。为了保持红军思想和行动的统一，红军总部时刻关注战士的思想情绪，进行主动、及时、有针对性的引导，维护稳定的局面。遵义会议之后，党中央、中央军委、总政治部就加强红军思想政治工作发出的指示、训令、命令、规定、决议、决定、通知就达40余件。部队执行严格的群众纪律不仅得到人民群众的大力支持，也使战士强化了对党和红军的信任。每个参军战士都由对革命目的不认识到拥有对终生为之奋斗的政治目标和斗争信念。

其二，围绕统一红军的思想意识行动，发挥思想政治工作的保证功能。

周恩来曾指出："一切政治工作，要服从整个作战计划；一切政治工作，都要为着前线上的胜利。"红军在长征中反映了我军的特有优势：军民一致、官兵一致，体现了党对军队的绝对领导。统一的思想是部队战斗力的灵魂所在，广大政工人员通过不断的宣传教育和战士的自我教育，增强官兵的政治责任感和革命荣誉感，树立对共产主义理想和无产阶级事业的坚定追求。在长征途中，中国共产党对全体官兵树立革命的理想信念，学习马列主义，经过二万五千里的“播种”，使红军的战斗力和凝聚力大大提高，成为无坚不摧的英勇队伍。中国共产党通过坚持不懈的政治工作，使全军上下形成了严明的纪律，统一了思想，在政治上、思想上、行动上与党中央保持高度一致，促成了长征的最终胜利。

其三，达到阶级友爱和官兵的团结一致，发挥思想政治工作的协调功能。

长征的胜利，关键在于广大红军官兵的团结一致，他们深深懂得团结就是力量。1935 年陈云曾感叹说：“赤军兵心之团结及士气之旺，为国内任何军队所不及。”思想政治工作是协调官兵、军民、党员与群众关系的重要方法，红军并非用行政命令的方式来沟通，而是把群众、战友当作自己的亲人，让他们体会到家的温暖，在一片和谐温暖的环境中用民主的说服教育方式达到互相理解、精诚团结的效果，凝聚全军的力量，大大提高军队的战斗力，把全体军民的爱国热情和共同理想融入人民群众中去，使之成为全体军民的精神支柱。由于指挥员和领导的模范带头作用，迅速感染了各地官兵的热情和信心，快速投入到红军的大家庭中，在集体主义的熏陶下，红军英勇杀敌，不畏艰难，浴血奋战，最终胜利会师。

其四，争取沿途人民群众对红军的支持，发挥思想政治教育的育人功能。

红军长征是依靠各民族人民群众的历史，沿途不断宣传群众、组织群众，不断壮大红军队伍。红军长征路线集中在中国的西南、西北地区，而这里正是少数民族聚居地区，红军用坚定的信念和不屈的精神传播着中国共产党的革命理想和精神，使生活在社会最底层的人民群众义无反顾地加入红军队伍，为了国家的安危和自身的解放，辨明方向，宣传思想，提高觉悟，认识到只有红军的道路才是他们解放的道路，他们纷纷要求参加红军队伍。中国共产党根据不同地区不同民族采取具有针对性的政策和措施，促进民族的联合团结，改变少数民族的成见，尊重少数民族的风俗习惯，消除民族隔阂，增进民族感情，消除群众的疑虑，成功争取了少数民族人民的支持，为红军输送了不少的新生力量，赢得了民心，最终取得革命的胜利。

宣传党的政治主张和红军的使命

红军长征，是在第五次反“围剿”失利的情况下，被迫进行的战略转移，是撤出原有的革命根据地（如中央苏区、鄂豫皖、川陕、湘鄂川黔），战略转移至国民党统治薄弱的地区开辟新的革命根据地的军事行动，且“建立新苏区”一直是红军在长征中的基本口号之一。如中央红军一开始撤离中央苏区时，计划转移至湘西，与红二、六军团会合，建立新的湘西苏维埃革命根据地，后又根据新的革命形势，转而计划建立川黔边根据地，或在云贵川地区建立新苏区，后又准备赤化四川，建立川西新苏区，在一、四方面军会合后，中共中央提出创造川陕甘苏区的主张，至长征胜利后，建立陕甘宁革命根据地。因此，红军长征不是单纯的军事转移，在长征沿途，红军除了行军打仗之外，仍肩负着在苏区一样的政治使命，那就是宣传群众、发动群众、争取群众、武装群众、建立革命政权、创建革命根据地的艰巨任务。

要实现这一任务，就必须通过张贴标语、口号，组织集会、讲演，进行革命宣传演出，利用宣传队宣传等各种宣传方式，向沿途群众宣传共产党和红军的主张，启发他们的觉悟，最广泛地争取沿途群众对红军的支持；通过打土豪、分财物，建立革命组织和团体，成立革命政权，鼓动群众参加红军和游击队等途径，使沿途群众在行动中得到革命锻炼，进而参加到革命队伍中，在共产党的领导下，参加到反帝、反封建的革命斗争中来。

一、用大白话向沿途民众讲解

红六军团进入贵川，群众对中国共产党和红军“不大了解”，以至于

"碰到很多笑话"，"国民党反动派一再宣传什么'共匪、共匪'，有些年轻人不知道'共'是什么，'匪'是什么，他们看红军纪律好，就不躲，红军问他们：'我们怎么样?'他们说：你们好！你们共匪好！"

这一通大道理，中国共产党人该如何讲起，长征中，衣着破烂却又斗志昂扬的"扛枪人"一队队地向前开进，而这幅景象就足以让身处穷乡僻壤、深山老林的百姓充满了恐惧和惊奇，纷纷逃离家园，躲进深山。望着从家门前开过的队伍，却未见村庄里有丝毫异常，早前所谓的烧杀抢掠、鸡飞狗跳的恐惧景象并没有出现，甚至自家里水缸装满了水，米缸虽空，却在缸底发现了银元，自家的小院显然被打扫过了，大树上、墙壁上、篱笆上、岩石上，或挂、或贴，或刻上了符号文字，实属生平所未遇，先前所有的恐惧变为疑惑，红军是什么样的部队?

红军所过乡镇、城市，满街标语，花花绿绿，好似过年，商铺、饭馆照常开业，士兵们买东西一样付钱，公平买卖，只是附近的地主富户被没收了家产，县衙被夺取，监狱里关押的穷人被释放，粮仓、盐仓被打开，向百姓发放。与平时所见的官府军队毫不一样。人们不禁疑惑：红军是一支什么样的部队？红军是穷人的军队。

红军在长征中曾广泛印发名为《红军是什么》的传单和小册子，向沿途广大群众宣传红军的宗旨和性质，让群众了解中国共产党和中国工农红军。红军在长征中张贴的大量标语中，有很大一部分是宣传介绍中国共产党和工农红军的，诸如"共产党是无产阶级政党""共产党是领导全国民众抗日的政党，一切真正抗日反蒋的人们都可以参加共产党""共产党是唯一为解除弱小民族痛苦的政党"，共产党和红军的任务之一是"没收地主阶级的一切土地分配给农民""取消一切高利贷"，并号召群众"拥护中国共产党"。宣传红军的诸如"我们是无产阶级的军队""红军是工农的武装""红军绝对保护工农利益""红军是穷人的军队"。中国共产党和红军通过这种比较容易理解的话语把共产党、红军以及其革命任务介绍给沿途百姓，使他们对共产党和红军有了初步的认识。

红军是有严格的纪律的军队，不拿群众一点东西，借群众的东西要送还，买卖按照市价。如有侵犯群众利益的行为，每个群众都可到政治部来控告。

对白军士兵，红军在宣传中，将白军所遭受的压迫和红军战士在部队中生活进行比较，鼓动白军士兵不要为追堵红军卖命或掉转枪口过来参加红军。

除了向沿途群众、白军士兵开展宣传，讲解红军和中国共产党的性质和主张，“再没有比用实际行动来宣传红军的了”，长征中，红军用实际行动告诉沿途群众，他们是穷人的军队。红军人员曾告诉斯诺：“沿路‘没收’有钱人——地主、官吏、豪绅——的财物来作为自己的给养。穷人则受到了保护。”有时有大量的“剩余物资”，“多得红军都携带不了，这些东西就分配给当地的穷人。……红军从江西出发时从自己的银行里带来了南京的钞票、银元和金、银条，路过穷苦的地区时，他们就用这钱购买所需要的东西。红军所到之处，地契烧毁了，捐税取消了，贫苦农民武装起来了。”“除了在四川西部的经历外，他们到处受到农民群众的欢迎。他们的名声早在他们来到以前就传开了，常常有被压迫的农民派人来请求红军绕道去‘解放’他们的地区。他们对红军的政治纲领当然并没有多少认识；他们只知道红军是‘穷人的军队’，这就够了。”

二、高举北上抗日的大旗

1931 年日本制造了九一八事变，从此之后，日本侵略者不停步地向中国进攻，企图独占中国，民族危机进一步加剧，民族矛盾急剧上升，中华民族与日本帝国主义的矛盾逐渐成为社会主要矛盾，抗日救亡逐渐成为时代主题。在此背景下，中国共产党提出红军北上抗日的口号，举起红军北上抗日的大旗。

中国共产党和红军的长征，自始至终是与抗日救国的伟大事业紧紧地联系在一起的。在红军长征中，始终有一个明确的方向，那就是北上抗日，中国共产党即使在去路难定、情况危急的情况下，从未放弃北上抗日的主张。

北上抗日是中国共产党和中国工农红军在日本帝国主义侵略中国东北

时就已提出并向全国公布的主张。九一八事变后第三天，中共中央即发表了《反对日本帝国主义侵略中国的宣言》，1931 年 9 月 22 日，中共中央作出《关于日本帝国主义强占满洲事变的决议》，1932 年 4 月 26 日，中华苏维埃临时中央政府即发布了《对日宣战通电》，宣布“对日战争”。由于国民党政府的反革命“围剿”，使得红军对日作战无法实现。1934 年 7 月 15 日，中华苏维埃临时中央政府与中国工农红军革命军事委员会发布了《为中国工农红军北上抗日宣言》，指出：“苏维埃政府与工农红军，为了要动员全部力量向日本帝国主义直接作战，不能不首先同进攻我们的百万国民党匪军血战，保持已经脱离了帝国主义羁绊的自由的苏维埃领土……在同国民党匪军的优势兵力残酷决斗的紧急关头，苏维埃政府与工农红军，不辞一切艰苦，以最大的决心，派遣抗日先遣队北上抗日。”

在中央红军开始长征前，中革军委就派出红七军团以“北上抗日先遣队”的名义出征，先遣队武器很不足，但部队随带的宣传品却达 300 多担，包括中央印制的“中国能不能抗日”“一致对外驱逐日本帝国主义出中国”“拥护红军北上抗日”等大量宣传品，总数达 160 万份以上。红六军团在向西“探路”过程中始终进行着抗日宣传，程子华、徐海东率领的红二十五军也是打着“北上抗日第二先遣队”旗帜开始战略转移。这些部队在沿途开展群众工作，扩大了党和红军的影响，揭露了蒋介石的卖国、内战政策，宣传了中共抗日主张，推动了抗日运动的发展。

长征，使北上抗日这一战略方针进一步明确，并把这一主张通过标语、口号以及传单、宣言的形式传播到沿途广大群众中去，使沿途各界百姓懂得抗日救国的道理，纷纷起来参加抗日救亡运动。长征沿途，红军战士在所占领的城镇和乡村，利用战斗间隙，或召开群众大会，或散发传单，或书写标语，广泛地宣传了党的抗日救国主张。长征路上，诸如“民众全部武装起来对日作战”“红军是民众抗日反帝的主力军”“国民党卖国，共产党抗日”“收复失地，还我河山”等等抗日救国的标语比比皆是，有的一直保留至今，成为历史的见证。据《燕山红旗》记载：红军在这里留下了大量的标语，宣传党的抗日主张，在石峰村民管南兴的右边厢房朝西的白灰粉墙上，依稀可以看到“白军士兵要抗日反帝，就要到苏维埃政权底下来”，在左边厢房朝西的白灰粉墙上，又有“全中国抗日的工人农民士兵团结起来，实行对日作战”“反对日本帝国主义侵占福建”，落款全部是“红军”。

在宣传红军北上抗日的同时，则是进一步揭露蒋介石集团积极内战、卖国的行径。标语口号如“国民党在两年之内出卖了东三省，出卖了松花江，出卖了热河，还要把中国一把连卖给帝国主义，打倒帝国主义走狗国民党!”“消灭日本帝国主义和一切帝国主义军阀!”还有红军剧社演出的节目，如《亡国恨》《一车子弹》等。红四方面军政治部在《进入甘南地区后四方面军政治工作的中心任务》中要求：“各部队每进入一个地区要采取一切方法，如举行群众大会、化装宣传、挨户宣传、表演新剧与群众开联欢会等扩大宣传我们抗日反蒋主张，抗日红军的胜利，日本和蒋介石灭亡中国罪恶，特别是要揭破敌人的造谣欺骗，大大的号召群众起来参加抗日反蒋。”萧克认为：“长征中的政治工作那是做得好的……搞宣传，走一路，宣传一路，总口号是‘抗日反蒋’。”红六军团“南渡澧水后，就由夏曦同志起草了抗日反蒋的六言韵文布告……这是一个好的布告，原文记不全了，但前后几句话我还记得很清楚：前面几句是‘我们工农红军，志在救国救民，实行抗日反蒋，消灭卖国巨憝’。末尾两句是‘大家起来救国，胜利终归我们’。我们边走边打边宣传，严守三大纪律八项注意。”红军的抗日宣传取得了很大的成效，不但沿途播撒了抗日的希望，也直接有助于壮大红军实力。红六军团“到新化，号召凡愿意打日本的，红军都欢迎”，“这样一路宣传抗日救国和打倒蒋介石的道理，对国民党统治区的震动很大”。红二、六军团“在长途行军写号召敌军官兵与我们一致抗日救国的标语口号和张贴各种抗日的传单与宣传品，是没有哪天间断了的”。“北上抗日”是红军长征的出发宣言，是红军长征的战略总方针，红军长征胜利到达陕北，使陕甘革命根据地真正成了中国共产党抗日救国的前进阵地，红军长征最终以实现“北上抗日”的战略总方针而告胜利，中国工农红军由此走向了抗日的前沿。

宣讲最高理想，号召武装斗争

多样的宣传方式，传递着一个主题，那就是开展革命斗争。党的最高理想和最终目标是实现共产主义。中国共产党只有通过武装斗争来推翻反动政府的统治，才能为实现共产主义铺平道路。因此，即使在长征这样充满艰辛和危机的时期，党也没有放弃宣传自己的理想和主张。宣传共产主义理想，宣传的内容包括宣传中国共产党的性质和作用，党的纲领及政策主张。如“共产党是无产阶级的政党”“只有共产党才能救中国共产党是中国革命唯一的领导者拥护中国共产党”“共产党是替穷人找饭吃的政党”等等。

当时党和红军的任务之一就是实行武装斗争和土地革命，推翻国民党反动政府及军阀的统治，因此，在长征中，中国共产党也在不断地把这种主张灌输给群众，争取广大群众的拥护与支持，号召人民组织起来，为反抗阶级压迫和国民党的暴政而斗争。宣传打土豪、分田地，实行土地革命，建立新苏区和革命政权。这体现在红军所提出的标语、口号中，如“打土豪分浮财”“打倒土豪劣绅农民起来实行土地革命农民暴动起来实行土地革命不交租、不还债”“没收地主阶级的土地财产房屋森林农具，分给贫苦的农民”“焚烧田地契约，取消苛捐杂税”“不信神仙皇帝，打土豪分田地”“红军保护干人分田地”“打倒卖国的国民党”“打倒蒋介石”“打倒国民党地主军阀打倒贪官污吏反对国民党出卖民族利益只有苏维埃才能救中国”“创造新的苏区”“赤化贵州全省创造云贵新苏区”“打倒国民党政府，建立苏维埃政府”等。

在 1935 年 2 月 23 日，中国工农红军总政治部发布《告黔北工农劳苦群众书》，红军向遵（义）桐（梓）湄（潭）黔北的工人农民及一切干人（穷人）们完整地阐释了中国共产党和红军关于武装斗争和实行土地革命的政治纲领和主张。传统的政治文化要求百姓顺从天命，不准反抗，只能接受反动的统治。而中国共产党代表的是下层工农的利益，要打破反动统治阶级的压迫与剥削，唯一的办法就是进行革命暴动来推翻反动统治。长征途中，红军每到一地，即发动民众组织起来，召开群众大会，建立革命政权，成立革命组织，开展如火如荼的革命斗争，打土豪、分粮财、镇压恶霸地主和反革命分子，广大群众在这些革命活动中得到了政治训练，初步懂得了革命道理，认识到“只有红军的道路，才是解放他们的道路”。

一、革命的标语、口号和歌谣无处不在

长征中国共产党的政治文化传播，在流动作战的环境下，张贴标语、布告，散发传单等纸质传媒和举行集会演说、呼喊口号等行为方式以其简便、快捷、醒目的优势受到党和红军的青睐。

标语是党和红军启发群众的阶级意识，鼓动群众起来参加革命的一种极为重要的宣传方式，是红军宣传群众、鼓舞斗志、瓦解敌军的重要武器。标语一般使用简单常用的汉字而且大都短小，适应了中国普通民众的文化水平不高这个现实，同时，标语口号一般整齐而且有韵律，易于识记，便于传播，动员效果很明显，“很简单的一些标语、图画和讲演，使得农民如同每个都进过一下子政治学校一样，收效非常之广而速”。由于在苏区的经常训练，使得红军养成了一种除了打仗之外，还要宣传发动群众的“习惯”。把在苏区形成的一套宣传发动做法运用到长征过程中去，变成了顺理成章的事，写标语、发传单、贴布告等具有鲜明的革命性、针对性和鼓动性的宣传形式贯穿于整个长征中。

此外，长征途中，红军长途行军，战斗频繁，敌情瞬息万变，开展宣传教育既没有大量时间，也没有固定场所，只能根据实际情况，因时、因地就简，利用当时当地的条件进行便捷快速的宣传鼓动工作。这也是红军在长征中采用简明扼要的标语口号这种特殊的宣传形式的直接因素。

在红军长征中，张贴最多的就是红军所写的各式各样的标语，红军总政治部在《关于准备长途行军与战斗的政治指令》中规定“必须在沿途进行对群众的宣传工作，尽量地召集伙食单位的群众会议，广泛地进行口头宣传，散发和张贴宣传品和在墙报上多写标语口号（告知居民的和告白军士兵的），特别要根据当地群众迫切的具体要求，提出斗争口号，领导群

众斗争”。1934 年 11 月 25 日，《红星》报转载《战士》报《实行连队写标语竞赛》，“为着把我们一切标语口号更深入到群众中去，发动群众的斗争，因此我们号召各连队写标语竞赛”。

1935 年 2 月 27 日，红军总政治部《关于各部队立即动员遍写标语的命令》要求，“各部队立即动员自己各部队中凡能写字的，用木炭、用毛笔，用大字，用小字，在屋壁上，在门板上，遍写下列材料十二条，做到每人每天至少写一条。从连队到军团的军队干部以身作则自己动手写，写满整个宿营地”。1935 年 3 月 10 日，《红星》报再次发表《写标语》的文章，“在所有的墙上、窗、房内、屋外，到处写满。写的时候，不当仅用粉笔，要用各种颜料，写得清楚触目，不易抹去”。并号召“大家学习写标语的模范连队，赤直属队 3 天内写了对白军士兵标语 600 余条，其中司令部写了 200 余条，保卫局也写 100 多条”。在部队开展的写标语竞赛的积极鼓动下，红军战士的积极性被调动起来，每个红军战士都是写标语能手。这些标语都是由宣传班写成的，这些人走到哪儿总是带着一桶油漆，凡是能写字的地方，显眼的地方，他们都写大标语，有时候散发油印的传单。

标语除了书写之外，红军战士还因地制宜，创造了其他形式，如石刻、木刻、竹刻等。“石刻标语由军、师政治部拟出，先刷写在醒目易见的石碑、石坊、石坎、石桥上面，然后找地方上的石匠镌刻，经检查验收，符合要求的付给工资。……此外，由宣传队和地方工作干部在行军途中，或驻地把标语口号用墨、红油漆写在人家户的墙壁上、院墙上，或写在路旁，沟边、河岸的大石包上，街上的墙头上，或张贴一些事先印好的布告、传单等。他们有时还请木工刨平一些小木板，在上面写上红军的主张、捷报等。或砍些竹子划成竹片，在上面写上标语口号，然后把这些木板、竹片一背一背地运到河边，倒在河里，让水把它冲到国民党辖区去，被人拾得，看了就会一传十、十传百，很快起到宣传作用。群众称它叫‘水电报’。”

大规模地书写标语、张贴标语，对沿途百姓形成巨大的视觉冲击，遵义地区的老百姓描述红军张贴标语等宣传品的情况称：“红军一到，满街热闹，墙上鲜红，好似过年。”1935 年 5 月 4 日，国民党云南省民政厅就处理红军标语，消除影响给沿途各县发出命令，四川军阀刘湘迫于红军标语口号宣传之成功，下令上下川南各县凡“迹涉苛杂之一切货物过道捐及各项杂捐，立即勒令概予停收”，以“不使匪人得所借口，用资宣传”。

“除了大量的散发与张贴传单、洗刷与图写标语外”，传单、布告、宣言、壁报、歌谣、画报、化装宣传、演说、快板、说唱、诗歌，以及“召集联欢会与组织化装演讲队，扮演新剧等”，也是红军在长征途中开展宣传工作，进行宣传群众、发动群众的方式。红军在宜章，“在三天中，不断的召集了三四十个小时的群众会，以及三次的群众大会（反帝、反国民党示威大会，拥护红军大会，反对强迫修飞机场、反对强迫当义勇队大会），此外，在大会中、在游行示威中，大量分发没收来的东西，群众情绪极为兴奋。因为相当的扩大了我们的政治影响，所以，在扩大红军工作上也获得了相当的成绩。在群众大会中，群众热烈的报名，在三天中扩大了 50 名新战士”。“学生们在街头巷尾演讲，红军的宣传工作，更是活跃。我们部队许多同志都直接受过国民党军阀地主豪绅的残酷剥削和压迫，都能够用自己亲身的经历来向群众讲明我们闹革命的道理。”

对于相同的宣传主题，宣传手段却灵活多变。在宣传中，“特别要深刻了解当地群众切身的要求，提出更具体的口号，看见什么人说什么话，满足他们的切身的要求，迅速的建立人民抗日革命委员会，发动抗租抗税等斗争，号召他们参加抗日红军等”。除了宣传党和红军的一般政治主张、宗旨和政策外，还根据不同地区、不同情况、不同对象提出不同的宣传口号。关于反对国民党反动派的标语，红军在各省区即有不同：除了提出反帝反封建、反对蒋介石等一般性口号外，在湖南着重提反对地方军阀何键，在广西则着重提反对地方军阀李宗仁、白崇禧，在贵州着重提反对地方军阀王家烈，在云南着重提反对地方军阀龙云，在四川着重提反对地方军阀刘湘、刘文辉、邓锡侯，在甘肃、宁夏着重提反对地方军阀马步芳、马鸿逵、马鸿宾等。同时，根据各地群众痛恨国民党的苛捐杂税等弊政，红军提出“反对李宗仁、白崇禧使用金库券；反对强占民田修马路；不交苛捐杂税，大家组织抗捐会”等口号。

对沿途城镇的工人、商人、学生、妇女等群体，则提出如“工人有罢工自由，反对老板打骂工人，增加工资”“学生起来组织抗日会和义勇军”“保护中小工商业”“不交苛捐杂税，大家组织抗捐会”“取消百货厘金，取消一切高利贷”“反对打骂妇女”“坚决反对一夫多妻制”等口号，鼓动他们为谋求自己的自由和解放而斗争。

针对沿途的少数民族群众，则提出民族平等、民族团结，反对汉族压迫少数民族，建立少数民族自治政权的主张，鼓动他们与红军联合起来，共同反对国民党反动政府。因沿途经常作战，对敌军士兵的宣传也是一项重要工作。“瓦解白军，夺取广大白军士兵，是现在最紧急任务之一，依靠此工作，使我们顺利战胜四面的敌人。”敌对双方的行军打仗情况，红军对敌士兵宣传“文字要简短，使他们顷刻间能看完，要精警，使他们一看起一个印象”。因此，标语口号式的宣传便成为长征途中对敌军展开猛烈宣传的最易操作形式。对敌军士兵的宣传鼓动则紧密联系敌军士兵的生活实际，“特别抓住军阀苛捐杂税和种种压迫剥削的事实以及他们在部队中生活上的痛苦（三年来不发饷）”，使他们认识到“只有当红军才是他们的出路”。为此，红军总政治部还专门拟定了宣传口号，供部队中能写字的红军士兵抄写。

在严酷的战争环境中，这些标语、布告、壁画，歌谣以及其他宣传作品，尽管比较简单，比较粗糙，但它来源于生活，反映着当地群众的利益诉求，而中国共产党则将这种利益诉求转变为自己的政治主张，通过标语、口号等形式传播到沿途群众中，启发群众觉悟，引导群众斗争，同时也影响着广大群众对共产党和红军的政治态度和情感。诚如斯诺所说：“你知道在某种意义上你也可以把整个中国共产主义运动史看成是一个盛大的巡回宣传演出，与其说是为了保卫某种思想的绝对正确，不如说是为了保卫这种思想的存在权利。我现在也很难说，但是这很可能是红军最有永久价值的贡献，即使他们最终遭到失败和打垮。已有千百万年轻的农民听到了这些嘴上无毛的青年所宣传的马克思主义福音，即使这些青年已有成千上万的人如今已经牺牲了，对这些农民来说，中国古旧文化的禁忌束缚是决不会再那样有效了。不论命运使这些红军颠沛流离到什么想象不到的地方，他们都有力地要求进行深入的社会改革——对此，农民是不可能用其他方法知道的——而且他们给穷人和受压迫者带来了必须行动起来的新信念。”

二、文艺小分队的宣传力量

1934 年 10 月，剧社跟随部队开始长征，在战斗的间隙，这些剧社为红军战士们演出节目，鼓舞士气。在行军中开展宣传动员，鼓舞士气。红军过湘江时，“战士剧社”“在湘江岸边设立了宣传鼓动棚，用布搭起棚子，插上红旗，宣传员为过路的红军指战员唱歌、说快板、用硬纸壳做成的喇叭筒喊口号，鼓舞士气。军号一吹起防空号，队员们马上把红旗一拔，就地疏散、隐藏，飞机一走，红旗又竖起来，宣传员们督促大家奋勇向前快过江”。翻过夹金山后，红一、四方面军于 1935 年 6 月 17 日晚在达维举行了联欢会，毛泽东、朱德、周恩来都参加了晚会。红四方面军军乐队奏了军乐，红一方面军唱了由宣传部长陆定一编写的《两大主力会合歌》。在懋功，红一、四方面军又开了一次联欢会。“战士剧社”临时抽调人马赶排了红五军团宣传部长黄镇写的话剧《一只破草鞋》。两河口会议后，为了欢迎红四方面军领导人，“战士剧社”还举行了一次专场演出，毛泽东、周恩来、朱德等领导同志陪着张国焘看了写私塾先生教书的喜剧《老先生教书》。

1935 年 6 月 27 日，《红星》报在《接二连三的晚会》一文中报道：红一方面军在懋功举行干部同乐会，红四方面军驻懋功部队的干部全部参加，会议开得十分热烈。在未开会前，“两方面军的干部互相谈论过去战线”，“整个的会场充满着愉快的表情”。大会开幕后，党中央和总政治部的代表博古和朱总司令讲了话。接着又会餐和观看晚会。晚会上，有两个方面军的文艺演出，有“火线”剧社的小同志的唱歌跳舞，有“火线”剧社与“太阳”纵队名角表演的“十七个”名剧，有“猛进”剧社的表演等，整个“会场空气盛极一时，为反攻以来的第一次”。

行军路上，剧社的战士有时还要灵机一动编出几段快板书来，为的是鼓舞士气。红军一夜行军来到皎平渡口时，宣传队员们已在江边唱起了：“金沙河流水响叮当，常胜的红军来渡江，不怕它水深江流急，更不怕山高路又长，我们真顽强……”

在崎岖蜿蜒的山路上，每个人拄着一根木棍，一鼓作气爬到半山腰。忽听前面传来“呱嗒呱嗒”的竹板声，那是宣传员刘乾益的快板：“翻山顶，看本领，比比哪个是英雄……”越往上爬，空气越稀薄，呼吸也急促了，大家又饿又累，很想歇一会。这时，宣传员们又督促大家：“同志们，山顶不能停留！不活动就会冻僵，加油呀，翻过山头就是胜利！”多年后，当年红军长征中的文艺名角陈茇在回忆时说：“那时所有的宣传员都是‘万金油’，所有的文艺节目都是‘急就章’，这是长征特殊环境下独有的文化现象。我就是个‘万金油’，会演戏、吹笛子、弹风琴，还会化妆。演出经常没有剧本，我们几个宣传员就临时自编、自导、自演。有时刚打完一场胜仗，就赶紧想词编曲，几个时辰内就要说起来，唱起来，跳起来，要的就是那个热乎劲儿。”尽管这些红军剧社即兴创作的作品缺乏精细的艺术加工，也不免粗糙，但正是有了这些红军剧社的存在，给在长途行军打仗的艰苦生活注入了巨大的能量。在长征艰苦的行军中，红军剧社以其特有的宣传方式，为身处逆境的红军战士提供了战胜困难的精神力量。除了对部队战士的宣传鼓动，红军剧社的另一个任务，便是向沿途百姓进行革命的演出宣传。不只在长征中如此，即便是在江西中央苏区时，剧社就已经这样做了。工农剧社章程里规定，剧社以“提高工农劳苦群众政治和文化水平，宣传鼓动和动员来积极参加民族革命战争，深入土地革命，反对帝国主义进攻苏联，武装保卫苏联，推翻帝国主义国民党的统治，建立苏维埃新中国，激发群众革命热情，介绍并发扬世界无产阶级的艺术为宗旨”。而中央苏维埃剧团的任务是“用表演戏剧的艺术宣传，参加一般的革命斗争，赞助工农红军的革命战争。发挥革命和斗争的精神，并有计划有系统进行肃清封建思想、宗教迷信，以及帝国主义及资产阶级的文艺意识的坚决斗争”。

1934 年 12 月 31 日晚，“战士剧社”在贵州余庆举行了一次庆祝 1935 年元旦的演出，后来又在桐梓举行的群众大会上演出，这两次较大规模的演出，最精彩的节目是中央剧社社长李伯钊表演的苏联海军舞，她又歌又舞，台下观众欣喜若狂。

在遵义，红军总政治部及各部队的文艺工作者，就地取材，自编快板剧、顺口溜、活报剧等文艺节目，给群众演出。在李伯钊、李坚真、甘棠和洪水指导下，红军之友社排练了遵义人喜欢看、看得懂的剧目深入城乡宣传。

“红军到鸭溪第二天，就组织起文艺小分队，有几名红军战士扮成土豪劣绅，戴上高帽子，再由几名红军战士押着在鸭溪街上游街，边游边有押解‘土豪’的战士数说土豪罪状，连续几天。红军二进鸭溪，又在四块土地方搭台演戏，红军文艺工作者化装成一群商人，身背背篓，背篓上贴有‘苛捐杂税’字样，在台上弯腰弓背，愁眉苦脸，缓慢行进，旁有解说：‘国民党苛捐杂税多如牛毛，商人的本钱都被他们榨光了，我们要团结起来打倒国民党，铲除苛捐杂税’。还有一场戏，是由红军战士化装成贵州军阀王家烈，戴上高帽子，被红军战士押着在台上游街示众，台上押解‘王家烈’的战士呼口号，台下也响起雷鸣般的口号声。最后一场戏，是红军战士扮成 3 个妇女，身着长裤短衣，腰拴围裙上台唱：‘大清时候帝国主义侵犯我国家，人民屈辱苦难煎熬，日本帝国主义又来侵犯我中华，工农团结起来把日本帝国主义来打倒!’”

在行军路上，剧社宣传员一边走路一边还要做扩红工作。进入贵州山区后，当地群众常常围拢在宣传员身边听宣讲，听“送郎当红军”的歌子，有些青年马上参军跟上队伍走了。关于红军剧社的演出剧目，仅红一军团“战士剧社”在长征前后的演出，就有 30 多部剧。

对于红军剧社的出色工作，斯诺在《西行漫记》中如是评价：“在共产主义运动中，没有比红军剧社更有力的武器了，也没有更巧妙的武器了。由于不断地改换节目，几乎每天变更活报剧，许多军事、政治、经济、社会上的新问题都成了演戏的材料，农民是不易轻信的，许多怀疑和问题就都用他们所容易理解的幽默方式加以回答。红军占领一个地方以后，往往是红军剧社消除了人民的疑虑，使他们对红军纲领有个基本的了解，大量传播革命思想，进行反宣传，争取人民的信任。例如，在红军东征山西时，成百上千的农民听说随军来了红军剧社，都成群结队来看他们演出，自愿接受用农民喜闻乐见的形式的戏剧进行的宣传。”

三、“打土豪”解决给养，发动群众

打土豪，是解决红军给养的一个重要方式。在长征中，红军所带物资远远不能满足需要，必须沿途进行补充，打土豪这种没收征发方式，成为红军长征中除战斗缴获、沿途购买之外，重要的补给手段。

红军打土豪，并非盲目地乱打乱没收，红军成立了专门的领导机构，并制定了相关规定和细则来统一领导和规范红军部队打土豪的行动。红军制定了《总政治部关于没收捐款暂行细则》《关于红军中没收征发委员会暂行组织条例》等一系列细则、规定，并要求部队严格执行。这些文件规定：“从步兵团起至师、军团、总政治部，均设立没收征发委员会（没委、没委会），各级没委在同级政治机关的指导下进行工作。部队中对于地方豪绅及反动分子的一切没收征发工作，完全归没委负责，由没委登记、转账及处理，但对于分配地方群众的物品，须交同级政治机关处理。”遵义会议后，“打土豪，归各该政治部地方工作部统一指挥”。1935 年 1 月 5 日，红一军团向所辖各部发出《关于进入城镇执行政策的规定》，要求“在城市中打土豪时，须经过详细的调查，经过政治机关的反复调查并且批准后，才许可没收与捉人。无论没收反动商店和土豪财产与捉土豪，均须向群众有充分的解释后才准”。

对于打土豪，红军也有明确的纪律与规定。1934 年 10 月 22 日，红军总政治部印发了《关于没收捐款暂行细则》，《细则》规定：各部队在白区行动时，应随时注意筹款及征集资材。主要是没收地主反动分子财物和动员富农及城市商人捐款，并征集洋油（煤油）、军用品、粮食等必要的军事资材。在进行这一工作时应由各级政治机关负责，严格执行阶级路线，不许丝毫损害工农群众的利益，以及无组织地乱没收行为。在《总政治部关于对目前行动的政治工作训令》中则明确强调要“严厉反对私打土豪及贪污现象”。

在《总政治部关于保障红军给养克服战费困难的训令》中，提出对打土豪应注意的几件事：“1. 打土豪应以筹款及发动群众为中心，因此事前应在群众中详细调查该土豪的家产，发动群众参加，纠正个别部队中只顾找吃的东西，不注意捉土豪，搜查房间及挖地窖等工作。严格纠正不注意争取群众，不散发东西给群众的错误。2. 没收征发科设在各级政治部地方工作部当中，政治机关应派得力的地方工作人员（或组织先遣工作团）与他们共同行动，以便有充分时间进行群众工作，捉土豪筹款征集资材等工作。3. 如时间允许，应由团政治处计划与直接的首长商量，派相当的武装到驻地附近搜山、搜石洞，捉土豪，搜索土豪埋藏的物品（但须注意分别哪些是土豪的，哪些是群众的）。4. 在行动中没有多大希望的，不值钱的土豪及女土豪，不应带走（如事先估计到时，则不应拖来）。5. 在阶级斗争刚开始的地方，对没收与征发，必须采取谨慎的态度，胡乱的轻易的没收与征发都是有害于群众斗争的发动。”

长征中，红军打土豪既是一个获得给养的重要途径，同时也是一个宣传发动群众的过程。

长征沿途，多是崇山峻岭、地瘠民贫之地，贫穷和落后是沿途百姓生活的真实写照。当地百姓贫穷的原因有多种，除了土地贫瘠、生产方式落后外，地主、高利贷者盘剥严重是导致贫富差距的最大因素。另外，地方军阀的横征暴敛也是造成百姓穷苦的一个因素。在这种情形下，红军每到一地，都积极开展群众的宣传与动员工作，“了解与迅速的满足当地广大群众的要求，领导群众起来反对他们最痛恨的敌人，最大胆的广泛的发动群众……领导群众坚决的反对国民党军阀与群众最痛恨的豪绅地主。”在湖南白石渡，“群众也到处围着我们，有报告土豪的，有报名当红军的，也有陈述他们苦楚的。各处路上，已有许多群众带着我们的人去捉土豪了。这些群众，尤其是工人，因为受豪绅地主老板（国民政府）压迫剥削的太厉害，不得不这样干”。

红军打土豪、发动群众的过程，是一步接一步、环环相扣的过程。红军每到一地，必先先召集群众谈话和开会，会上“讲解红军的主张，控诉土豪劣绅的罪恶”，并“针对群众对于我们的一切怀疑，揭破国民党地主和反革命分子对于红军苏维埃的造谣，具体的答复群众每个疑问，明白的表示我们的立场，鼓动群众起来为自己的迫切要求而斗争”。消除群众的恐惧心理之后，在群众参加之下，进行打土豪的工作。

张贴布告，向当地群众公布所打土豪的罪行，并公布没收财产、罚款事项，本身也是宣传教育群众的一部分。1935 年 1 月 13 日，中国工农红军“福”（系红三军团某部代号）政治部在贵州遵义懒板凳（现名南白镇）张贴布告：“据当地工农群众密报陈蒋灵是地主阶级，遵照苏维埃法令，收其财产全部分给工农劳苦群众。并令陈蒋灵缴罚款现洋贰百，限明日送来本部（驻地懒板凳）。特此布告。仰同志赵精中协往勒追。”

在打土豪行动中，群众对红军产生的情感认同，是基于共同利益追求的认同。一般来说，社会成员是按照其利益的实现程度来选择和接受某种政治价值观的。尽管人们政治价值观的确立，还要受到其他各种因素的制约，但是，一种政治价值观及其体系能否被人们所接受和能在多大程度上为人们所接受，最终还是受人们利益实现程度的制约。打土豪没收的军阀官僚地主豪绅的一切财产，除了红军必需品外，都尽量发给了群众。这样在广大的范围内发动群众与取得民心而使反革命分子的造谣欺骗，在群众面前给以事实的揭破。被动员起来的群众在对红军开展打土豪行动由衷喜悦的同时，还请求红军特别保护逃散四乡的民众，对“本县真正土豪，请红军查实从速打倒；非正真土豪请红军查实保护”。“群众分到了财物，由衷地感谢红军，主动给红军领路，挖土豪转移的粮食和私藏的枪支。”得到群众支持和拥护的红军，领导群众斗争的基本方针是为着武装群众与发动群众参加到红军中来。

在旧中国，“小工小农不识不知，以穷乏惨苦归之命。”正是中国共产党和红军在打土豪时广泛发动群众，“号召群众自己动手去没收”土豪地主的财产，使群众在打土豪的行动中得到教育和锻炼，使他们认识到，国民党军阀、地主的苛捐杂税、租债的剥削，是他们生活极端痛苦的根源，从而更加坚定了“群众的斗争与决心”，也使他们相信，只有在中国共产党的领导下，自己武装起来，组织游击队，参加红军，建立政权，“到团保、军阀、官僚的家中去破仓分粮，焚烧田契、借约。实行抗租抗账，没收劣绅团保的耕牛、农具、种子、衣物分配（给群众），才能免除穷苦”。只有红军的道路，才是解放他们的正确道路。

四、沿途撒播革命火种，建立武装政权

长征中的红军，除了行军打仗，还担负着“宣传群众、组织群众、武装群众、帮助群众建立革命政权以至于建立共产党的组织等项重大的任务”。《总政治部关于准备长途行军与战斗的政治指令》也要求，“尽可能的应在沿途建立秘密的群众组织与党的支部”。1935 年 1 月 14 日，《总政治部关于地方工作的指示信》提出发动群众的总方针，是“迅速的发动群众的斗争，武装当地的群众，依靠这些武装的群众来扩大红军，配合红军作战，消灭当地国民党地主的武装，来建立革命的政权”。

1. 成立各种革命组织和团体

在长征沿途地区，中国共产党领导红军发动群众的过程是一个循序渐进的过程。每到一地，先由红军负责地方工作的同志组成小分队，分散开来深入到群众中开展调查并做群众工作，并根据当地革命斗争实际，在广泛发动群众的基础上建立各种革命外围组织和团体，如革命先锋队、抗捐会、抗日救国会、抗日大同盟、红军之友社、农民协会、土地革命委员会、赤色工会、妇女会、儿童团等革命团体组织。当时建立的革命组织之多，之广泛，以至于有这样的描述：“场镇有场镇的委员会，乡村有乡村的委员会；有由一个场镇组织的委员会，也有由几个乡联合组织的委员会；有的场镇还组织有工会，乡村组织有农会，还成立有妇女会、儿童团等群众性的革命组织。此外，还有年关斗争委员会、抗捐委员会等组织”。

这些革命组织和团体，一方面成为党和红军联系群众的纽带，通过它向群众做革命宣传发动工作，宣传党的政治理念和主张，宣传群众联合起来开展武装斗争、开展土地革命的道理，争取群众的广泛支持；另一方面，在党和红军的领导下，通过这些组织和团体把大批革命群众组织起来，开展打土豪、分田地、支援红军等革命实践，群众在这些组织和团体

里得到革命的训练，从而增强对党和红军的组织认同和价值认同，使党的主张内化为群众的自觉行动。

1935 年4 月5 日，《红星》报在《狗坝抗捐会成立经过》一文中报道：红军到狗坝时，“群众部分的登山逃避，经过我们进行了宣传工作，同时群众又看到红军纪律严明，态度和气，所以只几个钟头之后，群众都陆续的回来了。群众向我们诉说国民党和团防的罪恶和自己的痛苦，犹如见了亲人一样。我们好好的安慰他们，把红军主张及我们赤化云贵川等告诉了他们，并分头到各屋宣传，召集群众大会，组织抗捐会，经过半天工夫，各村屋选出了自己的代表，这些代表统统来到狗坝附近出席代表大会。”

2. 建立革命政权

红军所经之地，如在当时环境允许的条件下，则通过召开群众代表大会的方式成立革命政权。1934 年 11 月 11 日，“红军占领宜章县城，群众热烈欢迎红军入城，在宜章召开了 3000 多人的群众大会，宣布成立县苏维埃政权，建立赤卫队，释放被国民党关押的革命者和无辜群众，没收豪绅地主的财产，分给劳苦大众，并扩大红军四五百人。”

关于苏维埃成立的情形，1935 年 1 月 15 日，《红星》报发表《遵义全县群众大会上成立革命委员会》一文，文章报道了遵义县革命委员会成立的经过：“红军到达遵义后，得到群众热烈的欢迎与拥护，在短短的几天工作中，使他们认识了红军是工农和一切革命分子自己的军队。”“红军之友协会。原来，在红军尚未到达的前几天，遵义城内即有一些革命分子自动起来组织‘红军之友协会’，这一组织在号召群众拥护红军的工作上，起了相当的积极的作用。”“群众大会的筹备。经过了深入的政治宣传与鼓动，经过了工人农民和革命知识分子中的积极分子的努力，我们很快的掀动了全城以及近郊群众的斗争热情，群众要求打土豪、分田地、组织工会等，并由群众中的代表者，自动起来发起召集全县群众大会。”“大会的经过。12 日的下午约莫一点钟的光景，无数的人们，挤满了第三中学的操场，到处插着各工会各团体的旗号。钟鸣两下，会议正式开幕了，在推举主席团之后，首先由筹备处代表报告筹备之经过，接着便是朱总司令毛主席李主任的演说，他们都以最清楚而通俗的言词，阐明了苏维埃红军的主张，揭露了反革命的罪恶与欺骗。他们的每一句话都深印在大众的心坎，愉快的笑容浮在他们的脸面上，感动了他们，使他们认识了‘只有苏维埃才能救中国’、‘红军是工农自己的军队’的真理。”

对于这些新成立的地方苏维埃政权，中国共产党和红军总政治部则根据需要，派干部进行政治组织指导，宣传党的方针政策，执行党的群众路线，组织发动群众，提高群众觉悟，争取群众对党和红军的同情与支持。例如，红军占领遵义后，在总政治部特派员李坚真、王瑢指导下成立的“遵义县革命委员会”，积极推行党和苏维埃政府的土地政策，经济政策和劳动法等。领导乡村没地少地的农民群众实行没收地主的财物、田土、房屋、果园等，分给无地少地的农民和卖水果、蔬菜的小商贩。在这些革命行动的感召下，农民革命热情高涨，斗争要求非常强烈。

3. 成立革命武装

长征中，党和红军在发动群众建立革命团体和政权的同时，也成立了相应的地方群众武装，如赤卫队、游击队等，广泛开展游击战。中央红军转战遵义期间，分别在城乡组建了政治部保卫游击队、石板武装游击队等18 支人民武装游击队、赤卫队。扎西会议上，中国共产党确定了创建云贵川新苏区的战略方针，并对部队进行了整编，同时组建川滇黔边区游击纵队等多支游击队。

红二、六军团在云南、贵州边境先后活动了几个月，并组建了贵州抗日救国军、贵州苗民游击队，同敌人展开斗争。川南特委委员夏才曦在《关于组织川南游击队的经过向中央的报告》中描述：“红军游击队”的派出，“显然给当地农民一个极大的冲动，不时就有很多新的加入，两天之后，连新搭旧我们编成了六个大队，每个大队相当于一个连，每个大队有三个中队三个小队，每个小队平均有六七支步枪，后山区委中有三个是当地的最积极的农民，半个月的力量在这里创建了三个支部，又组织了一些赤卫军，大概连好搭坏总共有六七十支枪，两河区来的报告是说那里有数百群众在我们的影响之下，也有可能组织六七百支武装的队伍……那里领导工作是一个少共同志。我们立即派了两个人去那里工作”。在红军撤离后，反动势力重新占领这些地区，红军占领时所成立的革命政权不能维持，革命组织和团体也纷纷解散或转入地下，而由红军组建或撤离时留下的游击队，则成为这些区域扑不灭的“革命火种”。

红军总政治部印发《告工农劳苦群众书》，在长征沿途大量散发，号召群众“夺取民团和白军的武装，武装自己成立游击队，成立抗捐军，发展广大游击战争”。受过革命洗礼的各族人民与国民党军阀的反动统治进行了英勇顽强的斗争，他们以更高的水平，用各种方式向国民党反动军阀展开了不屈不挠的斗争，严重动摇了国民党军阀的反动统治。黔南的布依、苗、汉等族群众同中央红军留下的60多名战士一起，在贞丰、紫云、望谟和罗甸四县边区的大小麻山一带进行斗争；红二、六军团离开黔西北后，以苗、彝族为主体的抗日救国军第一、二、三支队与国民党军队在乌蒙山区展开了一系列的激烈战斗，其中第三支队在1936年6月与游击纵队合编为“中国工农红军川滇黔边抗日先遣队”，有1300余人，多次打破了国民党反动军队的“三省围剿”计划，在川滇黔边广大地区开展了轰轰烈烈的革命运动，坚持斗争达7年之久。1935年，越西西山一带的彝族人民，以曲诺中的曲克木拉等人为首，发动和组织了曲诺、瓦加、呷西等被统治阶级的武装起义，把统治他们的黑彝奴隶主一部分从西山驱赶到拖乌，一部分杀掉，这一次武装起义声势浩大，震动了整个凉山黑彝家支。

1936年，云南迪庆藏区贫农张文耀和红军留下的伤病员领导了维西、丽江、永胜、鹤庆等八县4000余藏、彝、白、纳西等族人民起义，起义军占领了金沙江桥头和格鲁湾一带，打击了当地反动军阀的统治；和红军领导人刘伯承“彝海结盟”的冕宁彝区的沽基彝族同胞，在红军走后，联合果伍、罗洪家支，同国民党军阀邓秀廷部展开了英勇斗争，并多次粉碎了敌人的“围剿”，当地军阀采取“以彝制彝”的卑劣手段，加之国民党军队的残酷镇压，这支队伍最终失败，但刘伯承向小叶丹赠送的“中国夷民红军沽鸡（基）支队”的旗帜一直保存到彝区解放。

对于红军游击队迅猛发展的势头，当时参与“围剿”红军的“剿赤”宣传总队成员也说：红军组织留下的游击队“有人枪500余，在川滇黔边境一带活动。威信境内的长官司、罗布坳、天平、大雪山等地，游击队经常出没，活动频繁，声势颇浩大。不数月竟达千人之众，捣毁地方区乡政权，打富济贫，深得人民群众信任，大有燎原之势”。

在物质条件十分艰苦的条件下，这些游击队在与敌人的斗争中，仍然坚持开展各种形式的革命宣传，发动民众起来抗争。在强敌的围攻下，大部分游击队都失败了，幸存下来的红军游击队员历经曲折艰险，分散隐蔽下来，有的参加了中共地方党组织，继续地下斗争，有的辗转到其他革命武装中，继续战斗，直到迎来解放。“扎西整编中抽调红军干部战士下地方建立的游击纵队一直坚持在边区开展游击斗争，并逐步扩大到云贵川三省。”

红军队伍是个大熔炉

一、扩红宣传吸纳沿途群众参军

长征途中，战事频繁，战斗激烈，加之所经地区自然环境很差，红军部队战斗、非战斗减员很多，需要兵员补充，这是红军在长征中面临的最紧迫的问题。此外，中国共产党领导的红军力量毕竟弱小，为了反抗国民党“围剿”，开展土地革命，为了抗击日寇，实现民族独立，必须壮大自己，因此，开展扩红，吸纳青年、群众参加红军，成为党和红军在长征中的一项重要工作。

长征沿途老百姓的贫穷是触目惊心的。红军来了，贴标语、发传单、呼口号、演文明戏，红军的政治宣传和鼓动，向沿途百姓不断传播着中国共产党的主张，打土豪、烧地契、分田地、取消高利贷、斗争地主，开仓放粮、救济穷人、买卖公平等一系列红军行动，向沿途广大群众展示着红军别样的风采。为加大扩红宣传，红军要求“各政治机关要设法制发大批关于扩红的宣传品，特别是小调、歌谣、戏曲等，创造出许多新的方法。新剧团要准备许多关于扩红的材料到群众中去活动”。红军宣传队还编了许多关于扩红宣传的文艺节目，到处演唱。

为了提高扩红工作效果，红军各部队组建了地方工作组、扩红组、扩红宣传队等组织，专门领导或具体开展扩红工作，此外，广大红军战士也被广泛地动员，参加到扩红工作中来。指挥员一声动员，除地方工作组当然担任这工作外，其他很多同志也就自动地报名赶到部队前面去扩大红军。红军的革命行动鼓舞着受剥削受压迫的劳苦群众，正是因为红军的主张和行动反映了广大群众的利益诉求，才赢得了沿途百姓的支持和拥护。沿途群众不仅以积极的行动支援红军，还踊跃参加红军，为红军输送了新生力量，壮大了红军的实力。

红军长征中到底扩红扩了多少人？1934 年 11 月 14 日，《红星》报在《加紧扩大红军的工作》的报道中，有这样的记载："红章"在樟桥时，鼓动了卅余个路工加入红军。"福州"某部在宜章城，两天工夫扩大了卅六个新战士。"福州""攻"团九连，由于他们很努力地进行了群众工作，严格地执行了三大纪律八项注意，给了群众以很好的影响。在文明市时，他们开了一个群众大会，在大会中就扩大了三个新战士。这是连队扩大红军的模范！"红星"政治部的同志，在安源时，召集了一个锡矿工人会议，经过一番鼓动之后，马上有两个工人加入红军。"红星"四科指导员胡锡光和五科罗科员，努力扩红工作；在章桥时仅仅一天工夫，扩大了四个红军。

在报道各部队扩红成绩的同时，《红星》报、《火线》报等战士报纸还向各部队战士提出了扩红号召，希望再接再厉，继续保持扩红积极性，为壮大红军贡献力量。"现'火线'报已向'福州'各部提出下列的号召：每单位每月至少扩大五个新红军。每团每月至少扩大一连新红军。每师每月至少扩大一营新红军。并且要保证这些新战士都是自愿的，都是坚决勇敢的贫苦工农，同时要加紧对于这些新战士的巩固工作。我们要求'福州'政治机关真正能够动员本部全体指战员来保证这一号召的实现。"

长征中，中国共产党领导红军一路长途跋涉，一边行军打仗，一边向沿途百姓进行着宣传鼓动，同时也进行着轰轰烈烈的扩红工作。经过沿途的宣传发动，长征沿途的各族青年，汇聚到滚滚向前的红色铁流之中。

二、红军指战员的政治思想教育

部队需要鼓动，新兵需要训练。一路上，长途的艰难跋涉，频繁的与敌战斗，部队疲劳；加之远离革命根据地，部队转移频繁，对红军的后勤保障十分不利，给养困难，红军战士生活艰苦，难免影响战斗情绪。红军除了大力解决给养，增强部队保障，改善战士生活外，对战士进行政治鼓动，丰富战士业余生活，消除部队疲劳，提高战斗情绪，也是党领导红军长征中面临的极为重要的工作。

新兵没有经过专门的军事训练，缺乏战斗战术技能，对战斗力的形成影响很大，这方面，红军在长征开始时是有过惨痛教训的。长征中，“周昆的八军团和周子昆的三十四师，由于部队大多是新编入红军的地方赤卫队和农民，未经过训练和实战锻炼，在连续的苦战中，整个部队几乎全被打散、拖垮了。”加强对新兵的军事技能训练，提高新兵战士战斗素质，巩固部队战斗力，也是党和红军面临的急需解决的工作。

红军沿途所招募的新兵大多是当地的青年农民，文化程度很低，其中大部分都是文盲，浓厚的小农意识长期占据着他们的头脑，尽管有高度的革命热情，但难以适应对敌斗争的需要。此外，革命队伍中难免会有动机不纯的人加入。康克清在遵义动员老百姓参加红军时就遇到了这样的问题，“在遵义动员老百姓参加红军，不像瓮安县那么容易。经过我们在集市上动员宣传，随后有八九个青年人跟我们来到司令部，他们全是衣衫褴褛的穷人，大冷天里好几个人还打着赤脚。潘开文招呼他们吃午饭。他们很少说话，问他们一句，只答半句。吃过饭，一个说要解手，几个人都要去，潘开文叫他们快点回来等着谈话分配。半天不见回来，就到厕所去看，那里一个人也没有了。我同潘开文几个人研究这件事的教训，认为还是对他们了解不够，没有针对性地做好思想工作。后来我们改进了工作方法，不但对本人做工作，还到他们的家里去做宣传动员，帮助解决一些困难。这样，终于动员一些人参加了红军”。跟随红二、六军团长征的外国传教士薄复礼回忆：“一次，我们听到他们在征收新兵。问：‘你为什么要参加红军？’答：‘因为我们在家吃不饱饭。’问话是千篇一律，答者也几乎是异口同声。”能吃饱饭，也许正是这些穷苦百姓参加红军的最大动力，但这要成为一名真正的红军战士，还有很长的距离。

在扩红中，红军还对地方武装如游击队、少数民族武装，甚至民间的帮会力量进行整编，吸收他们加入到红军中来，他们所固有的一些不良习惯势必会带到红军队伍中，如少数民族青年参加红军后“由于长期过原始散漫的生活，彝民青年参军以后，也不顾红军的组织纪律，行军路上看到小摊贩的东西就拿，我们还得派人跟在后边给人家付钱，赔礼道歉。部队天天行军打仗，对这些彝族战士实在没法管，也没时间管，为减轻部队负担，军团政治部把他们临时接收了过去”。红二、六军团在黔西北扩红来的新兵，“许多还抽大烟，集合训练，烟瘾一发，呵欠眼泪齐下，一个个东倒西歪，‘溃’不成军”。这些问题存在于部队中，直接影响着红军的形象和战斗力，成为共产党和红军面临的一个亟须解决的迫切问题。

此外，战斗中的俘虏兵，也成为红军部队的一个重要兵员补充途径。长征中，沿途战斗由红军所俘虏的敌军士兵，“分为愿留愿去两种，愿去的即发路费释放。”许多白军士兵加入了红军，跟随红军一起战斗。据不完全统计，在长征途中红二、六军团俘虏的1400多人中，有889人参加了红军。“医治敌方伤兵，效力也很大。”老红军袁春明回忆，“打完仗，敌人也不管自己的伤员，就跑掉了，这些战场上抬回来的敌军伤病员，就是我们的工作对象。”“我那时候的工作就是劝说敌人，给敌人讲共产党的好处。”经过他们的宣传，敌人一次就有一百多号人集体投诚。这些俘虏兵，大多带有旧军队的雇佣思想，也需要进行教育，促使他们改变。总之，对参加红军的新兵进行教育，成为红军政治机关扩红后的重要任务。

一个更为有利的因素是，长征中，中共中央各机关、各革命团体都编入红军，随军行动，一方面是由于形势需要；另一方面，这也为党在红军中开展政治工作充实了力量。

首先是巩固部队，凝聚与鼓动士气。长征中，频繁的战斗和紧张的行军，使得红军战士根本不可能有长时间的休息和训练。《红星》报第一期即在《当前进攻战斗中的政治工作》中明确提出：“进行连队的政治教育与鼓动，详细与耐心解释目前紧急转变的战争形势与我们的任务，巩固与提高红色战士的战斗信心。”并要求各级政治工作人员要根据运动战中的政治工作特点，以短促的时间和有力的鼓动，运用一切可以兴奋战斗情绪的活动方式，如唱歌、化装演讲、五分钟军人大会、宣传棚等，进行宣传鼓动。《红星》报在1934年11月29日专门登载了《把巩固部队的飞机送给我们的模范连》等几则报道，向各部队介绍巩固连队，反对逃跑掉队的经验和做法。

宣传队的宣传鼓动，对于提高士气也发挥着重要作用。中央红军摆脱敌军主力，由黔西南向云南前进时，“当时的主要任务就是行军。晓行夜宿，十里小休息，三十里大休息。在大休息时，喝开水、吃干粮。在行军途中，大小休息的时候，战士们的歌声此起彼落，响彻云霄，宣传队的政治鼓动工作，更是活跃。在鼓动棚里，快板诗歌，伴着有节奏的锣鼓声、口琴声，使伤病员忘记了自己的病痛，战士们更加精神抖擞，不知道什么是疲劳。连队干部和部队首长经常走在队伍的最后面，当收容队，帮助掉队的战士背枪、背行李，互助友爱，亲如兄弟”。

在湘江边上，在湘桂黔滇数省边界的大山里，在赤水河边，在金沙江渡口，在爬雪山、过草地时，都活跃着红军宣传队的身影，快板、口号、前方战斗胜利的捷报在战士们中间传递着，激昂的歌声响彻云霄……在这样的行军宣传鼓动中，红军战士忘记了战斗中所遭受的伤痛的折磨，忘记了饥饿，忘记了疲劳，忘记了行军的艰难，展现在他们中间的是充满信心和朝气、斗志昂扬的革命力量。

“普通的兵要训练半年才能打仗，我们的兵，昨天入伍，今天就要打仗，简直无所谓训练。军事技术太差，作战只靠勇敢。”如何能让这些新兵作战勇敢，当然是对他们进行教育。对新兵的教育，首先是将新战士编入到战斗单位的连排班中，建立士兵的组织归属感。连、排、班，作为军队最基层的组织，成为红军战士开展教育与自我教育的机构。对于补充到部队的新战士，红军总政治部要求“特别应迅速补充到原有的连排战斗单位中去，必须拆开补充团原来的组织与同乡同族的封建关系，适当的重新配备新老党团员，并发动连队巩固新战士的竞赛”。

红军总政治部也根据长途行军战斗的实际，调整了连队中关于战士的组织教育机构，进一步明确了新战士教育组织“十人团”的任务。连队中除设立党支部、列宁青年组、政治战士外，只设立十人团与地方工作组……列宁干事会、墙报委员会由支部文化娱乐干事担任，经济协助委员会工作直接由连指导员、政治战士负责进行。“十人团每班必须有一人，其工作除依照过去本部颁发关于十人团工作训令进行外，应特别积极帮助连指导员对个别政治落后分子和新战士进行政治解释教育，解答其疑难，解决其困难，使部队更加团结、巩固来消灭逃亡、掉队、落伍以及个别投敌现象。”

红军老战士对扩红进来的新战士，则关怀备至，亲如兄弟，“扩红突击队带着五六个新战士回来了，大家都亲切和蔼地招待他们，向他们宣传呀，给饭吃呀，打水洗脚呀，送慰劳品呀，拿衣服给他们穿呀，弄得新战士应接不暇。一大群穿得衣服褴褛的工人，一下子就成为穿上新衣服的新战士了。”使新战士体会到在部队中战友间的友谊和温暖。作为部队中的中级组织的连、营、团，则在士兵教育中扮演了指导和督促角色。连、营、团都有士兵会，代表士兵利益，并做政治工作和民众工作。

对俘虏兵的教育工作，红军总政治部规定得更为细致，要求各部队必须依照下列各点进行：

（1）在原则上尽可能地争取俘虏兵当红军，吸鸦片只要瘾不深的能限期戒去的应争取经过相当时期的补充营或新兵营的训练，在这些时期把烟戒去，然后补入部队。

（2）俘虏到时，各级宣传工作人员，必须全体动员到俘虏中进行各种形式的宣传鼓动工作与解释工作，完全消灭他们对红军的怀疑与误会。在他们了解与相信红军的主张的基础上，争取他们当红军。

（3）经过细密的清查之后，将俘虏军官及流氓化的分子等全部交保卫局处理，其余所有的俘虏兵按班、排、连组织起来，加以有系统的训练。

（4）对苗瑶士兵必须注意到他们的民族意识，依照湘江政治部关于苗瑶少数民族工作指示的原则进行教育。

（5）在生活上须尽量保证俘虏兵有饭吃并吃饱，有开水吃，并设法解决他们生活上的困难（如草鞋等），使之从实际的红军生活中了解红军优于白军。

俘虏兵中坚决不愿当红军的，应给他们深入的宣传鼓动，遣散他们回去在白军士兵中及扩大群众中散布红军的政治影响。

红二、红六军团在黔西北地区扩红，有许多新兵也抽大烟，很影响战斗力，针对这种情况，红二、六军团在这些新兵中开展了“戒烟运动”，加强对新兵的教育，帮助他们戒烟。“贺（龙）、任（弼时）、关（向应）首长指示我们：他们来自贫苦人家，是我们的阶级兄弟，要耐心细致地做工作，因势利导，帮他们把烟戒了，就是好兵，我们吸取了在湘西戒烟的经验，首先为吸烟的新兵讲清道理，使之下决心戒烟；接着，我们采取定量发烟，递次减少，直至不发，同时用打土豪得来的猪牛羊肉，使他们吃好一些。时间不长，许多人把烟戒了。在毕节戒烟有效的近1000人，受到了军团部的表彰。”

在长征沿途那么艰苦的行军中，红军没有被打垮，也没有被拖垮，经历了千难万险，依然保持着顽强的生命力和战斗力，这不能不说是个奇迹。而造成这个奇迹的原因在于，红军部队中，党支部建在连上，班排有党小组。共产党员发挥了先锋模范作用，党支部起着战斗堡垒作用。

正是在对红军部队战士的教育中，共产党员和共青团员们发挥着核心作用。陈云在《随军西行见闻录》中专门讲到红军部队中的共产党员和共青团员在红军士兵教育工作中发挥的作用。“红军兵心之所以团结，一方面确因共产党在红军兵士中进行许多教育工作，红军兵士是自认抗日救国、解放工农是自己的责任，这就使红军士气大振。同时共产党党员及共产青年团团员于红军兵士中占百分之四五十，而这些共产主义者，曾受共产党之专门教育，在红军兵士中确有极大的细胞作用。”还举出了具体事例来进一步说明，如“红军之新兵，大半依靠红军各连中党团员去教育他们”，“在红军行军中发生困难时（如粮食及宿营地缺乏等等），共产党员必先让非党分子之红军士兵先吃宿”，“作战时党团员则冲锋在前，退却在后；党团员在火线受伤时，非但丝毫无懊丧呼号者，而且还大声疾呼：‘同志们！努力冲锋！’‘不要顾我而妨害战斗啊！’而红军富有战斗力者，亦由于共产党的领导。”

为确保对士兵政治教育和训练工作成效，同时也是为继续巩固部队，提升部队的凝聚力和战斗力，红军中党的组织和政治部门对负责新战士传帮带的红军党团员老战士，则加强了党内教育。“红军党内最迫切的问题，要算是教育的问题。为了红军的健全与扩大，为了斗争任务之能够负荷，都要从党内教育做起。不提高党内政治水平，不肃清党内各种偏向，便决然不能健全并扩大红军，更不能负担重大的斗争任务。”

红军越岭又翻山，没忘背上小黑板。小小黑板纸壳做，挂在背包后中间。黑板上面常练字，“枪杆子里面出政权。”

横撇竖钩认真练，生字当作百匪歼。首长指导到跟前，笑问战士难不难。红军战士齐回答，“拿枪还要拿笔杆。”

在红军部队的政治教育中，阶级教育，爱国主义教育是主要内容。“勤奋的红军战士除了忙着打草鞋、补衣服之外，还抓紧时间学习文化知识，听关于共产主义原理的党课武装思想。……开会时，大家踊跃发言，特别是新兵，在老兵的鼓励下，讲自己受地主剥削的亲身经历。每次发言之后，排长作总结，重申主要观点。”

经过政治教育，“红军士兵都有了阶级觉悟，都有了分配土地、建立政权和武装工农等项常识，都知道是为了自己和工农阶级而作战。”理想信念教育，是支撑中国共产党和红军长征取得胜利的精神支柱。张闻天在谈到长征时说过：中国共产党在这次长征中充分地表现出了它为了自己的理想而牺牲奋斗与坚持到底的精神。没有这种精神，就是一千里的长征也是不可能的。为此，各级政工干部经常利用行军、作战的间隙，以各种方式在部队中开展理想信念教育。

军队中民主主义制度是一个重要的武器。长征中，红军中的民主主义制度更加完善，“在长征途中极端困难的条件下，上下一致，官兵平等，共同过着艰苦的生活，领导干部和士兵的伙食完全一样”。“红军领袖与兵士特别接近，军长、师长常杂在兵士中打篮球、排球，军官与士兵相亲相爱。这种红军军官与兵士同甘共苦之日常生活，确为国内其他军队之军官所无。也正因为红军领袖在日常生活上与兵士同甘苦，所以虽在各种困难环境之下，而红军兵士仍毫无怨言。”红军将领与士兵同甘共苦，生死与共，建立起深厚的革命情谊。“红军像一个火炉”，靠着民主主义制度，不只“俘虏兵过来马上就熔化了”，红军官兵在这个革命熔炉里，早就融为一体。

三、红军守纪的形象是最好的宣传

“红军纪律是一种对群众的实际宣传。”‘红军之所以能得民心者，不仅在于乡村农民拥护红军‘打土豪、分田地’‘没收土豪劣绅的谷米分给农民’之宣传和行动，而且在于军队的纪律。严格执行三条纪律，上门板、捆禾草等项是从行动中扩大红军影响、增加群众对红军信仰的良好方法，应当好好地去执行”。在长征中，红军总政治部连续发布训令，要求全体红军官兵遵守纪律，发扬红军的优良作风。1934 年 10 月 9 日《总政治部关于准备长途行军与战斗的政治指令》中提出“保证部队与群众的正确关系，加强地方工作与资材的收集，坚决与脱离群众、破坏纪律的现象斗争”。明确要求部队“加强部队中关于苏维埃政策与群众工作的教育，进行进出宣传与纪律检查，坚决的与脱离群众、破坏纪律的现象斗争，对于不能教育的破坏纪律的坏分子，应给以处罚，甚至在群众中公审枪决。特别要注意对给养事务与前站人员的教育与工作检查”。

1934 年 11 月 4 日，《红星》报发表《关于目前地方居民中的工作》的社论，指出：“群众常常不听我们所说的好听的话，他们首先要看我们的实际行动。没有纪律的部队，一切宣传鼓动工作，都不会引起群众对于我们的同情与拥护。红军所到的地方，如有群众畏惧而逃路的，则必须动员红色战士及政治工作人员到附近山上去进行宣传解释工作，使他们回来，同我们亲近。只有红军的高度觉悟与阶级纪律的模范，才会造成红军在群众中的威信与敬爱。”社论提出，“要使红军成为苏维埃革命运动的宣传者与组织者，这首先就要求我们在地方居民中的工作有彻底的转变”。

在红军进入湖南及云贵川边后，针对这些地区比较穷苦和多民族的特点，《红星》报在及时发表红军总政治部《关于瑶苗民族工作的原则指示》，还发表了《消灭随意破坏红军纪律的行为》《不要到处屙屎》《不要乱用苏维埃国币》《找禾草火把不要侵犯群众》《把遵守纪律提到生活的最高位》等一系列文章，要求红军各部队严格遵守群众纪律，保证不损害群众利益。

1934 年 12 月24 日，在《中国工农红军总政治部关于红军沿途注意与苗民关系加强纪律检查的指示》中，总政治部要求各军团政治部主任在军队所经过的苗民聚居区，应向战士“详细解释”，并“严格督促”战士遵守纪律。并下达三条命令：（一）明确传达与执行本部对苗民指示，不打苗民土豪，不杀苗民有信仰的甲长乡长。（二）山田牛少，居民视牛如命，绝不应杀牛，土豪牛要发给群众，严厉处罚乱杀牛者。（三）加强纪律检查队、收容队工作，在宿营地分段检查纪律。开展斗争，立即克服一切侵害群众、脱离群众行为。提升红军在群众中的形象，同样是遵守纪律的表现。

在长征途中，沿途百姓或出于对以往屡遭兵祸的恐惧，或经不住反动势力的宣传恐吓，早在红军过境前，所经城镇村寨中的青壮男女早已逃进深山，村寨中往往见不到百姓，偶有留下的少数老人，红军战士便热情、耐心地对他们进行宣传解释工作，说明红军是为劳动人民谋利益，反对国民党军阀的队伍。红军宣传员还在墙壁上刷写标语，反复宣传党的民族政策和红军的宗旨。同时，红军打土豪、分田地，开仓放粮，打开监狱释放被关押的劳苦群众；在少数民族地区废除了封建的“换班坐质”制度；廉价甚至免费提供内地百姓最为缺乏的食盐；宁肯露宿街头村口，也从不强占民房；红军卫生员还负责给当地伤病的贫苦百姓免费医治……红军指战员们坚决保护当地居民的住房、财产，绝不随意动用群众的东西；凡不得已借用了群众的粮、油、柴、盐等物，也都留下银钱做报偿；等等。

红军讲求信誉，不强迫抓丁拉夫的行为，也给沿途群众留下良好的印象。陈云在《随军西行见闻录》中记载：“据由管理科长代我招来之伕子说：‘红军来了，我们穷人才有一口饭吃，不说别的，像我这样当挑伕，每两天工钱就一元，而且先付十天工资安家。我家里那两个村子上前昨两天即有八十八个人去当红军挑伕了。’湘南农民之相信共党有如此之深，而且不是一处，在湘南以至全州附近渡过湘江时，所过城镇乡村，都是如此。至此而我更深叹剿共之不易矣。赤军进嵩明城及官渡时，赤军立即召集由地方交来之几百伕子、向导开会，即席宣布他们不是南京军而是赤军，并询问伕子是出钱雇来抑系强迫派来当兵差者。众伕子异口同声均称被强迫派来，并言概无工资，家中妻小亦概因本人出外而饿死。赤军当即宣布：‘云南军阀官僚如何使你们吃苦，红军现决全部放你们回家，但如有人愿为红军伕子者，每日工资五角大洋，先付半月工资安家。’当时十分之九以上之伕子及向导均愿被赤军雇用，只有十余人则要求回家，当由赤军发给每人一元之路费回家。”渡金沙江时，“船夫第一天只有十八人，后闻增加至二十七人。工人之所以能增加者，由于赤军渡河司令部除派共党干部进行宣传工作外，并优给工资。闻每天日夜工资现洋五元。且日夜进食六次，每次杀猪，并闻渡河以后，共党即毁船，船为当地彝家领袖金土司所有。但念船夫之生活暂时将绝，故每人除工资外，各给现洋三十元，因此船夫中有大部对赤军有好感而随赤军入川者。”

对俘虏兵，红军也严格执行“宽大优待俘虏，不搜俘虏腰包”的政策和纪律，愿意留下来参加红军的欢迎，愿意回去的发给路费，并给俘虏伤员医治，这也起到了良好的效果。

对于模范遵守纪律的连队，红军政治部门在部队中创办的报纸上还专门登载其模范事迹，进行通报表扬，并号召其他连队学习。如1934年11月14日，《红星》报登载了《值得学习的》一文，报道“‘红星’工各（兵）连自出发以来，对于上门板、捆禾草、打扫房子非常注意。经过四五次的检查，不上门板、不捆禾草、不打扫房子的现象没有发生。其主要原因：是由于广泛地进行了关于遵守纪律的宣传教育，特别是干部能够经常注意督促和检查。这是值得各部队学习的!”，对“红星”工兵连队进行了表扬。

长征中，红军对违反纪律现象的惩治，也是非常严厉的。除了对违反纪律的现象进行通报批评外，对违反纪律的个人也进行批评教育甚至纪律处分。《红星》报登载过某部管理排长不经没委会（没收委员会）的同意，“私自跑到群众家里挖窖子，经同志劝后毫不承认错误。第二次过固陵时，又私自乱拿群众的东西。这种破坏红军纪律的家伙已由营机关撤职禁闭”。对那些被认为问题严重的人甚至要采取处死的办法予以惩罚。采取这样严厉的惩治措施，在当时虽有个别领导干部“左”的错误认识问题，但也是不得已而为之。在长征那种异常艰苦险恶的环境中，只有保持铁的纪律，红军才能保证命令的坚决贯彻执行，才能在沿途赢得群众支持，才能在部队中不断凝聚起高昂的革命情绪和战斗力。

与红军严明的纪律、良好的形象相对比，参与“围剿”红军的地方军阀部队和民团武装的纪律和形象则败坏不堪。国民党政府联合地方军阀共同“围剿”红军，地方军阀部队败坏的军纪加上政府军队的强派税款、抽丁拉夫的种种作为，在红军坚定的执行“三大纪律八项注意”等严明纪律的现实面前，无论国民党中央军及地方军阀如何不遗余力地宣传共产党“共产共妻”、红军“杀人越货”，一切便都不攻自破了。

沿途政治宣传的影响力

长征中，中国共产党领导红军通过各种方式和途径，向沿途宣传自己的政治理念和主张，发动群众起来斗争地主，抗捐、抗税、抗租，组织各类革命团体，建立政权，组建革命武装，扩大红军，开展革命斗争。在斗争中，革命的政治文化得以迅速传播；沿途群众在面对中国共产党的政治文化传播时，基于利益诉求的不同，不同的人群，其政治态度和情感迅速分化，态度分化的过程，也是其政治立场选择的过程。

一、唤起了民众的普遍支持

红军的长征，在沿途停留虽然短暂，但红军所承载的共产主义文化，带给沿途的政治文化生态系统一个强烈的冲击。态度和情感，最终都要外化为行动。在中国共产党和红军的感召下，长征沿途底层群众从一开始不了解红军，对红军有恐惧、逃避的态度，到通过红军的宣传和严明的纪律，认识了红军，进而在红军领导的打土豪行动中，在参加革命团体开展的革命斗争中得到了革命教育和训练，转而热烈地用实际行动来欢迎、支持和拥护红军。

红军帮助广大底层人民打土豪、分财物，抗税抗捐，使得劳苦群众翻身得解放，因而赢得了沿途广大劳动人民的信赖与热爱，他们给予红军以积极的支持。红军在长征途中遇到的许多难以想象的困难，都是依靠地方群众的帮助解决的。为红军做向导、送情报，帮助红军架桥、抬担架、运送物资。红军“入湘南时，资兴、郴州、宜章一带……居民沿途烧茶送水，招待红军”。红军先头部队“进入灌阳后，立即在灌江上架设浮桥，以便主力通过。附近的文市、水车、宾家桥、大车田一带的群众闻讯，自告奋勇赶来参加，仅文市一处就有一百多人。他们将自己家里的木料、门板，甚至把床板也扛来给红军架桥”。

参加长征的红军指战员在回忆中不止一次地提到沿途百姓欢迎红军的场景，“行军时，每过一村一镇，或进入城市，男女老幼立于路旁，观者如堵”。在道州附近，因部队“过桥迟缓，有十数农民即扛一桥板来帮我搭桥，这可见此地农民一般的对红军苏维埃之十分爱戴了”。耿飚回忆，在贵州板桥，“打过土豪，分完财物，许多青壮年立刻就要求参加红军，几个老年人还向我详细地讲述了娄山关和桐梓县城的地形情况。并告诉我们，娄山关东面有一条小道，可以绕到桐梓县城……这是一个重大的收获”。

据不完全统计，长征途中，有近20000名各族青壮年加入了红军队伍。仅中央红军经过贵州、云南时，就有五六千人参加红军，其中有不少当地苗、彝、瑶等少数民族青年，为此，红军部队中曾专门设立了回民连、苗族排、彝族班等以少数民族为主的连排军队建制。

红军在长征沿途百姓家安置了大批不能随军前进的伤病员，红军离开后，当地反动势力卷土重来，视这些红军伤病员为“散匪”，派出军队和地方武装配合区、乡、甲进行“清剿”。沿途许多百姓，不顾反动势力制定的“窝匪同罪，株连全家；知匪不报，全保连坐”等高压政策，在“私自掩埋红军尸体也是通匪”的禁令下，仍不顾安危，舍生忘死，在极其危险的境况下救护了一批红军伤病员和地方游击队员，上演了一个个可歌可泣的故事。

中央军委纵队于1935年3月3日回到遵义，“当我们四渡赤水，返回遵、桐一带时，常常看到许多感人肺腑的情景：沿途的干人们冒着生命危险，把我军留在干人家里的伤病员掩护起来，想尽办法尽快地把他们的伤病治好。老妈妈还亲自带着病伤治愈后的战士来归队。我们把银元送给老妈妈，她们坚决不要，而老妈妈送给我们的苞谷粑粑，却非让我们收下不可。沿途参军的干人也不少，各连队每天都要接待新来的阶级兄弟。贵州的干人们和中央苏区的工农群众一样，是和我们心连心的”。

曾参与围追堵截红军的桂军第七军十九师五十五团在《一年来工作概述》中也提到，“曾经受匪的洗礼、麻醉过的民众，或许仍有若干的对于军队加以嫉视和伤害”。贺龙曾指出，“国民党军队打仗，靠飞机大炮。我们红军靠什么呢？靠群众。人民群众拥护我们，我们就能立于不败之地”。可以说，红军长征，如果没有沿途百姓的支持，是很难取得胜利的。

二、软化地方军阀和豪绅的敌对态度

中国共产党和红军以反帝、反封建，开展武装斗争，进行土地革命，实现民族独立和广大人民翻身得解放为主要任务，他们要反对的敌人，一是帝国主义侵略者，二是以封建地主阶级、官僚资产阶级为统治基础国民党反动政府，这当然包括了地方军阀和地主阶级势力。这势必引起这些反动势力对共产党和红军的敌视。当时的现状是，军阀势力之间仍存在着实际上的军事割据，国民党统治集团内部在现实的利益选择时刻，基于策略上的需要，地方军阀、地主阶级开明士绅群体，仍有可能与共产党和红军在政治的具体层面达成某一方面的一致。

1. 地方实力派对红军的态度

长征中，中国共产党和红军利用敌人的内部矛盾，积极开展统战工作，纵横捭阖，为有效分化和瓦解国民党军队的围追堵截创造了有利态势，有效削减了红军长征的阻力，使红军不仅跳出了敌人的包围圈，顺利到达了目的地陕北，取得了战略转移的胜利，而且在西北形成了“三位一体”的统战局面，为抗日民族统一战线的最终形成奠定了坚实的基础。

与广东军阀陈济棠秘密谈判，使红军成功跨出了敌人的包围圈。长征开始前，共产党就开始派人与广东军阀陈济棠进行秘密谈判。陈济棠在中共共同抗日主张的号召下，派人找到红军的一位高级将领在广州的亲属并通过他向红军传话。1934 年 9—10 月间，在周恩来的主持指导下，中共谈判代表何长工和潘汉年与陈方代表进行了秘密谈判，最后达成了就地停战，互通情报，解除封锁，相互通商和必要时互相借道等协议。这样，在红军战略转移经过广东时，陈济棠以不侵占广东地盘为限，按约后撤 20 公里，使红军未经较大战斗就顺利通过了封锁线。

对于桂系李宗仁、白崇禧集团，贵州王家烈，云南龙云，四川刘湘、刘文辉、杨森、邓锡侯等军阀，红军巧妙利用了中央军与地方军阀之间的矛盾：在蒋介石看来，红军长征是他扫除异已、扩展势力范围的一次难得机会。地方军阀对蒋介石的如意算盘也是心知肚明。蒋介石一方面要“围剿”红军，另一方面还要收拾地方军阀；而地方军阀也做好了两手准备，一方面要防止红军进入其统治的地盘，另一方面又要阻止蒋介石中央军势力的渗透和并吞。这样一来就造成了国民党中央和地方军阀之间激烈的明争暗斗。遵义会议后，在以毛泽东为首的新的党中央的正确指挥下，红军成功地把握了蒋介石与贵州军阀的矛盾以及川、黔、滇等省地方军阀之间的矛盾，积极开展统战工作，巧妙利用了他们之间的这种矛盾攻占遵义新城，取得了大捷；四渡赤水，冲破了敌人的重重包围，为战略转移目标的实现创造了条件。

红军东征山西期间，开展了争取晋系军阀阎锡山的工作，通过被俘的晋军第六十六师第三九二团团长郭登瀛，向阎锡山带话，经过不懈努力，1936 年 9 月，阎锡山接受了中共提出的几个条件：

一、宣传共产党抗日救亡的主张，不应受到限制；

二、对抗日救亡有利的事情都做，不利的事情不做；

三、在用人方面给予方便，并保障人身安全。

这在事实上与阎锡山建立了抗日民族统一战线。长征到陕北后，红军与东北军和西北军达成了停战协议，形成了“三位一体”的局面。

2. **开明士绅对红军的态度**

与反动地主、民团的态度截然不同的是，长征沿途，有不少思想开明、对红军抱有同情与了解的开明士绅，他们或赞同红军主张，支持并帮助红军，或保持中立，与红军各安现状。如遵义城医药界以谌明道为首的进步人士对红军给予了很多帮助。红军第一次到遵义，遵义太平药房老板谌明道知悉红军缺乏药品，优惠卖给红军价值大洋1000多块的药品和器械，二进遵义时，又将价值500大洋的药品转卖给红军总卫生部。在云南境内“地主们都在土围子内不敢出来”。“因为地主把粮食搬到土围子里，使得我军买不到粮食，改变了临时的策略，采取对各村的土围子进行喊话宣传，要他们把粮食卖给红军，这样效果很好，有好些土围子开门来卖粮给我们。”

在开明士绅中，最为著名的要数贵州开明士绅周素园了，当红二、六军团快到毕节时，国民党专员莫雄叫他赶快走。他却十分平静，不慌不忙地对他说：“我没有多少家当，不必走。”红二、六军团到达毕节后，王震、夏曦得知周素园没有逃离，他家还存有许多马克思列宁主义的书籍，并且圈圈点点，认真地阅读过，当即登门拜访。他们询问其为什么要看马克思列宁主义的书时，周素园坦诚地说：“我研究马克思主义10年了。我觉得马克思主义好。我相信马克思主义。”王震和夏曦听了周素园的话，感到满有兴趣，便试探性地说：“你研究马克思主义好，现在我们共产党的政策是抗日反蒋，你赞不赞成？”他坚定地说：“我赞成，完全赞成。”任弼时得知后，感到新奇，亲切地会见了周素园，并同贺龙交换意见后，决定请他出任贵州抗日救国军的司令员，他欣然同意。抗日救国军在周素园的领导下，很快发展到1000多人。他利用自己同云南龙云和孙渡等上层人物相识的有利条件，给他们写信，宣传共产党和红军抗日救国主张，后周素园随红军长征到陕北。

长征胜利的第❻个理由

明争暗斗的对手乱局

1934 年，第五次反“围剿”失利之后，中央红军撤出中央革命根据地，被迫开始了长征。蒋介石没有就此罢手，他依仗全国政权、军权的力量，调集国军 26 个整师 30 余万兵力；由国民党中央军、粤军、桂军、湘军、黔军、川军、滇军、川康军等八支“追剿”大军进行围追堵截，企图将中央红军彻底消灭。

西南六省是中央红军长征主要经过的地区，然而，六省的军阀保持着半独立的状态，蒋介石对这些拥有实力而又非自己嫡系的军阀，既要笼络，又要排斥消灭。在蒋介石看来，红军长征是他扫除异已、扩展势力范围的一次难得的机会。地方军阀各个集团在红军突围、蒋介石严令堵截的形势下，意识到蒋介石一定会玩弄一箭双雕的伎俩。

综观蒋介石的所作所为，他确实是双管齐下，既要“围剿”红军，又要收拾地方军阀。蒋介石这种排斥异已、抢占地盘、借刀杀人的阴谋使各省军阀极为不满。为了防止红军进入其统治地盘，拒阻蒋介石的渗透和吞并，地方军阀们都做了相应的两手，由此引来了国民党中央和地方军阀之间的激烈的明争暗斗，形成了各自为战、互不救援的围堵乱局。中华苏维埃的中央红军成功地利用了蒋介石与地方军阀之间的矛盾，机动灵活地穿插于敌人重兵之间，从而屡屡突破敌人的重围。同时，蒋介石的战略战术因循守旧，内耗严重，指挥失灵，贻误战机等，使得整个围堵部署漏洞百出……从这个意义上讲，敌人内部的矛盾和由此而进行的明争暗斗，极好地“援助”了中央红军。也成了红军最终实现战略转移的有利因素。

图谋“一石二鸟”的中央军

蒋介石欲借追击红军结束西南割据局面，他曾对自己的“文胆”陈布雷说：“川、黔、滇三省各自为政，共军入黔我们就可以跟进去，比我们专为图黔而用兵还好。川、滇为自救也不能不欢迎我们去，更无从借口阻止我们去，此乃政治上最好的机会。今后只要我们军事、政治、人事、经济调配适宜，必可造成统一局面。”虽然他妄图聚歼红军于黔北一带的计划并未实现，然而却得了一个贵州。正如李宗仁所说：“共军西窜，未替蒋先生打下广西，却打下了一个贵州。”

蒋介石及其中央军同军阀王家烈的矛盾和斗争，致使“桐梓系”内部分裂，对红军的长征在客观上起了“配合”作用。黔东南空虚，乌江江防不严密，王家烈、薛岳互相观望。而薛岳借刀杀人的一招，不仅使王家烈损失惨重。也使国民党中央军的两个师几至完全覆没，致使他在以后一个月内不敢轻举妄动。

一、陈诚说：“剿共有了薛伯陵，等于增加十万兵”

1934 年 10 月 10 日，中共中央、中革军委率领中央红军第一、第三、第五、第八、第九军团及中央、军委直属队共 8.6 万余人，乘着夜幕，从江西瑞金、古城等地出发。悄然踏上了充满艰辛与危险的西征之路，这就是著名的二万五千里长征开端……

薛岳，又名仰岳，字伯陵，绰号“老虎仔”。国民党陆军一级上将。帮助蒋介石完成从东南到西南、从西南到西北，迢迢万里长追“伟业”的，在红军中从总司令到普通一兵无人不知、无人不晓的对手就是他。此时，作为国民党陈诚军事系统的一员大将，时任国民党北路军第六路军总指挥的薛岳得知红军突过赣南信丰、安远间粤军封锁线后，立即以十万火急电报分电北路军前敌总指挥陈诚、总指挥顾祝同及蒋介石，主动请战，要求率所部追击。蒋介石、顾祝同、陈诚分别复电，同意由薛岳率军追击，并对其战斗精神大加褒奖。

然而，“追剿”军前敌总指挥人选的问题。蒋介石初意是陈诚，毕竟陈诚在第五次“围剿”中“居功至伟”。而陈诚却保荐薛岳。几番思虑，蒋介石同意了陈诚的推荐：以薛岳率领中央军九个师负责“追剿”。陈诚则任预备军总指挥，集中亟待休整的嫡系部队作为机动兵团，策应各方面的需要。红军从宁都开始了突围西征，后来叫长征。薛岳也从兴国开始了跟踪“追剿”，后来叫长追。

1934 年 11 月上旬，中央红军连续突破了两道封锁线后，前锋进抵粤湘边。12 日，蒋介石发布命令：以何键为“追剿”军总司令，薛岳为前敌总指挥，指挥湘军与中央军共计 16 个师 77 个团“追剿”中央红军，中央军归地方军阀指挥，这可是前所未有之事。蒋介石自有他的一番道理：何键原是西路军总司令，红军既已进入西路作战地境，何芸樵（何键字芸樵）理当出任总司令。这当然是蒋委员长的冠冕堂皇之语，而真正的用意却是：此举可将湘军主力调离湖南，使何键更易受控制。但他没有把自己的如意算盘告知薛岳。

一直蒙在鼓里的薛岳自然不服气。在他看来，要他屈居于资历和地位皆不及他且又非嫡系的何键之下，简直是一种耻辱，便当即向他的主子陈诚电告了这种不满。陈诚很快复电安慰，认为薛岳率中央军入湘，又以前敌名义兼任指挥湘省第四路军各师，将来越境追歼有利于国家大局。同时又强调，委座这样安排是有深意的，可以瓦解粤桂湘三省军队联合的趋势，希望薛岳能率湘军进入外省，行调虎离山之计，使何键无所凭借。蒋介石听说此事后，暗自心喜，他正巴不得薛岳的这些牢骚话都传到何键耳里，更显出自己对何键的“器重”。当然，他还要倚仗薛岳为他的“剿共”大业卖命，对这员虎将自然也要安抚一番，在短短几天内就两次亲笔致函薛岳，指示机宜。薛岳也不傻，体会到了委员长的这番良苦用心，便把怨气咽下，急驰衡阳上任。

16日，薛岳赶抵衡阳，第二天，遵照蒋介石的指示，何键在衡阳召开军事会议，商讨“追剿”计划。会上，薛岳侃侃而谈……其实薛岳只不过扮演了一个高级传令兵的角色，何键心中雪亮，也不便当众点破，虚夸了薛岳几句之后，就让他的参谋长柳善宣布作战序列和任务。当然这也是早已定盘的。薛岳听了这个作战方案，心中冷笑不止。这只不过是蒋介石部署要旨的具体化，处处透着蒋介石的心机：把湘军与桂军摆在正面，严严实实地封闭红军通过湘江的道路，而中央军精锐主力可借追击红军之机，打破粤、桂及西南各省各自为政的半独立状况。

二、王家烈主动请缨，薛岳却按兵不动

中央红军渡过湘江后，即经西延、龙胜边沿山岳地区北进。蒋介石唯恐红军再度回湘与贺龙、萧克的红二、红六军团会师，急忙电令薛岳布置堵截。此时，“追剿”军总司令何键忧喜交加。喜得是红军主力向西而去，即将离开湘境；忧的是害怕蒋介石釜底抽薪，以“追剿”红军为名令薛岳把湘军主力调离湘境，脱离自己的指挥。于是，老谋深算的何键假意与薛岳“协商”，将“追剿”军分成两个兵团：原湘军各师为第一兵团，何键深恐湘军入黔后自己失去控制，便以阻击湘西贺龙、萧克“股匪”为由，连电蒋介石苦苦要求将湘军中自己的嫡系部队调回湘西沅陵集结。由薛岳率领第二纵队和机动纵队为第二兵团继续尾追红军。

1934年12月中旬，红军由湖南通道西进入黔。黔军虽有五个师，人数也不少，但派系林立，装备不齐，缺乏训练，而且上至军长下至伙夫，人人吸食鸦片，号称“双枪兵”（一支步枪，一支烟枪），战斗力极差，简直就是一群乌合之众，怎能抵挡住红军凌厉的攻势。15日，红军攻占黔东重镇黎平。黔军果然毫无招架之力，一触即溃，败下阵来。红军进境，步步紧逼，王家烈慌了手脚，急忙致电蒋介石，“恳请飞令到湘各军及桂军入黔”。……然而，蒋介石首先要拣软柿子捏，拿王家烈开刀。他密令薛岳：“黔军力弱，恐难防堵，希督励所属，克日迅由晃县、玉屏直趋镇远

截击，并据贵阳，以期一举聚歼。”薛岳心领神会，不管王家烈的“请军”是真是假，令所部以急行军速度长驱直入贵州。

与此同时，红军于1935年1月2日强渡乌江。几天后，王家烈到贵阳城以东百里之外的马场坪会见薛岳。谁知，薛岳的第一句话竟是“语重心长”地对他说：“你的政治上的敌人是何敬之（何应钦），以后要对他取远距离，应该走陈辞修（陈诚）的路线。”王家烈顿时惊得目瞪口呆，一句话也说不出来。原来不仅是他的黔军内部派系林立，蒋介石的嫡系中央军内部也是山头众多，而且不仅在中央搞，竟然带到了地方；不仅平时闹，竟然深入了战时。王家烈不知道薛岳此番入黔，利用追击红军的同时还打着自己的如意算盘。在“追剿”红军的过程中，薛岳愈发认识到：光有自己的军队还不行，必须要有自己的地盘。他看中了贵州。一者掌握黔省，北可入川，西可入滇，南可入桂；同时对三股强大的地方实力派、也是蒋介石的三个心腹大患形成威慑。居此一省以镇三省，何愁在中央无牌打，何愁在地方无根基？再者黔军太弱，他带来了中央十万大军；黔军腐败，他带来了中央的恩德，而且此时图黔，正合蒋介石之意。

此时，薛岳名义上仍受“追剿”军总司令何键的指挥，但他除了向何键通报一些情况外，一切重要军务俱直向蒋介石请示。他首先要整倒王家烈，取而代之。在这方面，“老虎仔”可是动足了脑筋：进抵贵阳城，屁股还没坐稳，他就急忙派人接管了贵阳城防，将贵阳的军、政、财大权夺了个干干净净。然后又派亲信暗中调查王家烈统治贵州几年来的反蒋行动，一股脑儿报给了蒋介石。在军队方面，薛岳采取了分化收买的策略。派人秘密调查黔军内部派系斗争的内幕，对王家烈的“左膀右臂”进行拉拢利诱。薛岳的这番苦心果然没有白费。没过多久，蒋介石发布命令：薛岳荣升贵州“绥靖”主任。心满意足的薛岳认为贵州全省军权在握，更加快了攫取贵州省政大权的步伐。

王家烈眼见在贵阳已无法立足，只得另谋他途。他是黔北桐梓人，丢贵阳都可，就是不愿丢遵义。毕竟遵义地区资源比较富裕，若被红军久占，将地方豪绅浮财打光、民团枪支搜尽，以后想恢复就更加不易，且黔北为自己桑梓之地，应该首先恢复。到不得已时，再向西北。但遵义还被红军占着，久久不见中央军有收复之意，王家烈着急了，主动去找薛岳请缨："黔北是我桑梓之地，愿亲率所部，打过江去。"谁知，最愿与红军打仗的薛岳，这时又变得最不愿意打仗了，连连摇头道："目前部队少了，不会成功……"

三、"长追将军"有苦难言，"共军拐个弯，我们跑断腿！"

在 1934 年 12 月 10 日开幕的国民党四届五中全会上，因为对中央苏区的全面占领和湘江一役战果辉煌，蒋介石好不风光。出席会议的国民党中执委、中监委纷纷表示：希望委员长率领国军"再接再厉"，将共匪"根本歼灭"。可三个多月过去了，不但没有"根本歼灭"，反而让红军一口气吃掉了五六千人，打垮了十几个团。尤其是遵义一役，吴奇伟惨败，简直把中央军的颜面都给丢尽了，蒋介石又怎能不窝火生气，致电薛岳要其查明罪责以申军纪。

接着，蒋介石飞抵贵阳督战，命令各部队首领："凡我驻川、黔各军，概由本委员长统一指挥，如无本委员长命令，不得擅自进退，务期共同一致完成使命。"蒋介石实际代理了薛岳的指挥，如同一个战场指挥官。薛岳遇事不请示即不敢办，反把他封疆大吏的气势压得荡然无存。自此，薛岳指挥的追堵陷入了茫然慌乱，部队疲于奔命，败绩连连。手下人牢骚满腹，怪话连连："共军拐个弯，我们跑断腿！"

4 月底，薛岳率部跟踪进入云南。由于滇军主力已被红军调出，云南全省呈空虚状态，昆明更是没有多少正规军。红军入滇后，一路畅通无阻，前锋直抵嵩明、寻甸附近，距昆明不过 60 余里。坐守空城的龙云十分紧张，急电薛岳驰援。可是，红军仅仅是战略上的佯动，薛岳率部追至嵩明、富民附近，因不知红军行动意图，不敢再沾尾穷追，遂致电龙云：称他率吴奇伟纵队等中央军主力不日即开赴昆明。他准备以逸待劳，先入昆明观察一阵动向再说。龙云可不是王家烈，数月前中央军进驻贵阳，把王家烈一脚踢开的情景立即浮现在眼前，不可不防；但他又不能做得太过，毕竟薛岳是蒋介石跟前的大红人，得罪不起。绞尽脑汁，终于想出了应付的办法，复电称：中央军当然要“追剿窜匪”，但各军师除采买人员凭证入城外，部队不许进入昆明。薛君个人来省，我当表示欢迎。大军入滇，大可不必，昆明城小，容不下七八个师！薛岳吃了闭门羹，简直被气蒙了，破口大骂：“这个老狐狸，我们辛辛苦苦地在为他奔波卖命，他坐在城里充老子，指手画脚的，狗屁东西！”

四、多年后，薛岳仍恨恨地说：“当年未能灭共是军人之耻事”

1935 年 7 月，蒋介石将薛岳部北调甘陕，原驻西北的第三路军胡宗南部归薛岳指挥阻击红军北出甘肃向西北发展。然后他最寄予厚望的“王牌师”胡宗南的第一师在松潘不仅没有“困死红军”，反倒被拖得疲惫不堪；紧接着，鲁大昌的新编第十四师一败再败，相继失腊子口、花园，红军越过岷县抵达哈达铺；随后，红军如入无人之境，直趋陕北……红军陕北会师后，此时蒋军精锐也皆集于西北，而红军三个军团加起来才万余人，实力悬殊，对手又是薛岳，红军处境可谓非常危险。不过 10 月底蒋介石犯了个致命错误，他竟改命薛岳东进湖北“围剿”贺龙，将西北“剿共”军事全权交给张学良。薛岳依令而行，率部撤至南充、重庆后折回川北，转而进攻南下的四方面军。自此，薛岳率中央军以江西兴国为起点，历经江西、湖南、广东、贵州、云南、四川、西康、甘肃九省，为时一年，苦不堪言的万里追终于以失败宣告结束。

长追期间，李以劻在薛岳的第六路军司令部里任上校参谋，他曾受命编纂关于薛岳的“精忠”事迹。其间，薛岳多次对他谈起“追剿”经过和蒋介石的机密指示。李以劻回忆道：1945 年冬抗战胜利后……有一次我同薛的胞妹薛官玑到薛住所，薛嘱其妻方少文打开一个皮箱，满满都是蒋介石十余年来亲手写给他的信件和机要手令，他抽出几封交我阅读；其中有三封是关于对长征红军“追剿”的决策……薛岳在一旁仍恨恨地说；“当年未能灭共是军人之耻事！”随即，这位当年的“长追将军”无可奈何地长叹道：“现在来打，就不容易了！”

1935 年 9 月，在结束了三期峨眉山军官训练团培训工作后，蒋介石下山时心情郁闷，他在日记中写到对长征“围剿”失败的感慨：“六载含辛茹苦，未竟全功。”1936 年 4 月 9 日，周恩来与张学良在肤施（今延安）天主教堂举行秘密会谈，取得重大突破，张与红军私下达成妥协，保持合作姿态，减轻了红军在西北地区的军事压力，一年后酿成了举世瞩目的西安事变。

以“安境保民”为主的粤军

中央红军开始战略转移后，准备到湘西去与红二、六军团会师。蒋介石仔细考虑了中央红军可能经过的地区情况，布置了四道封锁线：第一道封锁线设于江西信丰、安西和安远，防守部队为陈济棠部余汉谋纵队；第二道封锁线设置在汝城以南的天马山至城口，由何键的部队防守；第三道封锁线位于湖南的宜章，由何键与陈济棠协同防守；第四道封锁线位于湘桂边境，由湘军和桂军协调防守。蒋介石希望通过这四道封锁线将中央红军彻底消灭，同时控制西南地区。于是，长征红军碰到的第一个障碍便是广东军阀陈济棠。

一、粤、桂同病相怜，“小诸葛”暗施“药方”

陈济棠，字伯南，国民党陆军一级上将。他在国民党将领中素以骁勇善战而著称。当时，桂系军队强悍无比，又有人称“小诸葛”的白崇禧指挥，更是目空一切，但却数败于陈济棠之手。防守南线的粤军主将陈济棠保持广东半独立局面长达 8 年之久，有“南天王”之称。作为独霸一方的军阀，陈济棠在反共的问题上与蒋介石是一致的。但是陈济棠深知蒋介石的用心，他担心蒋介石借红军之手消除异己损害自己的力量，更担心蒋介石趁他与中央红军作战时，突然进入广东，自己连老巢都保不住……

1933 年秋，蒋介石坐镇南昌，亲任“剿匪”军总司令，苦心筹划对中央苏区的第五次“围剿”。此次进攻中央苏区的国民党军总数为 64 个师又

7个旅，共计50余万人，分为北路军、南路军、西路军及其他堵截部队。其中，南路军下辖粤军11个师又1个旅，陈济棠为总司令，筑垒扼守赣粤边境之武平、安远、赣县、上犹地区，阻止红军南进及渡江西进，并逐步向筠门岭、会昌地区推进，协同北路军作战。对陈济棠来说，阻敌“向南发展”的“敌”不仅是红军，当然还包括蒋介石的中央军。于是，他一面积极调兵遣将，摆出要与红军决一死战的架势；一面又严令所部要慎重行动，不得轻易出击。

见南线粤军只喊不打，迟迟不出击，蒋介石大为恼火，三番五次严令陈济棠率南路军“进剿”出击。但陈济棠仍旧我行我素，虚与委蛇，采取“你敲你的锣、我打我的鼓”的应付策略，和红军保持着相对平静，静观其变。这时，蒋介石双管齐下，对陈济棠威逼利诱，一方面以粤糖免税办法为诱，另一方面在军事上进一步威胁，摆出一副出兵粤境的架势。陈济棠苦思冥想后，认为红军主力元气大伤，且重点布防在北线，南线的红军多为地方部队，不仅人数少，战斗力也较弱，可以打一打，弄出点战绩，也好向蒋介石交差。坚守筠门岭的红军与数倍于己的粤军浴血奋战数日，但终因伤亡过大，被迫撤出筠门岭，留给粤军一座空城。

在粤军大举进攻筠门岭同时，老奸巨猾的陈济棠深恐驻粤东兵力抽调后，蒋介石嫡系会乘虚突袭，便授意李扬敬夸大驻寻乌、筠门岭地区的红军人数，向蒋虚报。并借机增调第二军第五师加入第二纵队，名为加强前线作战，实为增强粤东兵力，以防蒋军突袭。进占筠门岭的陈济棠大肆宣扬，向蒋介石请功。蒋委员长心知肚明，但在“围剿”的关键时刻还需要利用地方军阀为他冲锋陷阵，于是传令嘉奖粤军，赏大洋五万元，并命粤军乘胜追击，直捣会昌，以配合北线夺占广昌。蒋介石的心思，陈济棠自然也是一清二楚，赏钱收下，至于“直捣会昌”，还是免了吧。

综合多方情报，陈济棠察觉到红军有突围实施战略转移的动向。而蒋介石又不怀好意，想借此时机逼迫红军进入粤境，这一点陈济棠早有思想准备。第五次“围剿”的部署本来就是北重南轻。在北面，蒋介石先后集中了40多个师的重兵，步步为营向南推进，明显是要把红军压入粤境。如今红军转移的迹象日益明显，被迫入粤的可能性也越来越大。试想如果10

万红军倾巢入粤，绝非粤军所能力敌。螳螂捕蝉，黄雀在后。蒋介石数十万中央军紧随红军入粤，广东数年之经营成果必然灰飞烟灭，毁于一旦。于是，他请过去的死对头、有“小诸葛”之称的桂军主将白崇禧来粤，共商大计。

粤桂之间在历史上素有恩怨，既有李济深时期的联盟，又有陈济棠时期的血战，但在防共防蒋问题上，却一直是同病相怜，可谓“同仇敌忾”。白崇禧来粤后，陈济棠召集军参谋长以上诸将官，端坐会议桌前认真聆听白崇禧对形势的分析。长于分析的白崇禧，把当前的形势讲得相当透彻，陈济棠大为信服。白崇禧献上的策略是：侧重一个“防”字。置重兵于边界各线，广筑坚固工事，达到让共匪知难而退、寻找新的突围方向的效果，最好让共产党觉察你的意图，如能彼此心照不宣而各行其是。白崇禧所说的“让共产党察觉你的意图”其实就是指与共产党谈判。陈济棠心领神会，督令各部大筑坚固工事，依山傍水垒石结寨，摆出一副固守架势，同时尽可能避免与红军发生大规模的冲突。不仅如此，陈济棠还默许所部与红军在经济上有一些暗中来往。当时蒋介石对中央苏区实施“经济围剿”，苏区所必需的食盐、布匹、药品等物资十分缺乏，价格昂贵。陈济棠的一线部队指挥官颇具经济头脑，看到了其中的商机，便和当地豪绅串通，偷偷将食盐、布匹、药品贩入苏区，牟取暴利，狠狠地赚了一笔。对渴中求水的红军而言，这自然是件巴不得的事。

二、粤军与红军私下达成“借道协议”

1934 年 4 月，粤军进占筠门岭后，陈济棠采纳了白崇禧的建议，立即停止交战行动，开始寻觅建立与红军的直接联系。从南线粤军的种种迹象间，周恩来把准了陈济棠的脉搏，并在随后与陈济棠的谈判中又一次显示出高超的外交才能。7 月底，周恩来派专使秘密潜入广州，辗转和陈济棠接上了关系，向他宣传“中国人不打中国人，枪口应一致对外”的道理。陈济棠正巴不得红军有此一举，便爽快答应，表示赞成中共在三个条件下“同全中国武装队伍联合起来共同抗日”的主张，愿意通过谈判来协调双方的关系。双方经过谈判，很快就达成了停战协议，并建立了秘密通信联系。9 月，国民党北路军、东路军向中央苏区核心地带逼近。陈济棠即派出一个称为“李君”的代表，秘密赴苏区面见朱德，要求举行秘密谈判。红军此时正在寻找战略转移的突破口。两方一拍即合。朱德立即给陈济棠复信，同意谈判。

时任粤赣军区司令员兼政治委员的何长工回忆道：1934 年，大概是秋天，陈济棠派来了姓李的代表，此人系黄埔学生，来到我们中央苏区，要求和我们谈判。因我是南线红军的负责人之一，并提议由我担任我方军事全权代表。之前军委主席朱德即致信陈济棠，首先申述民族主义和建立抗日反蒋统一战线的必要性。信中说：“华北大好山河，已沦亡于日本，华南半壁亦岌岌可危。中国人民凡有血气者，莫不以抗日救国为当务之急。陈等深知为达此目的，应与国内诸武装部队做作战之联合，二年前苏维埃政府即宣告，任何部队，如能停止进攻苏区，给民众以民主权利及武装民众者，红军均愿与之订立反日作战协定”。他对协定具体提出了如下几条：

一、双方停止作战行动，而在赣州沿干河至信（丰）而龙南、安远、寻乌、武平为分界线。上列诸城市及其附近十里之处统归贵方管辖，线外贵军，尚祈令其移师反蒋。

二、立即恢复双方贸易之自由。

三、贵军目前及将来所辖境内，实现出版、言论、结社之自由，释放反日及一切革命政治犯。

四、真正切实实现武装民众，即刻开始反蒋贼卖国及法西斯阴谋之政治活动，并切实作反日反蒋各项准备工作。

五、请代购军火，并经（筠）门岭迅速运输。

与红军谈判事关重大，陈济棠极为小心，为掩人耳目，粤军还为红军谈判人员何长工、潘汉年专门准备了两顶花轿。经过三天三夜的谈判，双方终于达成了五项协议：（1）就地停战，取消敌对局面；（2）互通情报，用有线电通报；（3）解除封锁；（4）互相通商，必要时红军可在陈的防区设后方，建立医院；（5）必要时可以互相借道，红军有行动事先告诉粤军，粤军撤离四十华里。红军人员进入粤军的防区用粤军护照。为了保密，协议没有形成正式文本，而是由双方代表将协议各自记在了自己的笔记本上。谈判即将结束后，何长工、潘汉年向周恩来详细汇报了谈判情况。周恩来异常高兴地说："这对于我们红军、中央机关的突围转移，将起重大作用。"

三、陈济棠增加一道命令："敌不向我射击，不许开枪；敌不向我袭来，不准出击"

1934 年 10 月下旬，中央红军向西南突围，从江西南康、大庾岭边缘地区进入广东边界。陈济棠执行了与中共的秘密协定，在湘粤边境划定通路让中央红军通过。一面仍装模作样地派出部队堵截，沿途筑碉挖壕，架设机枪，如临大敌。同时，陈济棠又派巫剑虹的第四师运送 1200 箱步枪子弹、食盐及医药用品若干给中央红军。毕竟他的最终目的就是希望中央红军在突围时绕道而行，不要进入广东，那么蒋介石的中央军自然也就没有借口进入广东，乘机侵占他的地盘了。为保密起见，陈济棠将协议内容只传达到旅以上军官，告知红军只是借路西行，保证不侵入粤境。考虑到协议不下达给团，怕下面掌握不好，于是他又增加了一道命令："敌不向我射击，不许开枪；敌不向我袭来，不准出击。"这实际上就是在湘粤边境划定通路，让红军通过。想当初，蒋介石将陈济棠当棋子用的时候，一定没有想到，他注定会输在这颗棋子上。

10 月中旬，蒋介石忽接东路军报告：称在占领瑞金后发现的资料中发现，红军主力有西进的意图。他如梦方醒，原来红军的行动不是战术调整，而是战略转移；不是南下反击，而是西进突围。蒋介石匆忙赶回南昌行营，召集他的谋士幕僚们商议对策，调动兵力，在红军的前进道路上设置封锁线，企图阻止红军突围。经过一番深思熟虑后，蒋介石想当然地判断红军的行动方向定会从赣南入湘南或入湘南后出鄂皖苏区再北进，于是便急速调兵遣将，将阻止红军西进和北上的重点放在湖南。基本意图是：以粤军、湘军正面封堵，桂军侧击，中央军跟踪追击，从而对中央红军形成了围追堵截的作战态势。

然而，蒋介石的部署终究慢了半拍。各路国民党军尚未开始行动，红军的突围行动已经开始。更令他始料不及的是，红军偏偏选择了广东作为突破口。而奉命“进剿”的南路军总司令陈济棠竟“私下通共”，早已与红军达成了“借道”协议。国民党军的第一道封锁线就设在赣西南的安远和信丰之间，是由碉堡群筑成的，号称牢不可破的“钢铁封锁线”。防守第一道封锁线的便是陈济棠的粤军。粤军沿桃江构筑的防线，位于赣州以东，沿桃江向南，经大埠、王母渡，转向东南，经韩坊、新田等地，共有四个师加一个独立旅。

当红军部队行动时，就派人将红军所要经过的地点通知陈济棠，并声明只是借道西进，保证不入广东腹地。陈济棠见红军突围不是向东南寻乌、武平，而是转向西南，从雩都经信丰，沿着大庾岭边缘进入广东边境，借路西行，便令所部按协定在湘粤边境划定通路，让红军通过。为避免蒋介石起疑，仍装模作样，派出部队堵截，“沿途筑碉挖壕，架设枪炮，如临大敌”，以示其执行蒋介石的“围剿”命令，而将主力集结于纵深，以便机动。按照陈济棠的部署，粤军独立第三师、警卫旅各部在抵达乐昌、仁化一线后，主力布于百顺、二塘一线之南。独立第三师师长李汉魂在向几个旅长下达作战任务时，特意说明：陈总司令已同共党达成了协议，互不侵犯。

当时奉蒋介石之命，粤军余汉谋的第一军和李扬敬的第三军均在封锁粤赣边境。而第一军第一师恰好卡在红军经过道路的要冲。在获知红军大规模突围后，陈济棠急令其部率军后撤，避其锋芒。与此同时，驻守新田的廖颂尧第二团刚刚开始行动，后尾部队即受到前进迅速的红军先头部队袭击。李振球忙派第一团一部前往接应，又令第二团迅速向古陂后撤。第二团退至古陂后，基本未作停留，慌忙会同师部向安西速撤，而留下第一团殿后。谁知，第一团因想处理留下的武器弹药，耽误了时间，与红军先头部队接战。事实上，这只是红军的掩护部队，主力已在信丰、大塘间架桥渡过信丰河（桃江），日夜兼程，继续西进。

总的来说，粤军第一师确是主动后撤。该师为南线防堵中枢，位置一移，西南门户顿时洞开。第一道封锁线与其说是突破，不如说是通过。这样，中央红军在陈济棠的暗中配合下，顺利地通过了第一道封锁线，薛岳不得不放弃从赣南出击迫使中央红军入粤的计划。10 月 27 日，中央红军下达了突破第二道封锁线的命令，陈济棠没有堵截。中央红军在很短的时间里，胜利地通过了陈济棠的管区。

四、蒋委员长切齿骂道："娘希匹！陈济棠，你坏了我的大事！"

在接到红军突破第一道封锁线迫近湘南的报告后，蒋介石大为震惊，急电陈济棠、何键，令其火速出兵，在湘粤两省交界的汝城、仁化、城口间构筑工事，布置第二道封锁线，坚决堵击红军西进；同时又令其他各路国民党军，迅速集结开进，参加"追剿"行动。

蒋介石侍从室主任晏道刚回忆道：

红军西进，于 10 月下旬突破赣南余汉谋部的封锁线（即第一道封锁线），蒋介石即电陈济棠、何键出兵火速在汝城、仁化间阻截（即第二道封锁线），并指示他们分兵在乐昌、郴州、宜章、临武间沿粤汉路南段利用原有碉堡加强工事作防堵措施（即第三道封锁线）。当时湘军主力已来不及向粤边靠拢，只能次第集结于衡阳、郴州间，在汝城守备的只有陶广所部一个旅。粤军第一、二军主力及几个独立师原已集结于湘粤赣边，这时陈济棠令李汉魂统率独立第三师、独立第二旅及第二师赶到乐昌、仁化、汝城附近进行堵截。

这也难怪蒋委员长心急如焚，此时的国民党军依旧处于分散的状态，难以形成真正的堵截"追剿"部署。陈济棠按事先与红军达成的"借道协议"，主动将粤军主力全部撤至大庾、南雄、安远一线转入防御，意图非常明显：既阻止红军进犯广东，又防止蒋介石的中央军借机窜入。毕竟在这位"南天王"的心中，防共与防蒋同等重要，"保境安民"才是最为关键的。

与陈济棠的"出工不出力"相反，国民党西路军总指挥何键对蒋委员长"追剿"红军的命令倒是坚决执行，但苦于他的湘军主力还处在分散

"清剿"状态，此刻正在收拢并次第向湖南衡阳、郴州之间集结，一时无法集中，而在湘粤边地区只有1个旅和部分地方保安团，根本不是主力红军的对手。

北路军第六路军总指挥薛岳，在得知红军突过赣南信丰、安远间粤军封锁线后，立即以十万火急电报分电北路军前敌总指挥陈诚、总司令顾祝同及蒋介石，主动请战，要求率所部追击。蒋介石、顾祝同、陈诚分别复电，同意由薛岳率军追击，并对其战斗精神大加褒奖。于是，薛岳开始了所谓的"机动穷追"。不过，此时薛岳的中央军还远在赣江以东的兴国、古龙冈、石城地区，鞭长莫及，短时间内无法赶到湘南、粤北地区。这就是说，在红军突破第一道封锁线后，"追剿"的国民党军一时无法形成新的包围圈，再次给予了红军西进良好的战机。

第二道封锁线是湘南汝城、粤北仁化之间的湘军、粤军防线。由于红军通过第一道封锁线速度太快，何键颇感"措手不及"，湘军主力无法迅速向湘粤边靠拢。事后看来，表面上对蒋委员长唯命是从的何键其实比陈济棠更为狡猾。所谓湘军主力来不及向湘粤边靠拢，只不过是他的一个冠冕堂皇的借口罢了。这样就顺理成章地把在第二道封锁线拦截中央红军的重任踢给了陈济棠。

为了敷衍蒋介石，陈济棠又在第二道封锁线间，部署佯追佯堵的行动：以李扬敬第三军外加归余汉谋指挥的独立第三师守粤东北门户，既防红军也防中央军进入；以余汉谋第一军之余部尾追红军；以张达第二军加几个独立师、旅集结于韶关以北地区防堵。余汉谋在尾追过程中又以其第一师向乐昌西进，阻止红军入粤。真正用于尾追堵截红军的只有第二师和独立第二旅，而在防堵蒋介石中央军入粤方向上，投入的兵力却有近2个军之多。

北面据守汝城的湘军仅有1个旅，除了固守孤城之外别无他图；南面，陈济棠倒是兵多将广，但都集结在纵深处的南雄、仁化、乐昌一线，只求自保，根本不愿将防线向北延伸，与湘军防线衔接。于是，第二道封锁线的汝城与仁化之间，出现了一个大缺口。红一军团顺利夺取城口，红三军团也按计划进到汝城城下，却发现守敌虽只有1个旅，但要想在短时间内攻取确有困难。

见红军无意入粤，按照陈济棠的部署，余汉谋即以第一师由大庾经南雄、曲江向乐昌、坪石追击，第二师及独立第二旅经仁化的长江、城口向九峰一带尾追。在第一师方面，由于一直远离红军，基本无战事。在担任尾追的第二师和独立第二旅，起先一直与红军相距半天至一天的行程，保持着送行状态。11 月 8 日，红军进抵汝城以南、城口以北地域，在横列于仁化、乐昌之间的粤军重兵检阅般的注视下，徐徐通过第二道封锁线，进入湘南、粤北地区，继续向宜章方向前进。

在粤军构成的封锁线内，随处可见修筑在公路两旁、山坡岭头等要害位置上大大小小的碉堡。这些碉堡均被后撤的粤军放弃了。红军和当地百姓拆的拆，烧的烧，烈焰滚滚，烟尘蔽天，老远望去像古战场上的烽火台。陈济棠再次为红军让出了前进的通道。确切地讲，何键也参与了这次让路行动，只不过他的理由更冠冕堂皇，更不易被人察觉罢了。正因如此，红军前锋部队才能以每天近百里的急行军速度开辟通路；后卫部队才能作搬家式、甬道式的前进，把“坛坛罐罐”一直保留到了湘江岸边。陈济棠不让路，这便不可能。

得知红军接连突破两道封锁线，蒋介石察觉到陈济棠明为“追剿”、暗保实力的企图，不禁暴跳如雷，从牙缝中挤出一句话：“娘希匹！陈济棠，你坏了我的大事！”这天，陈济棠接到了蒋介石发来的一封遣词一个比一个刺眼的训令，可陈济棠对此嗤之以鼻，随手在这份电报上加了几个字的按语就转发下达了，然后自言自语道：“我们还是保境安民为主，当然喽，既是已触动雷霆，我们也不好意思按兵不动，威武些摆个样子，满足一下他领袖的自尊心。”说罢，陈济棠不禁又自得地一笑。

五、受嘉奖的李汉魂却被陈济棠敲打：“……我军以‘保境安民’为主”

陈济棠“外打内通”“明打暗和”，使中央红军迅速地突破两道封锁线，蒋介石的如意算盘落空，十分恼火，发了一封措辞极为严厉的电报指责陈济棠，说他平时请饷请械很积极，一旦有事，则拥兵自重，此次按兵不动，导致突围的中央红军得以再次脱险，命令他立即集中兵力 27 个团，在蓝山、嘉平、临武之间堵截，否则将对其严惩不贷。为应付蒋介石，陈济棠命令其第二师、独立第三师、独立第一旅、独立第二旅诸部，沿着宜章、临武、蓝山一线，追击中央红军，但其先头部队距离中央红军保持着一两天路程。各部追至蓝山后，即回防广东。

通过第二道封锁线后，红军因携带的“坛坛罐罐”太多，数万大军拥挤在五岭山脉南岭、大庾岭、骑田岭中崎岖的山路上，步履蹒跚，整个队伍如同一个被坚冰阻塞的板块，行进速度迟缓得令人难以置信。结果队伍越拉越长，各军团散失落伍者不在少数。

延寿之役第二天，独立第三师在从延寿向九峰挺进途中，因云雾蔽天，细雨蒙蒙，加上联络不畅，与从汝城尾追红军的叶肇第二师发生误会。冲突一直持续了两个小时，才发觉对方的火力不像红军。独立第三师李汉魂却把这次误会中的伤亡数字加在了延寿之役的战报上，将延寿之役弄成了一个具有相当规模的战斗。夸大战斗，虚报战果，在国民党军队中屡见不鲜。李汉魂不是第一人，也不是最后一人。不过，在蒋介石看来，延寿之役是弄清红军情况最有意义的一仗。

原来，红军突然撤出中央苏区、进行战略转移，这一行动保密工作做得十分出色。试想，连中共政治局委员都无法知道行动的确切内容，更何况蒋介石了。因此，当红军接连突破了两道封锁线后，蒋委员长仍是一头雾水，始终无法最终确定红军行将采取何种战略行动。直到李汉魂师在延寿之役发现了红军第一、第三、第五、第九军团的番号，几乎与此同时李默庵师占领瑞金，掳得了部分红军资料，蒋介石才最终得出确切的结论：红军的突围行动不是战术行动，而是战略转移；红军的突围方向不是南下，而是西进。正是因此缘故，蒋介石对粤军的延寿之役一再嘉勉，对李汉魂也是另眼相看了。

其实，延寿之役最大的受益者不是李汉魂，更不是蒋介石，而是陈济棠。他可以从连失两道防线的责任中脱身。因为这仗真不是白打的，从红军俘虏的口中获知参与这次突围行动的红军部队番号，决定拿它再次向蒋介石邀功。陈济棠立刻精心炮制出两封电报。一封致蒋介石呈报粤军战绩："毙伤共匪五千，俘八千余。"另一封则是敲打李汉魂的急电。李汉魂心领神会，此后虽奉命率部由九峰山过坪石，入湖南宜章，沿着红军西进的道路尾随追击，但再也没有和红军发生过战斗。至此，陈济棠"保境安民"之策宣告成功，中央红军在长征中再也没有进入粤境。

后来非陈济棠嫡系的余汉谋、李汉魂等人先后拥蒋反陈，但他们都没有向蒋介石泄露陈济棠给红军让路的秘密。不是因为信守诺言，而因为自身也参与其间。至于直接参与陈济棠和红军协议的人，从神秘的"李君"，到杨幼敏、黄质文、黄任寰等人，更是多少年来守口如瓶，至死也没有一人将此事见诸文字。

采用"送客式防堵"的湘军

1934 年 11 月 3 日，中央红军突破敌人封锁，全部进入湖南境内。1934 年 11 月 12 日，蒋介石任命何键为"剿匪"军总司令，将薛岳和周浑元所部共 9 个师的中央军划归何键统一指挥，并与何辖下的刘建绪、李云杰、李韫珩三部组成五路军"追剿"红军。

面对入境的大股红军和蒋介石的"追剿"命令，一贯积极反共的何键，对中央红军却采取了送客式的防堵形式，中央红军走到哪里，湘军就跟到哪里，不过始终同中央红军保持近一天的行程。这样既防止红军势力深入湖南腹地，又避免中央军以此为借口而盘踞在湖南。11 月中旬，何键不顾蒋介石南昌行营 10 月 30 日下达的命令，进一步调整兵力，将在赣的嫡系部队全部撤回湖南境内，将属于西路军序列的 13 个师中的 6 个师布置在赣江两岸及赣东北，这与中央红军的突围路线南辕北辙。因而中央红军通过湘南地区时，除保安团外，几乎未遇正规湘军，中央红军顺利地突破了敌人的第三道封锁线。中央红军开始向湘江地区挺进，蒋介石决定在湘江东岸"围歼"红军。然而，桂军主动撤防使全（州）、兴（安）之间造成一个缺口，虽在广西境内，但负有歼灭中央红军于湘、漓水东岸"重大使命"的何键也有责任弥补。正当何键又急又恼的时候，接到蒋介石让湘军向南推进，接替桂军原来防线的命令。如执行此令，势必削弱湘军在零陵至黄沙河封锁线上的力量。这是何键最不情愿的。如不执行此令，又怕失去蒋介石的信任，受到指责。为此，何键大伤脑筋，但最后，何键终于把维护湘系集团对湖南统治的利益看得更高，而宁可担“抗命”之嫌……

一、“追剿”军总司令也得打自己的“小算盘”

1934年10月18日，红军西移前锋迅速进抵赣湘粤边。粤军李汉魂师在延寿之役发现红军第一、第三、第五、第九军团番号。几乎与此同时，国民党东路军李默庵师占领瑞金，掠得部分红军资料。蒋介石从中得出了结论：红军不是战术机动，而是战略转移，不是南下，而是西进。他立即电令何键的湘军主力悉调湘南布防，依湘岸构筑工事进行堵截，并以有力之一部于粤湘边境堵击。当时，何键的西路军下辖刘建绪的第一纵队、刘膺古的第二纵队加上西路总部直辖部队约八个师，原守备赣江西岸，仅一部留湘南“清剿”。

何键压根儿没有想到中央红军会放弃根据地实施突围，更没想到红军会经粤湘边入湘南，而不是经西路防线。当接到蒋介石要湘军于湘南良田、宜章间构筑第三道防线，阻止红军西进的电令时，他开始紧张，认为数十万中央军都不能将红军“剿灭”，现在让湘军完成正面围堵，风险太大。对何键而言，也许终生最难完成的任务，就是对红军的“围剿”。与陈济棠、白崇禧一样，何键也有自己的如意算盘，就是以“保境安民”为主，追堵红军为次。据此，他作出如下部署：全军依湘江为天然障碍，在粤湘铁路、湘桂公路线各要点，构筑阻击堡垒线。其中，第六十二师和第十九师一部集中衡山、衡阳间；第十五师集中耒阳、郴州间，与陈济棠的粤军衔接于坪石；第十六师先集柳州后调零陵（今永州）；第十九师主力进抵祁阳、零陵地区；临时配属西路军指挥的第二十三、第五十三师由赣西分向湘南推进。

何键有意将湘军主力向北集结，而在粤汉线南段兵力配置较弱，期望南面的陈济棠予以积极配合，设法弥补。在这个问题上，国民党内部从来都是一个靠一个，一个推一个。蒋介石侍卫室主任晏道刚一语道破其中的奥秘：自从红军突围后，我们在蒋身边的一些人闲谈时，总说追堵部队谁也不愿意猛追强堵，怕接近红军被红军反击挨打，采取的是“送客式的追击，敲梆式的防堵”。虽然粤军云集粤北边境，但以“保境安民”为己任的陈济棠自然不会向北面的何键伸出接力棒。红军迅速通过两道封锁线，至 11 月 15 日，红军主力从郴县、良田、宜章、乐昌之间突破第三道封锁线，进至位于湘粤桂边境的临武、蓝山、嘉禾地区。

蒋介石闻讯，又惊又喜。惊的是，红军有入湘南与贺龙、萧克会合，重建根据地的企图，这也是他最害怕的。喜的是，红军正在湘、粤、桂和中央军四股力量可以相向合力的区域以内，而且前面还横亘着两条大河——潇水、湘江，这正是“围歼”红军的大好时机。此时，蒋介石又打起他的如意算盘，欲借追堵红军之机，既达到消灭红军的目的，又要削弱湘、粤、桂等地方军阀的势力。

于是，蒋介石委任湖南省政府主席何键为“追剿”军总令，所有北路入湘第六路总指挥薛岳所部及周浑元所部统归指挥，并率领在湘各部队及团队“追剿西窜股匪”，务须歼灭湘、漓水以东地区。同时，他又命令粤军陈济棠以四个师的兵力进至粤、湘、桂边截击；命令桂军白崇禧以五个师的兵力控制灌阳、兴安、全州至黄沙河一线，扼要堵截。

可以说，这个中央军与湘、粤、桂军联合作战的湘江追堵计划，从出任的指挥官到动用的部队，蒋介石无不费尽心血：首先是中央军“追剿”部队统帅的人选。蒋介石最初点将在第五次“围剿”中立下首功的陈诚。而陈诚坚辞不受，推荐了薛岳。几番思虑，蒋介石还是决定以薛岳率领中央军九个师负责“追剿”；陈诚任预备军总指挥，集中亟待休整的嫡系部队作为机动兵团策应各方面的需要。至于“追剿”军总司令一职，蒋介石则出人意料地给了何键。蒋介石认为起用何键有利之处有四：其一，广东的陈济棠、广西的白崇禧皆处于半独立状态，指挥不甚灵便，何键却一直比较听他的招呼；其二，作战地域正在转入何键统辖的领域，用人用兵之际，须最大限度发挥湘军力量：其三，何键与李宗仁、白崇禧私交不错，一旦需要湘军入桂，彼此不会引起猜忌；其四，也就是最关键的一点，此时可借红军入湘境的理由，调嫡系部队入湘，然后再将湘军主力调离湖南，而使何键更易受控制。

“大敌当前”，无论蒋介石、何键、陈济棠、白崇禧还是薛岳人都有自己的如意小算盘。这也是国民党军不能“围歼”红军的一大原因。

二、何键选定黄沙河决战另有他意

1934年11月16日，薛岳理直气壮地率中央军入湘，抵达衡阳，会见他任顶头上司——“追剿”军总司令何键。遵照蒋介石的指示，何键、薛岳即先后召集各军军长会商“追剿”计划：

（一）以湘军第二十八军刘建绪率章亮基、李觉、陶广、陈光中四个师为第一纵队，即开往广西全州依湘江东岸布防，与灌阳桂军夏威所率的第十五军取得联系，正面堵截红军。

（二）以中央军吴奇伟率第四、第五军主力韩汉英、欧震、梁华盛、唐云山、郭思演五个师为第二纵队，在全州东北方向沿湘桂公路进行侧击，保持机动，防止红军北上。

（三）以中央军第三十六军周浑元所辖谢溥福、萧致平、万耀煌师为第三纵队，尾追红军，取道宁远进占道县加以确保，防止红军南下进入桂北。

（四）以湘军第二十七军李云杰率王东原师及其所兼之第二十三师为第四纵队，取道桂阳、嘉禾、宁远，沿红军前进道路尾追。

（五）以湘军第十六军李韫珩率所兼之第五十三师为第五纵队，取道临武、蓝山，沿红军行进道路进行尾追。

与此同时，蒋介石命白崇禧率桂军两个军列阵于桂北红军前方，作正面堵截；命陈济棠率粤军两个军列阵于湘粤边境的红军侧后，防止红军回头。

参加这个庞大的“追剿”行动的有湘军、桂军、粤军与中央军近40万兵力。总的态势是大军前堵后追、左右侧击，粤军、桂军、湘军与中央军联合于湘江东岸与红军决战。

与会者听罢蒋介石这个五路进军的湘江追堵计划，他们不仅都知道蒋氏很用了一番心机，而且也都清楚了蒋氏用人之道的真谛。对此，时任侍从室主任的晏道刚事后写了如下这段文字：

他处处从人地相宜着想，认为何键与李宗仁、白崇禧有私交，以湘军入全州（全州为广西地盘），彼此不会猜忌，必能合力封锁湘江，堵住红军去路。桂北设有民团，亦可使过境红军遭到一些困难。李韫珩、李云杰都是湘南人，所部多系嘉禾、宁远子弟兵，跟踪追击地势熟悉，可收地利人和之便。蒋介石认为，以精锐之周浑元军抢占道县，压迫红军西进，吴奇伟军沿永州西进，阻遏红军北上，企图逼使红军强渡湘江，形成在大军前堵后追、左右侧击之下于湘江东岸进行决战的有利形势，必能造成红军最大伤亡；如果红军不渡湘江则只有转入粤北或桂北，当时陈济棠已有好几万人集中粤湘边，红军欲仓促建立苏区亦不容易……

客观地讲，这的确是一个相当周密的作战计划。蒋介石希望何湘军与白崇禧的桂军能成为两扇大门，从正面严严实实地把红军通江的道路封闭。从战略上看，红军陷入了明显不利态势，局面极其严峻。如果撞开湘江大门，红军只有掉头转入桂北或粤北。这一带民防组织多、地方军阀统治极严，且白崇禧、陈济棠几万大军虎视眈眈，进入他家，必然都要拼老命的，红军将很难立足；如果红军果真能够破出，也必将实力大损，以逸待劳的薛岳再率中央军雷霆万钧地过来，突过湘江的红军又将面临背水而战的困境。

蒋介石费尽心思选定了“追剿”军总司令何键，但何键在关键时刻却犯了致命的错误。他对湘江决战的方向作出了三种判断：其一，突破第三道封锁线的红军，如果在江华、道县间稍事徘徊，则湘军加中央军主力便从平田、道县一线向南截击，将红军迎头或拦腰斩断，在湘江、潇水以东解决战斗；其二，如果红军主力经寿佛圩、新桥、黄沙河一线向西突进，则在黄沙河一带与红军决战；其三，如果红军主力进出永安关、龙虎关，向全县、兴安、灵川之线突进，便由桂军力堵，而湘军以主力包围红军右侧背，与桂军协力歼灭之。

何键以为第二种判断的可能性最大。他与红军作战多年，深知红军善于从两省、两军的衔接处钻缝乘隙。黄沙河是湘、桂两省交界处，又是湘、桂两军防务衔接点，所以判断红军选中该点突破的可能性极大。何键把与红军决战的地点放在黄沙河。何键以衡阳为门轴，主力向湘桂边境的黄沙河一线展开。何键之所以作出黄沙河决战的部署，除了判断有误外，其实还有一个不可告人的目的。虽说蒋介石此番以他为总司令，并破天荒地让他指挥薛岳的中央军八个师，令他多少有些受宠若惊。但要想让湘军出省作战，何键却是绝不会答应的。理由很简单：其一，打游击出身的何键深知根据地的重要性，湖南是他的老巢，断不可随意离开；其二，几年来红军“剿而不灭”，这次是否能堵住红军，何键信心不足，更何况他最害怕的彭德怀此次率红三军团担任右前卫。彭德怀曾是何键的部下。何键、彭德怀二人多次在战场上面对面厮杀，可谓血海深仇。对何键来说，只要红军不侵入湖南腹地，就是万幸。所以他要刘建绪集结主力于黄沙河附近，严密布防，完成与桂军的接防便即行停止。

时任湘军第十九师师长的李觉回忆道：那时，国民党湖南省政府和军队都极度紧张，因湖南有过长沙失守的经历。几年来红军在江西多次反“围剿”中，把国民党军队打得狼狈不堪，歼灭何止三数十万；尤其像董振堂率部起义参加红军的事实，对军心震动最大。当时湘粤桂三省的地方部队，都对堵截红军心存畏惧。……我们对堵截红军是谁也没有信心的。湖南方面的想法，只是如何能使红军迅速通过，不要在湖南省境内停留下来，就是万幸。

三、蒋介石“失之东隅，收之桑榆”地把控了湘军

1934 年 11 月 21 日，白崇禧突然从兴安、全州、灌阳撤兵，使湘桂军阀联合防守的湘江防线出现了一个缺口，桂系军阀为了自保，使全州到兴安界道之间的百里湘江两岸，没有正规军防守。而何键为了防备中央红军从道县北上直趋湘西，将湘军主力集结于零陵到湘桂边境的黄沙河附近，拒绝了蒋介石要他移军南进以接替桂军原来防线的命令，反而要求已到零陵的薛岳接替桂军原来防线，薛岳却以“远道驰来，辛劳特甚，请俟敬日

（24日）全部集中零陵后再行派遣”为理由没有执行。当11月23日何键接到蒋介石的南进电令时，实际情况并不像何键在回电中所言，湘军向南推进是“兵力时机两不许可”。事实上，黄沙河的湘军在时间、兵力上完全有可能南下。黄沙河距全州仅25公里，距兴安界首也不过80多公里。如湘军立即行动，11月24日就可接替这段防务。只是因为桂系军阀出于自身的利害关系，放弃全、兴、灌防务，而湘系军阀也出于维护本身安全的考虑，没有迅速填补这个缺口。直至11月27日，湘军才进入全州县城，但进入全州后又停止南下……

何键也是一心想尽快送红军出境。所以他将大军云集湘境，把防范的重点放在湖南段湘江，而当蒋介石命湘军跟踪追堵红军入黔时，何键深恐湘军入黔后自己失去控制，便以阻击湘西贺龙、萧克“股匪”为由，坚决不答应。12月18日，何键急电蒋介石：“桃源于筱午被贺、萧股匪攻陷，罗旅被截断，两团长负伤，现匪围攻常城甚急，势难固守，请飞兵救援……”字里行间，何键在向蒋介石施压。对此，蒋介石无可奈何，只得同意将何键的嫡系湘军李觉、陶广、章亮基等师回调湘西，进攻红二、红六军团，令刘建绪只率余下的湘军四个师在薛岳的指挥下，进军黔东，跟踪追击中央红军。

时任国民党第六路军总司令部上校参谋的李以劻回忆道：何键的总部虽由衡阳移至宝庆（今邵阳市）“督剿”，实际上看到红军西征，额手称庆，喜在心头。当时何键隐忧的事情却是红二军团自与萧克的红六军团会合后，声势逐渐扩大，在湘西的桑植、大庸步步发展。在江西红军主力渡湘江时。红二、六军团为策应中央红军作战，乘湘军全力调往湘南时，就东下包围常德、桃源，威胁岳阳、长沙。当时何键无兵可调，蒋介石才由湘鄂边调来湘西绥宁布防的第四十三军郭汝栋部往援。迨12月13日（或14日）红军由通道入贵州黎平地境时，何键怕自己嫡系入黔脱离自己指挥，一再电请蒋介石将第十九师李觉部、第十六师章亮基部、第六十二师陶广部调至湘西沅陵集结，布置进攻红二、六军团；其余湘军第十五、六十三、二十三、五十三等四个师由刘建绪率领跟踪追击。

湘江之战后，蒋介石开始“论功行赏”。这其实是个棘手的问题：从蒋介石的内心说，他想把“头功”赏给自己的嫡系中央军薛岳部，但他所率的中央军八个师，除周浑元纵队三个师加入战斗外，其余两个纵队五个师作为机动兵团，一直躲在湘南境内，远离桂北湘江岸边，用一种不远不近、不紧不慢的方式和红军保持两天路程，耐心等待红军尽可能多地与粤军、桂军、湘军相拼。因此该部没有大的战斗，只是天天跑路，不仅没有显著战绩可言，反而是落伍遍地，疲于奔命。战后经统计，薛岳部仅在赣湘地境落伍、伤病的官兵就高达9000余人之多。于是奖赏薛岳的周浑元部予以通令嘉奖。

同时，蒋介石还要考虑奖赏地方势力派，尤其是打头阵的湘军出力最大。但奖励湘军也有麻烦，毕竟红军主力是从他们的防线渡过湘江的，应负失守之责。其实，何键、刘建绪在战斗刚刚结束，就提心吊胆，害怕蒋介石以“失守江防”为借口而谋取湘军。于是，他们一面向蒋介石“告捷”，虚报伤毙红军人数，称“斩获数千”；一面又为逃避湘江失守之责，指控桂军撤出文市以南各关，私自转移兵力并未通报友军之罪。何键、刘建绪作战一贯耍滑头，蒋介石知之甚深，对他们这种所谓捷报，心里也很明白。但出乎人们意料的是，蒋介石并未追究他们的湘江失守之责，反而给予嘉奖。

善于玩弄权术的蒋介石醉翁之意不在酒，意在收买拉拢分化湘军诸将，以达到其最终控制湘军的目的。蒋介石的此番良苦用心很快便收到了奇效。刘建绪果真投靠了蒋介石，唯蒋的命令是从。1935年7月，刘建绪奉蒋介石命令，接替何键出任第四路军总指挥，并兼任湖南省政府委员、国民党湖南省党部监察委员、湖南省保安司令等职，夺取了何键的军政大权，成为湘军新统帅。蒋介石没有完成他在湘江岸边全歼朱、毛“赤匪”的伟业，却将湘军牢牢地控制在手。

打自己“如意算盘”的桂军

蒋介石军事部署第四道围堵红军的封锁线是很费了一番心机的：既可打击中央红军，又可使其宿敌桂系在同中央红军交战中受到严重损失，因为此次湘江战役虽涉及粤、湘、桂三省，但这第四道封锁线地处广西境内，因而广西将不得不竭尽其力。蒋、桂两派军阀矛盾极深，桂系把蒋介石视为最主要的敌人，桂系兵力只有 3 万余人，而中央红军号称 10 万，蒋介石企图利用湘江战役来削弱桂系兵力的阴谋被李宗仁、白崇禧一眼识破，白崇禧明确表示："硬打，没那么蠢。"桂系的高级将领为此也召开了好几次军事会议。白崇禧认为中央红军从湘南西进是去湘黔辖界，仅是路过广西，而且广西民团组织严密，可以有效阻止中央红军深入广西腹地。因此桂系决定对中央红军只侧击、追击，不堵击。为了不让蒋军以追击中央红军为名而开进广西，李、白二人打电报给蒋介石，表示广西完全有决心和力量在境内外堵击中央红军，言外之意是望蒋军不要进入广西境。蒋介石为利用桂系"追剿"中央红军，遂回电说，除非万不得已，中央军不进入广西境内。

1934 年 11 月中旬，中央红军逼近广西境内的湘江边时，白崇禧频繁来往于桂林、全州、灌阳、恭城等地，加紧调动军队布置防线，并与尾追而来的湘军达成协议，由湘军担负零陵至黄沙河之线防务，桂军负责全州、兴安以南防务，在湘、桂边境的黄沙河双方衔接。不料 11 月 21 日白崇禧突然从兴安、全州、灌阳撤兵，使湘桂军阀联合防守的湘江防线出现了一个缺口，主要原因：其一，21 日当天，中央红军攻占了江华，有进袭富川、贺县、恭城之势，白崇禧深恐中央红军由江华进入贺县或富川，深入广西腹地；其二，白崇禧收到上海发来的密电，说蒋介石采用政学系头目杨永泰"一举除三害"的毒计，拟将红军由龙虎关两侧地区向南压迫，一举除红军、广东、广西"三害"。遂作出将部署于兴安、全州、灌阳三角地区的桂军主力南撤的决定，放弃了湘江防线，"开放"桂东北通道，催促中央红军过境。

一、蒋介石笼络人心的惯例：用人先用钱

蒋介石为实现"歼灭"红军于湘江以东的作战计划，1934 年 11 月，频繁调遣国民党军，整个局面是非常忙乱而急促的。蒋介石侍从室主任晏

道刚回忆道：

当11月中旬红军主力先后行进至郴州、耒阳、衡阳之线后，蒋认为红军已经“流徙千里，四面受制，下山猛虎（指红军放弃根据地）。不难就擒”，乃以在湘江以东（即第四道封锁线）围歼红军为指导方针，令何键、薛岳在衡阳开军事会议。当时蒋指示何、薛的部署要旨有如下几点：

（一）以第二十八军刘建绪率章亮基、李觉、陶广、陈光中四个师，即开广西全州依湘江东岸布防，与灌阳夏威所率的第十五军切取联系，进行堵截。

（二）以吴奇伟率第四、第五两军主力韩汉英、欧震、梁华盛、唐云山、郭思演五个师（这五个师是归薛岳直辖的），沿湘桂套路进行侧击。保持机动，防止红军北上（是怕与红二、六军团会合）。

（三）以第三十六军周浑元率所辖谢溥福、萧致平、万耀煌师尾追红军，取道宁远进占道县加以确保，防止红军南下进入桂北。

（四）以第二十七军李云杰率王东原师及其所兼之第二十三师取道桂阳、嘉禾、宁远，沿红军前进道路尾追。

（五）以第十六军李韫珩率所兼之第五十三师，取道临武、蓝山，沿红军前进道路尾追。

这个五路进军的湘江追堵计划，蒋介石很是用了一番毒辣心机的：何键与李宗仁、白崇禧颇有私交，以湘军入广西全州，彼此不会猜忌，必能合力封锁湘江，堵住红军去路。桂北设有民团，亦可使过境红军遭到一些困难。李韫珩、李云杰都是湘南人，所部多系嘉禾、宁远子弟兵，跟踪追击地势熟悉，可收地利人和之便。此外，以中央军精锐之周浑元的第四军抢占道县，压迫红军西进，吴奇伟的第五军沿永州西进，阻遏红军北上，企图逼使红军强渡湘江，形成在大军前堵后追、左右侧击之下于湘江东岸进行决战的有利态势，必能造成红军最大伤亡。如红军不渡湘江则只有转入粤北或桂北，而陈济棠的数万粤军集结于粤西边，红军欲仓促建立苏区并不是件容易的事。

尽管这个计划很周密，但蒋介石还是怕手下诸将不认真贯彻执行，故在下达命令时，让晏道刚在电令中特意引用古代兵家尉缭子的名言：“众已聚不虚散，兵已出不徒归；求敌若求亡子，击敌若救溺人。”蒋介石希望诸将能够照此计划行事，依托有利地形，发挥优势兵力，上下同心，追得上，堵得住，打一场歼灭战，一举完成他的“剿共伟业”。

白崇禧，字健生，国民党陆军一级上将。号称“小诸葛”。桂军代表人物，与李宗仁合称“李白”。蒋介石这个庞大的追堵红军计划，少不了白崇禧的帮助（李宗仁长驻广东，当时桂军的实际指挥官是白崇禧）。毕竟桂军战斗力强，又有白崇禧的头脑，是一支不可小视的力量，而且这也正是一个借“追剿”共军之机剪除异己的大好时机，蒋介石自然不会错过。于是，蒋介石把第四道封锁线的重点设在广西北部全州、兴安之间的湘江沿岸，其用意是想把何键的湘军与白崇禧的桂军打造成两扇密不透风的铁门，封锁住红军前进的道路。待他们与红军拼得两败俱伤时，薛岳的中央军便可坐收渔翁之利。

重赏才能出勇夫。蒋介石深得其理，马上派飞机给白崇禧急送两个军三个月的经费及作战计划、密电本等，并附电报一封：“贵部如能尽全力在湘桂边境全力堵截，配合中央大军歼灭之于灌阳、全州之间，则功在党国。所需饷弹，中正不敢吝与。”据晏道刚回忆：红军进入湘粤边时，蒋只命白崇禧在桂北防堵；当红军进据湘南后，蒋即电白崇禧集结桂军主力于灌阳以北各关口，与湘军合力在湘江东岸“消灭”红军，并要白崇禧至灌阳指挥。这时蒋介石为利用桂军，特别发了一笔相当大的军费。总之蒋介石是花空心思策划湘桂军联合作战堵击红军，唯恐不达目的。果然，白崇禧很快回复：遵命办理。

二、一句“牛虽瘠而卧于豚上”，白崇禧心领神会

按照蒋介石的电令，白崇禧立即进行了作战部署：以夏威第十五军控制灌阳、全州一带，以廖磊第七军控制兴安、恭城；自己则亲率前进指挥所进至桂林。他把桂军全部家当两个军悉数调至桂北湘江一带，张开大网，完全一副在全、灌、兴之间与红军决战的架势。

当时的桂军的《7 军年刊》记述了当时的情形：国军几次“进剿”，

都未克奏肤功。乃自前年五次“围剿”，一面实行碉堡政策，一面又加以严密的经济封锁，“共匪”处此四面楚歌之中，无所施其伎俩，遂有溃固西窜之计划，以期打通国际路线，仰求苏俄直接接济。故于去秋8月间，首派伪第六军团萧克一股，突围西窜，以做开路先锋，因被我军蹑踪“追剿”，由湘而黔，沿途遭遇大小几十余战，率将该匪主力歼灭于黔之乌江南岸。正拟乘此良机，将盘踞黔东多年未决之贺龙一股聚而歼之，而“赣匪”朱、毛十余万众，于此时亦开始突围倾巢西犯。时我军进抵贵阳石阡，因吾省北陲适当冲要，为固边计，故不得已，星夜班师，未能克竟全功，深为遗憾。始于11月10日全部回抵桂林，时“匪”众已由赣边窜至湖南宜章、良田之线，声势浩大，湖南各属为之震动。

实际上，白崇禧对红军突围早有准备。时任桂军第四十三师第一二九团团长的梁津回忆道：

1934年10月，李宗仁、白崇禧闻红军由赣南突围西进之讯后，即令第十五军参谋长蓝香山同桂林区民团指挥官陈恩元视察兴、全、灌各县，凡属交通要隘地区，即插签标志之，以示建筑碉堡的地点。并命各区乡村长征调民工，运砖瓦、石灰和各项材料，兴筑碉堡，以备团队阻击红军之用，一切费用皆责诸人民负担，政府不给分文。各农村所存的粮食，亦强迫农民预先搬到山岩或偏僻隐蔽处收藏起来，使红军入境时不易觅食，做到“坚壁清野”，企图乘红军的困乏而加以袭击。

1934年初冬，当我在湘桂境上灌阳、道县交界处的雷田、永平、清水、水黄等四个关口构筑防御工事时，第四集团军总部经电我“要与阵地同存亡”。桂省主席黄旭初亦电我“勿使红军越雷池半步”，故我那时决心死守阵地。除土工外，还运取残砖，累积顽石，构筑掩体四十余个，主阵地前的副防御物鹿砦，采伐山上的木柴构之不足，曾纵士兵滥伐农民所种的油茶树数百株以补充之。工事构筑既竟，乃仅开一缺口，方便自己部队的交通联络。至于民众的来往，则只许进来，不准出去，以封锁消息。

白崇禧人称“小诸葛”，自然不是浪得虚名。在调动大军的同时调动空军，名曰侦察红军行踪，实则侦察中央军的行动。防蒋重于防共的道理，不仅陈济棠明白，白崇禧也懂得。江西红军的存在，使蒋介石没有足够的力量来对付桂军。蒋介石只能是恨在心里，笑在脸上，“团结”桂军一起“围剿”红军。白崇禧心里明白，红军的存在已经成为蒋介石吞并广西的障碍。

现在江西红军失败了，广西马上面临着生存的威胁。此次红军十万人马，来势凶猛，虽是失败而走，但是困兽犹斗。广西全部兵力只有两个军十六个团，总共不过两万余兵力。以两万去堵十万，况且红军此时是夺路而走，肯定要拼个鱼死网破。如果出现这种局面，蒋介石定会派兵进入，广西将易主。

而且令白崇禧越发起疑心的是，空中侦察报告：薛岳的中央军以大包围圈形势与红军保持两日行程，其主力在新宁、东安之间停滞不前，已有7日以上。既然说是消灭红军的大好时机，中央军为何走走停停，不积极“追剿”？

此时，桂系设在上海的秘密电台发来电报：蒋介石采用的是“驱虎吞狼”之计，意在压迫红军由龙虎关两侧进入广西平乐、昭平、苍梧，使其与桂军作战而相互抵消，中央军乃乘其惫而闯进广西。如此既对红军形成前后夹击的态势，达到扑灭的目的，又可乘桂军力竭之际而消灭之，铲除其割据独立的局面，从而消灭了蒋介石的心腹大患。发电人是白崇禧在保定军官学校的同学王建平。王是广西平乐人，与白私交甚厚，其时已混入蒋军中央参与机要，不断为白搜集情报。白崇禧恍然大悟：难怪薛岳置主力于新宁、东安，只与红军后尾保持接触，意在驱赶而不在决战。

刘斐，字为章，1898年生于湖南醴陵，国民党陆军中将。虽身为湖南人，刘斐多年来一直在桂系效力，作为“小诸葛”的“智囊”，他与白崇禧、李宗仁甚是相得。有一次，白崇禧与刘斐商议堵击红军方案时说：“你看，我们广西一共只有18个团兵力，廖磊带两个师（第十九师、第二十四师）追萧克部入黔，现要他们火速回桂林附近集中待命。第十五军（由夏威带领，名义上白是军长）除第四十四师已到兴、全、灌地区外，其余第四十三、四十五两个师，已由柳州及其以西地区向恭城、富川、贺县一带集中。现在共军号称十万，虽说是被老蒋打败了，但……”刘斐心领神会，接口说：“牛虽瘠而卧于豚上，对广西说来是会被它压垮的，何况老蒋的部队又跟在后面……”

两人经过研究，首先确定了对红军作战的主要着眼点，或者说总方针就是“送客”。在形式上作出堵击模样，实际上是保全桂军实力，既要阻止红军深入广西腹地，又要避免蒋介石的中央军乘机跟踪入境的双重危险。在具体做法上应开放一条让红军西进的道路（判断红军当时是企图转移到川滇黔山地，重建根据地），采取“不拦头，不斩腰，只击尾”的方针，专从红军后卫部队做文章，以送客早走，并敷衍蒋介石。

三、“防共更要防蒋”的白崇禧向红军敞开湘江大门

位于五岭山脉都庞岭南部的龙虎关，往北循都庞岭主脉绵亘经永安关、清水关，至黄沙河以北的湘江地障，隔江与越城岭相对。1934 年 11 月，布置围堵防线的白崇禧带领刘斐等一行爬到山顶。他对刘斐说：“要是按照老蒋的部署，将我军主力摆在灵川以北的湘江岸堵截，岸边无险可守，我们势必背水一战，那对我们来说是很不利的……”经过反复商议作如下兵力部署：

第一，以步兵十个团于灌阳至兴安之线占领阵地。重点保持于灌阳方面计步兵六个团，为攻势防御地区，以廖磊为地区司令官。当红军由桂北西进时，待其主力通过全州之线时，即对其后尾部队转取攻势，以促其早离桂境，并收一定战果。左翼兴安方面为守势防御区，以步兵 4 个团占领阵地，以夏威为地区司令官，利用纵深阵地拒止红军南下，以保攻势地区作战之进展，并掩护桂林之安全。

第二，以步兵一个加强团，固守右侧后战略枢纽之龙虎关，形成守势钩形。如红军被迫不能从永安关以北西进，而以主力攻击龙虎关时，应全力固守，并在主力预备队支援下确保现阵地以待主力决战方面之成功。如红军主力在中央追击军压力下，被迫南下富川、钟山、贺县时，应固守现阵地，掩护主力预备队左背之安全。

第三，以步兵七个团为主力总预备队，位置于恭城附近，适时支援攻势防御区转移攻势；或支援龙虎关守备（加强）团之战斗；特别在红军向

富川、贺县、八步抚河东岸地区南下时，应以全力南下攻其侧背，压迫其向粤北地区与粤军协力歼灭之。

第四，抚河防守部队，调集所有桂东各县民团担任之，每一主要渡口至少有民团一个团的兵力（相当正规军 1 营的兵力），沿河固守。在统一指挥下，将所有民船集中控制于抚河西岸。在红军向抚河东岸南下或向抚河攻击时，应固守沿河之线，以配合和支援主力总预备队南下侧击之成功。

但桂军中有将领提出疑义：红军主力一旦由灌阳、全州突入，夏威的第十五军支持不住，湘江防线必然有失。白崇禧愤然回答："老蒋恨我们比恨朱、毛更甚……我为什么顶着湿锅盖为他造机会？不如留着朱、毛，我们还有发展的机会。如果夏煦苍（夏威的字）挡不住，就开放兴安、灌阳、全州，让他们过去，反正我不能叫任何人进入平乐、梧州，牺牲我全省精华。"

这就是白崇禧"防共更要防蒋"的基本观点。何况桂军总共才 18 个团的兵力，无论面对 10 万人的红军还是九个师的中央军，只能钉成一块门板。对红军关上湘江大门，就等于向中央军敞开了广西大门；对中央军关上广西大门，无异于向红军敞开了湘江大门。两者只能取其一。

两害相权取其轻。白崇禧自然明白这个最简单不过的道理，于是毫不犹豫地把关闭湘江的那扇门板拉过来，屏护恭城、桂林。其实早在来龙虎关前，白崇禧就已做好了开放兴、全、灌铁三角的准备。为此，他以李宗仁的名义直接致电蒋介石：据迭报，"匪"主力由临武分经嘉禾、蓝山西窜，龙虎关、富川、贺县同时吃紧。仁部原在龙虎关以北防堵，故拟即将仁部主力，移赴恭城附近，策应富、贺、兴、灌。但兴安、灌阳以北仅能留一部，诚恐力量单薄，请转饬何总司令，向江华、贺县推进，以期周密……

仗还没有打，白崇禧就为以后的撤退找好了理由。蒋信以为真，于 11 月 22 日复电同意桂军南移。桂军立即将在兴安、全州、灌阳防守的 15 军撤下。时任桂军第四十四师参谋主任的张文鸿回忆道：

11 月上旬，白崇禧和刘斐曾到全州视察，当面指示第四十四师驻全州城的第一三一团团长王振朝担任守备全州县城及其附近高地，防止红军进占，并立即拟定防守计划，着手构筑坚固工事，但到了11月中旬，该团又奉命归还第四十四师建制开至石塘圩布防，遗下全州城防，改由民团部队负责。

第十五军第四十三师和第四十五师各部，约于11月初先后到达恭城、富川和贺县等地集中。第四十五师派第一三三团至龙虎关接防，加紧构筑工事，担任堵截任务。第一三四团交防后到灌阳附近为第四十四师预备队。当时第十五军各师集中富川、贺县、恭城等县后，其部署情形如何不详。到了11月中旬，第七军第十九师和第二十四师已经赶到桂林附近，第二十四师派归第十五军指挥，即奉命与第四十四师共同部署于石塘圩南北附近地区占领阵地，准备堵截红军。

桂军的阵形出现了关键性变化。原先准备沿湘江部署的南北阵形，恰似一扇在红军正面关闭的大门。现在突然间改为以湘江为立轴的东西阵形，尤其是兴、全、灌三角地带之核心石塘圩的放弃，这扇大门突然间打开了。至此，全州至兴安130公里湘江防线已无守兵。

四、“工事星夜挖去，让红军通过”

按照刘斐制订的“不拦头，不斩腰，只击尾”的作战计划，白崇禧完成部署后，即带着刘斐取道桂林转赴全州，准备和“追剿”军总司令何键派来的第二十八军军长刘建绪会商湘桂联防问题。

途中，白崇禧细心观察了灵川至兴安沿途的地形。当看到有几处隘路适宜于持久防御，立即指示防守部队构筑预备工事，巩固兴安方面守势作战地区的阵地纵深，以便持久抵抗，阻止红军南下桂林。

白崇禧还特意叮嘱刘斐：“见到刘恢先（刘建绪的字）时，千万不能把我们这一套完全告诉他。只说根据共军西征企图和中央军衔尾追击的情况，我们准备固守龙虎关，并在灌阳、兴安间占领侧面阵地，相机向北出击，希望湘军由北向南攻击，共同配合中央军的追击，务求在全州、兴安间的湘江东岸地区，包围共军而歼灭之就够了。”白崇禧自然是害怕刘建绪知道他们“送客”的企图后，会向蒋介石告密讨好。其实，白崇禧也明白何键同样会保存实力，不会真正作战。在这方面，无论是桂军还是湘军，大家都心照不宣。

11 月中旬，白崇禧和刘斐风尘仆仆赶到了全州，与刘建绪会商联合防堵的作战部署。白崇禧大谈广西方面遵照中央意旨，准备在兴、全、灌的湘江东岸地区，由南向北配合中央军之追击协同歼灭红军的计划要旨，希望湖南方面由正面配合。刘建绪也报告了他所率领的湘军兵力和同意由湖南方面配合桂军南北两方夹击的计划，并交换了有关具体协调的通信联络事项等。

双方整整商谈了一天，决定以黄沙河为界划分防区。桂军担任兴安、全州、灌阳至黄沙河之线防务；湘军担任衡阳、零陵、东安至黄沙河之线防务。然而恰在此时，桂军那扇大门却悄悄敞开了。

台湾《中华民国史事日志》记载：1934 年 11 月 17 日，“白崇禧赴湘桂边布置防务”。

桂军《7 军年刊》记载：军长（白崇禧）率少数员兵，赶至龙虎关侦察阵地。……连日军长率各师、团、营长以及参谋、副官等侦察阵地，逾山越岭，备极辛劳。其时朔风凛冽，砭人肌骨，而壕内各官兵，均能坚忍耐寒，恪守职务。不辞辛苦的白崇禧不是去布置战斗的，而是去布置撤退的。

11 月 21 日，白崇禧赶到了平乐。为保证两个军的人马在恭城一带驻防，白崇禧在联防会议上宣布：龙虎关到平乐一带，民食一律供给军用，由县府发给粮票，以后给钱。如有藏匿不交者，以有意留给共产党论罪。这时，他接到了第七军的侦察报告：红军已进攻道县。白崇禧站在军事地图前沉思良久，最后判断红军从桂北过境已经势在必行了。

当日深夜，白崇禧果断下令：除固守龙虎关阵地外，命令永安关、清水关、雷口关的警戒部队撤退，并将工事星夜挖去，让红军从龙虎关以北各关通过桂北；命令防堵中坚，部署于兴、全、灌铁三角核心阵地石塘圩周围的第四十四师、第四十二师撤至灌阳、兴安一线，变正面阵地为侧面阵地，改堵截为侧击；命令第七军集结恭城，灌阳至永安关只留少数兵力，灌阳全县完全开放，只留民团驻守。

也就在这一天，红军如潮水般汹涌向西，长驱直进。右路红一军团第二师攻克道县，前锋已达湘桂边境的永安关。桂军则放弃兴、全、灌核心阵地，从全州至兴安60公里的湘江，已无兵防守。

白崇禧给红军让出了一条通路。而桂军这一连串不寻常的突然调动在兴、全、灌铁三角留下的空白，成为中国革命史上一段空白。以致半个多世纪后，当陈济棠让路大白于天下之时，仍有许多人还在猜测判断白崇禧当年的动机，甚至怀疑他与红军也有秘密协定。

其实，李宗仁、白崇禧早就有与共产党联系的打算。当红军有突围进逼广西的迹象时，两人便派出心腹刘少南秘密北上天津，与吉鸿昌联系。吉鸿昌，字世五。早年入冯玉祥部当兵，人称“吉大胆”。1932年秘密加入中国共产党。李宗仁、白崇禧在这时候找吉鸿昌联系，其目的同陈济棠一样，无非是想和红军达成秘密协定，两军互不伤害，桂军借道给红军过广西。1934年11月4日，吉鸿昌在天津法租界被军统特务暗杀受伤，遭工部局逮捕，引渡到北平军分会。24日，蒋介石下令秘密处死吉鸿昌。这个意外的变故使李宗仁、白崇禧没能和红军取得联系，而红军业已直逼广西。

任人摆布的“双枪兵”黔军

中央红军长征所经的十一个省中，贵州是停留时间最长的一省。长征途中的许多重大事件大都是在贵州发生的。贵州也是地方军阀和蒋介石之间的矛盾最为突出的一省。可以说中央红军在贵州的转战活动，是其长征中转危为安、由失败走向胜利的关键。

在西南六省中，贵州的军阀力量最为薄弱，在蒋介石多年的分化瓦解之下，黔军内部四分五裂，矛盾重重。当时黔军共有王家烈、犹国才、侯之担、蒋在珍等四个派系。贵州省主席王家烈名为二十五军军长，但能指挥得动的部队仅两个师，因此收到蒋介石发来的阻截中央红军的电令时，王家烈是“防而不打、堵而不追”，尽量避免与中央红军发生冲突，实在不能避免时，则主动退让，以求保住仅有的一点实力。而犹国才、侯之担、蒋在珍为保住与王家烈抗衡的力量，以获得蒋介石的支持，在组织对中央红军的堵截作战时也是能拖则拖，能逃则逃。黔东南黎榕一带，如果犹国才的三团部队按时开到，则黔军在此地区的布防兵力几乎可增加一倍。如果王家烈把所属的十六个团全部用于对中央红军进行堵截，那就会使红军在黎平到乌江的行军路上遇到极大的困难。

1935 年 1 月 3 日，红军一、三、五、九军团分别从回龙场、江界河、茶山关渡过天险乌江。7 日，二师六团智取遵义，此时薛岳正奉蒋介石之命率领中央军陆续进驻贵阳，与王家烈展开地盘争夺战，对中央红军占领遵义却毫不理会。王家烈为使中央红军尽快由黔北入川，根本不敢对中央红军展开攻击作战。而薛岳一进贵阳，便开始夺取王家烈部队和贵州省的军政大权。第一，派郭思演接管贵阳城防，任命郭为贵阳警备司令，王家烈进出城均受到他们盘查；第二，派人收集王家烈与粤、桂、湘等省军阀反蒋活动以及各种贪赃枉法的材料，向蒋告密；第三，断绝王家烈的财政供给，不发军饷给王部；第四，对王的部属分化收买，尤其对王的两个师长何知重、柏辉章更是以礼相待，加以拉拢，后来何、柏在迫王下台中起了极大的作用；第五，大力补充兵源，以较黔军优厚的粮饷条件将王部士兵拉拢过来。

而王家烈此时处境极为不妙，在前线屡遭红军痛击，其后方老巢又被蒋军占领。到 4 月中旬，红军主力西征入滇，在黔境内的战争已近尾声，此时在蒋介石眼里王家烈已没什么利用价值了。于是蒋介石逼迫王家烈辞去了省主席与二十五军军长职务，王被迫离开贵州老巢到武汉任闲职。至此，蒋介石利用“追剿”长征红军之机夺取了贵州的军政大权，作为一个独立系统的黔系不复存在。

一、中央红军入黔，王家烈进退维谷

王家烈，字绍武，国民党陆军中将。就像当年在粤军中扶植陈济棠一样，蒋介石又开始在黔军中寻找扶植亲蒋势力。这次，他选中了王家烈。

王家烈果然不负蒋委员长"重望"，没过多久便赶跑了毛光翔，把持了贵州省党政军大权。如愿爬上了"贵州王"宝座的王家烈，唯我独尊，终日沉溺酒色，不理政事。王夫人万淑芬乘机干预军政，很快掌握了8个团的兵力，并在黔军中大量安插万氏家族和铜仁县同乡，形成铜仁派。这样，桐梓派与铜仁派之间相互争权夺利，斗争日益激烈。王家烈对此不闻不问，放任自流，致使贪官污吏比比皆是，兵匪横行，税收多如牛毛。贵州百姓陷入深重灾难之中，怨声载道。有人还专门作了一副对联进行讽刺：上联是：自古未闻粪有税：下联是：如今只有屁无捐；横批是：国民万税。当时，贵州盛产鸦片，黔军军纪败坏，吸食鸦片成风，一人一支步枪、一支鸦片烟枪，号称"双枪兵"，王家烈便成了名副其实的"双枪将"。

1934年4月，王家烈协同湘军李觉部、桂军廖磊部，对贺龙的红二军团进行"围剿"，随后指挥所部堵截萧克的红六军团入黔。10月，王家烈在贵州思南部署追击红二、红六军团的计划时，接到蒋介石由牯岭发来的电报：中央红军已离开瑞金西进，其先头已到大庾县属之聂都山附近，有沿萧克部队的路线进入贵州模样，命他率部择要堵击。王家烈一时慌了手脚：对于中央红军此次大举入黔，究竟顶不顶得住这个问题毫无把握。因为在中央红军之前，红六军团作为先遣队已在一个多月前挥师入黔。王家烈率部亲自堵截，尝够了苦头。该部不过八九千人，尚且如此难以对付，如今红军的大本营数万人一齐来到贵州，如何能够招架得住呢？

当时，贵州内部派系林立：犹国才割据盘江八属，侯之担割据赤水、仁怀、习水、绥阳等县，蒋在珍割据正安、沿河各县。他们对王家烈口头上表示拥护听命，但实际上名为第二十五军军长兼贵州省主席的王家烈竟然不能直接调动他们的一兵一卒。王家烈真正能直接调遣指挥的，不过两个师五个旅。就凭这点兵力，怎能与中央红军相抗衡！王家烈暗暗叫苦不迭，看来自己辛苦经营的贵州地盘，这次是肯定保不住了。而且更为复杂难办的是，他既要防堵红军，又要时刻警惕自己的上司蒋委员长。因为委员长的中央军，势必会乘追击红军之势进入他的地盘的。

二、蒋介石先捏“软柿子”王家烈

闻听中央红军突破湘江，蒋介石真是又气又恨又喜。

气的是，在他眼中已是“流徙千里，四面受制，下山猛虎，不难就擒”的红军竟然突破了数十万国军铁桶般的包围。

恨的是，陈济棠、白崇禧、李宗仁等地方军阀拥兵自重，采取“送客式的追击，敲梆式的防堵”，谁也不愿猛追强堵，致使他的“剿匪”大业功亏一篑。

喜的是，红军选择贵州作为进军方向。因为贵州遍地穷山恶水，久据不易，同时这也为他染指大西南，结束割据局面提供了一个千载难逢的机会。在那个年代，有兵有枪就能割据一方，中国大大小小的军阀可谓多如牛毛，司令、军长满天飞，西南地区也不例外。经过数年的“大浪淘沙”，当时在西南，势力最大的军阀只有三人：刘湘、龙云、王家烈。

三人中与蒋介石关系最好的当属王家烈。

1929 年冬，张发奎、李宗仁联合起兵反蒋。蒋介石委任王家烈为国民军讨逆指挥官，还特意将军政部第四电台拨给他使用，以便直接联系。

对蒋介石的栽培之恩，王家烈感激涕零，竭尽效力，出兵黔桂边境，牵制桂系李宗仁、白崇禧后方；接着又逼走四川军阀赖心辉，占据黔东南一带；随后多次参加“围剿”红军的作战。

在拉拢和用地方军阀为自己卖命方面，蒋介石是格外舍得花本钱的。不仅当面夸奖王家烈“剿共很有成绩”，而且出手大方，一次就赏给王家烈迫击炮 16 门、子弹 20 万发，后又赠送德国新式步枪 1000 支。

在蒋介石的支持和资助下，王家烈扩军备武，仅用短短三年多的时间，便新组建了几个团，武器装备也焕然一新，势力大增。

随着武力的增长，王家烈的野心也不断膨胀，认为自己羽翼丰满，便公开与贵州省主席兼第二十五军军长毛光翔决裂，希冀入黔主政。

1932 年春，在蒋介石的怂恿下，王家烈率所部兵马由洪江直趋贵阳，没费吹灰之力就迫使毛光翔交印让权。

蒋介石自然乐意做这种顺水人情，随即任命王家烈为贵州省主席兼第二十五军军长。

独揽贵州大权的王家烈，渐渐忘记了手中的权力是谁给的了。

王家烈深知，蒋介石已经觊觎贵州多年了，而贵州地贫人稀，要想在军阀割据混战不断的动荡中求得自保，坐稳“贵州王”的宝座，就必须千方百计地扩充势力。于是，他一面将贵州产的鸦片烟运出，换取武器装备扩充实力，一面同陈济棠、李宗仁订立粤桂黔三省同盟，暗中反蒋。纸里毕竟包不住火。没过多久，蒋介石就获知了这一密约，自此便视王家烈为眼中钉，开始制造机会，夺取贵州。

在西南军阀中，刘湘的川军拥兵百团以上，兵力、战斗力最强，内部派系也最复杂。龙云的滇军兵力最少，没有军、师编制，全部兵力仅有 6 个旅加 1 个警卫团共 13 个团，比黔军还少一半，但兵员却最精，内部最统一，掌握控制也最严。王家烈的黔军成军最晚，虽说兵员尚足，兵力居中，但战斗力最弱，在历次军阀战争中很少得胜，不是败于滇军，就是败于川军。

毛泽东选择打击对象时，总是强调先拣弱的打。蒋介石对付地方军阀也是如此。收拾大西南，他首先选中了与他关系最深但实力最弱的王家烈。蒋介石早已设下乘追堵红军的机会，完全掌握西南的一个双管齐下的计谋。王家烈对蒋介石剪除异己的伎俩早已见识，但对他图黔决心之大却始料不及。其实，王家烈就是不向两广求援，两广也会主动派兵相救的。道理很简单：桂、粤、黔三省在鸦片烟的种植和运输方面，有着共同的利益关系。

可是，刚刚“让道”红军出境的白崇禧看到薛岳的中央军集结于武岗至洪江一线，何键的湘军以重兵置于城步、绥宁、靖县之线，黔东南极为空虚，而蒋介石又限制桂军入黔，规定洪州以南（不含洪州）为桂军的守备区域。蒋介石染指贵州的企图已是昭然若揭。贵州一旦落入蒋介石之手，不仅使广西失去主要的财源，而且在军事上对广西也是一个直接的威胁。

陈济棠也看出了其中的玄机。于是，一向以“保境安民”“防共与防蒋并举”为己任的陈济棠、李宗仁、白崇禧联名致电蒋介石，主动请缨，入黔“追剿”红军。老谋深算的蒋介石自然明白他们三人的心思，遂即命令薛岳率部日夜兼程向贵州进发，并于次日发出《重申湘水以西地区会剿计划大纲电》：

查赣匪西窜，前已拟定湘、桂、黔各军会剿计划大纲，业经十一月筱戌行战一电知在案。兹为严防赣匪入黔，重申前令起见，各军守备区域，按照筱电规定地点，迅速完成碉堡，严守之。

王家烈一面盼着粤桂援军的到来，一面召集侯之担、犹国才、何知重、柏辉章等黔军将领到贵阳开会，商量对策。虽说这些将领平日里各自拥兵自重，相互间矛盾重重，但现如今面对可能的双重压迫，经过一番争吵，还是很快达成了共识：一切以保存地盘和军政大权为目的。红军若来，即采取“防而不打、堵而不追”的方式，尽量避免冲突；若不能避免时，则退避三舍，让其通过，以图自保。王家烈在部署防堵时，又留了一手，以和他有隙的侯之担、犹国才两部部署于乌江两岸，心想让他们先抵挡一阵再说。自己的兵力则置于紧挨广西的黔东南，坐观形势。如若堵截顺利，出击不晚；如若不顺，可与关系素好的桂系联系，全身而退。

部署完毕后，王家烈同犹国才率军部指挥所人员，由贵阳出发，没走多远就接到侦报：中央红军沿萧克部队经过的路线，取道湘西进入贵州黎平、剑河一带，有经镇远、施秉、黄平向北行进模样。驻守黎平的周芳仁第四旅被迫弃城退至大坡顶，固守待援。王家烈没想到红军来得这么快，急令第二旅旅长杜肇华率第五、第六团向黎平增援；命第一旅旅长李成章率第二、第三、第九团推进剑河策应；命榕（江）下（司）黎（平）永（从）民团指挥何韬率民团增防榕江，以解黎平之围。

三、王家烈尝到了引狼入室的苦果

就在红军强渡乌江的同一天，王家烈抵达马场坪会见薛岳。

眼见红军入黔后锐不可当，而自己苦心经营数载的黔军一败涂地，王家烈早已六神无主，心情异常苦恼：薛岳肯定要催促他与红军作战，但若与红军硬打，自己部队打光了，补充怎么办？

不过此时，王家烈还心存侥幸。他判断红军之意不在图黔，入影后未兵指贵阳，似是要由余庆向北，渡过乌江。所以暗中打定主意，效仿陈济棠、白崇禧等人，以“保境安民”为主，不与红军拼消耗。为此，他绞尽脑汁地想好了对付薛岳的办法。

王家烈回忆道：迨与薛岳会见后，他对我甜言蜜语，在武器装备方面，答应给我补充；在政治方面，表示关怀。他暗示我说：“你的政治上的敌人是何敬之，以后要对他取远距离，应该走陈辞修的路线。”

王家烈顿时目瞪口呆。早就听说蒋介石嫡系中央军内部派系林立，何应钦（敬之）与陈诚（辞修）二人矛盾尖锐，没想到他们不仅在中央搞，竟也带到了地方；不仅平时闹，竟然深入了战时。

起初，王家烈对薛岳的提醒颇不以为然。没想到情况很快证实：南京方面派来贵州出任省民政厅长的，竟是何应钦之弟何辑五。

王家烈方才醒悟薛岳所言极是。

表面上追击红军是头等重要之任务，实际对国民党各个派系和集团来说，最主要的目标和对手，皆是自己权力道路上的障碍。蒋介石如此，何应钦如此，陈诚如此，薛岳、王家烈也是如此。

比较起来，错误最大的还是王家烈。红军并不像他想象的那样不图黔，而恰恰要图黔，建立川黔边根据地。所以当红军的这一行动在以遵义为中心的黔北全面铺开时，王家烈便成了一只感觉锅底最热的蚂蚁。

王家烈的下场，确使龙云受到极大震撼。后来当薛岳率中央军入滇时，他做的第一件事就是把中央军挡在昆明城外。

且说王家烈憋足了劲儿要看蒋介石的笑话，谁知红军围着贵阳城绕了一个圈，迤逦西去，直奔云南。消息传来，王家烈亦喜亦惧。喜的是红军已过境，忧的是不知自己在贵州能否还有一席之地。

这些日子在心里已经反复思考了几十遍的问题，又来苦苦折磨着“双枪将”。问题的中心是，老蒋究竟会怎样对待自己。这纷纭难理的思绪，是从战争的风暴盘旋到贵州的第一天就产生了，担心蒋介石“一箭双雕”，尤其担心他参加粤桂黔三省的反蒋活动遭到报复，与红军屡战屡败已令他心灰意冷，只求后果莫太惨。他的那颗心真比压着一座泰山还要沉重。

事到如今，王家烈只好效仿三国时的蜀国大将姜维，躲在大定、黔西一带“避祸”，加紧对黔军残部进行整编，以图东山再起。

但祸是躲不过的，毕竟要来的。

因为搞垮王家烈，是蒋介石布置长追红军的时候顺便收拾西南的计谋之一。薛岳率军入黔后，就指使秘书长王光海到处收集王家烈贪赃枉法的种种罪状，密报蒋介石：

本路军入黔行动，前经逐日电呈，但尚多特殊之点，谨再综合补之。一、黔政黑暗，民间不惟疾苦甚深，并毫无组织，对于清野、破坏交通、构成侦探网等，均付阙如。二、黔军先以主力控制马场坪、炉山一带，以固贵阳门户；其分置于黎平、三穗、镇远、施秉、黄平、旧安、瓮安者，共军来则望风披靡。三、黔本贫瘠之省区，年来遍地植烟，生产锐减，补给极为困难。四、共军自黔东而至黔中期间，王家烈主席似以主观之见地，判断共军必循萧克故道北窜……这封电报无疑更加大了蒋介石与王家烈之间的裂痕，坚定了蒋介石拿王家烈开刀的决心。

当时，黔军非王家烈嫡系的各师“树倒猢狲散”，已完全脱离王家烈的指挥。薛岳在取得蒋介石的同意后，吞并了侯之担的教导师。犹国才的独立第一师吴剑平部得力于云南龙云的支持，蒋在珍的第三师得了四川刘湘的支援，都保住了番号。而王家烈身边仅剩的何知重、柏辉章两个师，也都暗中被薛岳分化收买。

王家烈已然成了光杆一个，可是他自己并不完全清楚。

在削弱了王家烈的军力后，蒋介石又逼“双枪将”交出贵州军政权力。

恰逢第六纵队的川军与第四纵队的黔军为驻扎房子发生了争执，动刀动枪。蒋介石获知后，认为这正好是一个彻底解决王家烈的机会，派晏道刚赴黔西、大定，名曰调查，实则分化王家烈的部队，胁迫其交权。

其实，没有这个借口，蒋介石也照样会派人来。薛岳入黔，早为决王家烈铺平了道路，罪状准备了，主要地盘占据了，实力分解了。

蒋介石还在重庆时就派他的特派员李仲公对王家烈进行“逼宫”。

王家烈回忆道：3 月 15 日，我在黔西接到贵阳李仲公来电，约我到贵阳面叙。接后，除留参谋长张銮在黔西主持军部日常事务外，我从黔西到贵阳。

仲公对我说："蒋先生征询你的意见，希望你对贵州的政治和军事专一样，你愿意主军还是愿意主政?"

虽说王家烈对此早有心理准备，但事到临头还是像当头挨了一大棒，一句话也说不出来，好不容易才从牙缝中挤出一句话："让我考虑考虑，再考虑考虑。"

王家烈明白："红军将老蒋一军，老蒋就逼我下台。"但当他失魂落魄返回黔西时，心里还是抱着一丝希望，或许还有回旋的余地?

由于当时红军尚在贵州，情势紧张，蒋介石对王家烈还有所利用所以迟迟未敢动手。等到 4 月中旬，随着红军主力入滇，黔境战事已近尾声，蒋介石腾出工夫来，专心收拾王家烈了。

4 月下旬，晏道刚来到大定，向王家烈传达蒋介石的意思："现在贵州境内已无敌踪，百废待举，任务相当繁重，军政长官不宜兼职太多。绍武兄，考虑好没有，是挑军长还是挑省主席，委员长等着听你一句话。"

王家烈最初表示两个职务都不愿放弃，理由很简单也很合理："军长不兼主席就军费无着，主席不兼军长就没有保障。"

手持委员长的尚方宝剑，晏道刚有恃无恐，意味深长地说："鱼与熊掌不可兼得。你想两者都不丢，恐怕两者都不保。"

王家烈冲口而出："既是这样，那我当军长!"

王家烈这样说，既是出于直觉，也是基于一贯的认识。在这个世道，有枪就是草头王，如果失去枪杆子作依凭，一切无从谈起。

按说搞垮王家烈，薛岳居功至伟，但蒋介石却没有把贵州省主席的宝座给薛岳，其中另有一番苦衷。

晏道刚回忆道：

当日蒋还亲自到王家中看王。次晨蒋问我："吴礼卿（忠信）现在哪里?"我反问是不是要找他。蒋说："你不必找，已交布雷去找了。"事后我对何成濬说，我猜一定是吴忠信要当贵州主席了，果然次日即发表吴继王任主席职。

据我当时了解，王家烈与桂系军阀长期勾结，蒋去王当然会引起桂系反感（特别是在经济上切断了广西对贵州鸦片烟过境的税收）。蒋知吴与李、白有交情，所以起用吴忠信以缓和与桂系的矛盾。

为了敷衍王家烈的面子，蒋介石接着给了王家烈一个第二路“追剿”军总指挥的空衔。

经过这段日子的折腾，王家烈已被整得心力交瘁，疲惫不堪，一心只想把部队整编好，伺机东山再起。他还以为丢掉了省主席可以安心做军长，哪知道蒋介石要赶尽杀绝。

果然，王家烈刚回到大定军部，即接到蒋介石的整编命令：

将何知重的第一师、柏辉章的第二师并入国民党中央军建制，由军政部直接发饷。

王家烈的军权政权都已剥夺，蒋介石该放心了吧？不然，他是连一只死老虎都不允许搁在身边的，唯恐节外生枝。

凑巧，武汉行营主任张学良由汉口乘飞机到贵阳，面见蒋介石。蒋介石便让张学良把王家烈捎到汉口去，远远地落个安心。

1935 年 5 月 3 日，“双枪将”王家烈带着蒋介石赏给的 5000 元旅费，带着爱妾，凄惨惨地告别了桑梓地。

王家烈前脚飞离贵州，蒋介石后脚就对他的黔军“大开杀戒”：黔军第一、第二师，被改编为中央直辖第一〇二、第一〇三师，由柏辉章、何知重分任师长，每师辖三团，撤销旅一级。旅长周芳仁、副旅长江荣华率第一、第七团跑到广西，被李宗仁、白崇禧收编。其他旅、团长，有的回家，有的随队出省，各奔东西。犹国才的教导师改编为第一二一师，参谋长吴剑平任师长；蒋在珍的第三师改编为新编第八师，仍任师长；侯之担的独立第一师改编为第一四〇师，沈久成任师长。

整编完毕后，蒋介石即命这五个师限期离开贵州，分散驻扎省外。

自此，王家烈苦心经营数载建立起的黔军寿终正寝。

贵州成为蒋介石的一统天下。

以“保家”为主的川军

当蒋介石提出要调10个师的中央军入川协助作战时，刘湘以川人与客军之间容易产生矛盾为由予以拒绝。最后蒋介石派军事委员会行营参谋团入川。1935年1月参谋团2000余人进驻重庆，声称其任务是督导“剿匪”，实际上不仅干预川省军政事务，而且还插手过问云南、贵州的军政事务。这使得刘湘与蒋介石的矛盾日益尖锐。

当中央红军跨越大渡河后，杨森表面上奉令派4个混成旅在荥经、天全、芦山布防，暗地里却派其侄杨汉忠与红军朱德联系，建议两军互不侵犯，朱德回函表示赞同。因而中央红军经过杨森防区时，杨部士兵只朝天放枪以掩人耳目，中央红军也遵约尽量避免同杨部接触，遂得顺利通过荥经县，争取了时间，使敌人在天、芦、宝来不及筑堡防守，从而较迅速地通过了这些地区。1935年6月红一方面军与红四方面军在懋功会师后，杨森部跟追到懋功以南便停了下来。

一、刘湘的权宜之策：“拒‘匪’于川外”

1935年，打破了蒋介石中央军的重重“围剿”，穿过了陈济棠粤军、桂军、何键湘军的层层堵截，夺占了王家烈黔军地盘的红军，下一个对手便是刘湘的川军。这又是一支什么样的军队呢？

四川，号称天府之国，一度是中国人口最多的省份，其经济富庶，地热险要，一直是南北军阀争夺的焦点。自古便有“天下未乱蜀先乱，天下已治蜀未治”之说。杨森、刘存厚、罗泽洲、邓锡侯、田颂尧、王陵基、潘文华……四川军阀可谓多如牛毛。其中最著名的刘湘、刘文辉叔侄二人。

刘湘，国民党陆军一级上将。统一四川是刘湘长久的梦想。刘湘比刘文辉大4岁，辈分上却是刘文辉的侄子。他与刘文辉联手，打跑了四川最强悍的军阀杨森、罗泽洲，四川遂成为“二刘”的天下。当时刘湘和刘文辉各自拥兵十余万人，都想自己统一四川，独揽权力。叔侄二人的关系日益恶化。刘湘知道要战胜刘文辉，非得有蒋介石的支持。恰逢蒋桂战争爆发，刘湘便通电拥蒋，被委为讨逆军第七路总指挥，出兵讨伐桂军。而刘文辉则没有他的侄子看得准，先是与唐生智联名通电讨蒋，后又在中原大战中支持冯玉祥、阎锡山反蒋，在政治上接二连三地陷于被动。

1932 年 8 月，二刘的争雄之战爆发了。蒋介石则毫无保留地支持了刘湘。熟谙韬略的刘文辉未能取胜，最后，刘文辉带领残部 2 万退到雅安。自此，刘湘依靠蒋介石，挤垮刘文辉，成为川中第一枭雄，坐上“四川王”的宝座。

早在 1933 年 2 月，红四方面军粉碎了川军的“三路围攻”，随后连续取得了仪南、营渠、宣达战役的胜利，声威大振。眼见“赤匪”越“剿”越多，大有在四川生根开花之势，刘湘始觉情况不妙，急忙召集诸将商议：“诸位，‘剿匪’乃目前当务之急，但本总司令认为这与过去一般战争‘能战则战，不能战则不战，不因一时胜负而决定个人一生命运’的情况大为不同。因为‘剿匪’之战一旦发动，就是生死存亡所系，有我无‘匪’，有‘匪’无我，是绝不能随便得了的事情。因此，只有拒‘匪’于川外，才是万全之策。”

刘湘早就看出蒋介石欲借“剿匪”削弱川军实力，然后借口防堵红军，派重兵入川，以达到掌控四川全局的险恶用心。于是，他也打起了自己的如意小算盘，一面对红军采取“驱”而不是“灭”的策略，既保存实力，又防止红军在川境扎根；一面与蒋介石虚与委蛇，防其趁机入川。不料，红四方面军入川后竟真扎下了根，迅速发展到 5 个军 8 万余人，并建立了 22 个县、1 个市苏维埃政权。

蒋介石希望看到的正是川军与红军拼得两败俱伤，他好去收拾残局，染指四川，所以川军损失越大，他的心里就越高兴，督令也就越严，此时又怎会善罢甘休，当即致电刘湘：“兄为乡为国，均应负责到底，虽至一枪一弹，亦必完成任务。”为了收到川军替他卖命“围剿”红军之奇效，蒋介石不惜血本，给刘湘拨发了大量军费和武器装备。刘湘当即纠集川军各派军阀部队 110 多个团约 20 万人，采取“步步为营，稳扎稳打”的战法，气势汹汹地分六路围攻川陕苏区。谁知，这一仗败得更惨，在历时 10 个月的“六路围攻”作战中，川军屡遭重创，全线崩溃。

1934 年 10 月，中央红军突围西征，进入大西南。当时西南军阀主要有刘湘、龙云、王家烈三人。三人中，又以刘湘的势力最大。川军拥兵百团以上，兵力、战斗力最强，但内部派系也最复杂。而此时红军南下川西南作战，与蒋介石的“剿匪”大军碰个正着。正好借着“追剿”中央红军的机会，派中央军大举入川，进而控制四川的各派军阀势力，最终把“天府之国”变成他的战略大本营。然而对此，刘湘早有防范：蒋介石此次邀他赴南京商讨“追剿”事宜。他顾虑再三，对其驻南京代表邓汉祥说：“红军西来的目的……假如他们的目的在于四川，当然我们吃不消；但是以官兵保卫桑梓的关系，又是以逸待劳，也未尝不可一拼，幸而站得住，四川依然是我们的。如果红军只是假道，那就更不成问题。但蒋介石如果借这个机会派军队入川，则我们同红军作战的结果，幸而胜，也是替蒋造机会，若失败，那就更不必说。所以无论如何，要阻止蒋介石派兵入川。”

二、蒋介石还是比刘湘棋高一着

1934 年 11 月20 日，刘湘带着他的幕僚杨芳毓、张必果、唐华、王蕴滋、傅常等一行人马，从重庆乘船来到了南京。此前他与蒋介石从未谋面。初见蒋介石，刘湘装出一副笨拙的样子，连话都说不清楚。次日再见依然如故。

刘湘装傻充愣，竟瞒过了狡诈多疑的蒋介石，以为素有雄才大略之称的刘湘，不过是个窝囊废，心中顿时产生了轻视之意，便打发高参杨永泰、张群等人与刘湘具体交涉中央军入川事宜。

蒋介石中了刘湘的计，刘湘却死活也不上老蒋的当。不管杨永泰等人费尽口舌，就是坚决不同意蒋介石提出的派中央军九个师入川“剿共”的议案。最后还是蒋介石做出让步，同意改组四川省政府，刘湘任主席，并仍兼任四川“剿匪”总司令，南京政府尽量补助川军的饷款弹药。

刘湘为了换取军事和财政上的支持，同样也做出让步，同意蒋介石所提出的国民政府军事委员会委员长行营参谋团入川，具体指导监督反共军务的建议。蒋介石比刘湘还是棋高一着，他挖空心思往四川派进了一个参谋团。12 月29 日，蒋介石任命贺国光为参谋团主任。半个月后，贺国光率参谋团到达重庆。上任伊始，贺国光即开始实施蒋委员长的图川计划，规定川军各路师长以上将领要定期向参谋团作军事报告，凡属向刘湘总部报告军情，一定要分报参谋团一份，以加强控制。同时由参谋团派出军事督察专员到川军各部随军行动，实行监军督战。蒋介石还派特务头子康泽率别动总队数以千计的队员渗透到川康各地，笼络民众（实为土豪劣绅），监视地方官吏，充当他的耳目。参谋团入川后，短短数年间便控制了四川的军政财权，成为蒋介石“控制西南”的重要工具。

1934 年 12 月，刘湘被重新任命为省主席和川军总司令，又有一大笔像样的军费，要东山再起，扭转同红四方面军作战一再失利造成的危急局面，自信没有多大问题。但同时，刘湘还是有些惶恐不安。南京会商，终究是一场“大进大出”。既然参谋团入川了，中央军入川必是早晚的事。

眼下最关键的还是赶在中央军大举入川前将红军赶出川境。回川后，刘湘做的第一件事就是着手部署“剿匪”计划。决定采取“北守南攻”的方针，即在川北对红四方面军取守势，在川南对立足未稳正在长征中的中央红军取攻势，在中央红军未入川境以前，就把它堵住，并且一定要把这场战争推到省外去打。具体部署为：在川北，由唐式遵率五万之众与邓锡侯、田颂尧合作，堵住红四方面军；在南面，调集川军主力布防于宜宾至江津间的长江南岸，以潘文华为南岸“剿匪”总指挥，阻止红军过江。几天后，川南“剿总”在泸县宣布成立。总指挥潘文华连日召开作战会议，分析判断入黔红军的方向。根据讨论，经刘湘批准，作出精心部署。然而大战当前，刘湘仍保持着清醒的头脑，总的原则是：拒“匪”于川外。当然这个“匪”既指红军，也包括蒋介石的中央军。他曾对潘文华面授机宜：“问题的严重不在于‘共匪’。中央军跟随‘共匪’之后进入川南，我们提不出任何理由拒绝。我们同‘共匪’固然水火不相容，但还有一个共同点，都是蒋介石要消灭的对象。最好是朱、毛把蒋介石的大军带走，不要带进四川。”他熟谙“请客容易送客难”的古训。对西征的中央红军，既有软的一面，也有硬的一面。红军假道则软，红军入川则硬。

三、川军“追击”红军倒不如说是“欢送”

蒋介石在获知中央红军突破大渡河天险后，立即召集陈诚、贺国光、刘湘等人商议：“朱、毛图谋与徐、张会合是再明显不过的了，必须把他们隔断！把朱、毛一股围困于雅安地区，把徐、张一股围困于川西北。分割合围，而后聚歼之。”诸将连连称赞：“委座高见！”

6 月7 日，中央红军占领川西南重镇天全。同日，蒋介石以重庆行营参谋团的名义，发布了一个庞大的调兵作战计划：刘湘的第二十一军进至绵竹、灌县、大邑、新津线；李家钰部进至理番、威州、茂县；胡宗南部进至平武、松潘、江油；郭勋祺部进至新津；邓锡侯部进至懋功、宝兴、芦山、天全；杨森部扼守汉源、荥经；刘文辉部扼守泸定、康定…… 蒋介石要川军打头阵，而令薛岳、胡宗南等中央军嫡系部队以休整为主。这种“借刀杀人”的做法自然引起了川军诸将的极大不满。

蒋介石自有高见，振振有词地解释了一番：“薛、胡两军处于南北两线，若同样进攻，两边一挤，必将共军挤‘飞’了。我的用兵之法是南北相堵，中间突破。难道还有比这更好的兵力部署吗？”

话虽如此，但从他给胡宗南的手令中则露出了马脚：“如果松潘粮食两难，则只用六团兵力前进亦可。待到镇坪前沿之靖夷或平定关，即为第一期任务之完成，然后再依情势……”字里行间流露出蒋委员长对嫡系部队的关爱之情。对一直“追剿”红军的薛岳部，更是百般爱护。这时薛岳率部刚刚进抵雅安地区，疲惫不堪。蒋介石立即电令薛岳停止前进，原地休整，补充人员装备，恢复战斗力，作为川西的战略预备队。当然这中间还有蒋介石的良苦用心，他要把薛岳部作为全面图川的重要支柱。

于是，从南面“追剿”红军的任务自然就落到了川军的头上。邓锡侯正奉命率部从后山侧击已抵达宝兴的红军，行军途中接到了重庆行营参谋团的命令：速派两个旅驰赴名山，归杨森指挥，追击红军。对蒋介石“借刀杀人”之计，邓锡侯深恶痛绝，担心与红军交战会拼光自己的家底，而如果拒不从命，老蒋必定会借机将自己的军权夺去。毕竟两个月前嘉陵江防线失守，他也有责任，而老蒋只收拾了田颂尧一人。

正在左右为难之际，邓锡侯忽接到朱德和刘伯承的密信。信中说：“国难当前，应停止内战，一致抗日。红军北上抗日，如兄部愿来，我们欢迎；如有困难，暂时不来，希望互不干扰……”邓锡侯顿悟，遂抽调刘乃铸第五旅和李树华第六旅由第三师副师长周世英率领驰赴名山，向杨森报到。临行前，他对周世英面授机宜：追击部队应与红军保持一日距离，既不失红军行踪，也不认真追击，放放空枪空炮，只要能上报就算了事。时任川军第三师副团长的奉伯常回忆道：在尾追途中，红军停我停，等红军走了又才前进。每日侦询土人和因伤病散失的红军，了解中央红军走向，上报应付蒋中央。结果，李旅只在小金川的两河口与后卫红军略有接触，双方均无伤亡，待红军转移后再前进。当时，因道路十分险阻，十月大雪封山，邓部后方兵站粮食补给不上，背一袋米到达前线，民夫就要吃去三分之二，生活异常艰苦，被服、医药更感困难。当地少数民族又纷纷逃入老林，本地无粮食可补，只得叫士兵寻找野菜充饥，以致中毒者不少。我军报告蒋中央之电文曾说：饥无食，寒无衣，病无药。就这样，邓部一直不紧不慢地尾随着中央红军，与其说是“追击”，倒不如说是“欢送”更确切些。蒙骗蒋介石的绝非邓锡侯一人。

在川军中闯荡半生的杨森对老蒋也早就心存防范，因此当接到参谋团要其率部追击红军的命令后，惶恐得几夜不能入眠。红军的厉害，他早就领教过了。一年前，他的第二十军在川北“六路围攻”中曾被红四方面军打得残破不堪，元气大伤，直到他出任大渡河河防指挥后，靠着四处招兵买马，才勉强恢复了六个旅的建制；朱、毛的中央红军也是小瞧不得，数万人马竟能长驱万里，蒋介石的嫡系部队都无可奈何，进入川康后更是如履平地，他自觉不是红军对手。

与红军作战，在杨森看来无异于以卵击石。何况第二十军是他的命根子，他还要凭这点儿本钱，对外投靠老蒋，对内抗衡刘湘。于是，害怕丢了老本的杨森决定设法与红军取得联系。这反倒不是件难事。早些年他与朱德在滇军中曾共过事，朱德后来在第二十军中任过党代表，而且他手下第五旅旅长杨汉忠与朱德还是远房亲戚。有了这些关系，杨森感到与红军“合作”的把握比较大。

果然，在杨森的授意下，杨汉忠很快与朱德取得了联系，并达成了“互不侵犯”的协议。

当红军经过杨森的防地时，杨森部只朝天放了几枪，便让开了大路。红军自然信守“互不侵犯”的诺言，迅速通过。就这样，中央红军于 6 月 8 日顺利突破了川军的芦山、宝兴防线，接着以坚韧不拔的毅力，克服重重困难，翻越终年积雪、空气稀薄的大雪山——海拔 4000 多米的夹金山。与此同时，红四方面军正分路西进，先头部队攻占懋功。

对中共内部的纷争，蒋介石毫不知晓，判断红军两大主力会合后，“势必合力会攻汶、灌，进而袭取成都，以谋赤化全川。如果不逞，再向甘、青北窜，期达接通国际路线之诡谋”，据此命令重庆行营参谋团拟制关于全川“剿匪”部署总计划，规定“除于甘、青边境趁时宣抚番夷，坚壁清野，筑碉设防外，对川西北地区，应限期巩固各纵横碉堡封锁线，并分集重兵于要点，防匪进犯，及准备尔后之进剿”。

对杨森、邓锡侯部在追击红军时，走走停停，朝天放枪放炮一事，蒋介石有所耳闻。但一是苦于没有抓住二人“通共”的确实把柄，二是毕竟还需要利用川军为他“剿匪”卖命打头阵，便装作不知，只是严令督促川军各部继续追击红军。

正在雅安休整的杨森，心中有鬼，察觉到蒋介石对他已产生怀疑，便故意对率部进抵雅安的薛岳说：“外人总认为朱玉阶（朱德）当年在我二十军工作过，怕第二十军有赤化分子潜伏。其实我第二十军反共不会落在友军之后。我确信全军上下是不会受朱的影响的。”

为了“避嫌”，也为了取得老蒋信任，杨森于 6 月中旬率第二十军主力并指挥第二十一军王泽浚旅，第二十八军李树华、刘乃铸两旅尾追红军，进攻芦山、宝兴。在灵关附近要隘和红军后卫部队激战一昼夜，该部夏炯旅抓获了一些红军伤病员。战后，杨森效仿白崇禧，摄影宣传，大造声势，致电蒋介石请功，诡称：“共军被夏炯旅围攻于灵关无法逃走，战死及投江者……”明知杨森谎报战果，但为壮军心，蒋介石还是以“灵关大捷”传令嘉奖杨森。

7 月初，杨森率部向川康边境追击，以第二混成旅为左翼队，由宝兴经两河口攻击懋功；以第三混成旅为中央队，由宝兴经第一道、第二道牛棚翻夹金山直取懋功城：以第四混成旅为右翼队，由宝兴沿进懋功的大道翻夹金山进占达维；第二十军军部及第一、第五、第六混成旅为预备队，暂驻宝兴待命。杨森率部费尽九牛二虎之力，翻过了夹金山向懋功进逼。此时，红军根据两河口会议确定的继续北上的战略方针，主动放弃懋功，留给杨森一座空城。

陈亲民回忆道：

杨森部占领懋功后，命令第三混成旅旅长杨汉域任第二十军前敌总指挥，督率懋功前线部队继续向崇化、抚边的红军追击。……杨森在懋功停留半月，得悉中央红军已由崇化、抚边北上，红四方面军由川北转到川西，遂决心不再北进，将后续部队第一、第五、第六混成旅留置宝兴县，他自己在宝兴坐镇，并令第一、第五两旅占领宝兴城东北十余里高地，赶筑碉堡工事扼守；第六混成旅担任宝兴城防。

“追剿”红军其次，保存实力才是首要的。正如参与此次“追剿”行动的第二十一军第六旅旅长王泽浚所说的：在“追剿”红军时，川军人人争学刘文辉对红军作战的“只守不攻，尚稳不追，为保实力，避开野战”的十六字方针，对红军确有一种畏惧心理。“剿匪”最“积极”的杨森实际是最消极的。许多年后，他曾说：“只有红军打过我，我从来没有打过红军。”

四、刘湘大叫：“我们不是打仗，而是保家卫国”

1935 年 8 月底，红军分为左右两路军，通过草地到达川北阿坝、巴西地区。然而自恃枪多人多的张国焘拒绝执行北上方针，提出了“右路军即乘胜回击松潘敌，左路军备粮后亦向松潘进”的南下方针。张国焘突然率红军南下，把刘湘等人搞了个措手不及，因为他们已经作出了红军将北上出川的判断。大战再起，川军立即沿大、小金川布防。其中，刘文辉第二十四军两个旅位于大金川沿岸之绥靖、崇化、丹巴一线；杨森第二十军四个旅另 1 个团位于小金川沿岸之懋功、抚边、达维一线；邓锡侯第二十八军一个团驻守抚边以东之日隆关等地，企图凭借高山峡谷，阻止红军南下。

时任川军第二十军第一混成旅第二团营长的李介立回忆道：一是由于第二十军在攻占懋功、抚边后，仅在其狭小地区防守，认为红军可能开进到草地后，在国民党各军的包围下会土崩瓦解，产生了轻敌观念。因此，各级军官特别是营以上的军官昼夜赌博，忽视了警戒和继续侦察红军动态；二是第二十军占领懋功、抚边后，部队的给养在军的指示下就地征发。因而明目张胆地采用各种方法向地方抢粮，或由当地保甲长向农民强派，迫使老百姓男女老幼日日夜夜都为部队送粮；或派兵下乡挨门挨户搜粮，造成十室九空，引起群众怨恨，失尽民心。所以，当红军突然大举反攻时，第二十军战备松弛，战斗一开始，担任前线警戒的精练司令各部队，一枪未打就崩溃下来，懋功附近的高地为红军所占领。只有一天多点时间，我们就被红军打得落花流水，向后方溃逃。进占达维的红九军第二十七师随即主动截击，俘获甚多，直到午后才停止追击。

24 日，红四方面军翻越了夹金山，分左中右三个纵队向宝兴、天全、芦山守军发起进攻。天全、芦山具有重要战略地位，倘若有失，将直接威胁川西平原。

当初，刘湘与川军诸将商定的作战原则就是：红军只要不危及其政治生命，就虚与周旋，保住实力，绝不对耗；如果真要深入四川腹地，那就只有不惜忍受蒋介石的控制，与之硬拼到底，在同归于尽中去求幸存。

10 月底，徐向前和陈昌浩随由红三十军、红三十一军第九十三师、红九军第二十五师组成的中纵队行动，直指宝兴。守军杨森部 3 个旅都是红军手下败将，一触即溃。

时任川军第二十四军参谋长的张伯言回忆道：

第二十四军第一三六师袁国瑞旅，自 5 月在泸定桥受了很大损失，整编为两个团后，又开赴天全布防。这时秋老天寒，士兵还没有棉衣，武器也只有一半可用。当以李全山团的周桂三、李昭两个营驻守天全以西百里左右的紫石关。该关地形险要，又筑有碉堡，认为红军前来只有独路一条，完全可以用火力封锁。没有想到红军从悬崖绝壁上爬来了一个排，夺取了紫石关。李团部队节节败退，大鱼庵、小鱼庵相继失守，退至仙人桥时，这团部队剩余已不多了。红军的口号是缴枪不杀，又是四川口音，当李团退到离天全10余里时，红军已追到溃军的行列里来劝士兵不要跑，只问营长、团长在哪里，李团不少士兵也就坐下不走了。袁国瑞率杨开诚团驻在距天全西门外5里一个小场上，见李团仓皇退下，即率部前往收容。蒋介石也派飞机前来助战，杨团又增援上来，始勉强稳住阵脚。夜间红军开始攻击，袁部不支，天明时全部撤下，伤亡很大，手枪连长罗大全被打死。当时刘湘部队郭勋祺师守着天全县西门外晋门关，不准袁旅退进关内，用机枪向袁旅溃军扫射，扬言“把这些杂色部队清除掉，我们好去打红军”，逼得袁旅部队无路可走，袁国瑞也坠崖而逃。袁部连长雷树涛在愤怒之下，率领士兵10余人不顾命地向郭师机关枪阵地冲去，把机枪连打垮，进了晋门关。

10日，红军右纵队攻占天全县城，随即向东迂回，协同中纵队包围芦山城。川军节节败退，刘湘急红了眼，对麾下诸将声嘶力竭地喊道：“要不惜一切代价，阻止‘共匪’入川。要晓得，我们不是打仗，而是保家卫国!”这并没有起到丝毫作用，红军依旧势不可当。12日，芦山守军弃城撤逃。

川军屡战屡败，一退再退。为稳住阵脚，刘湘决定将川军转移到夹门关、莲花山、伍家垭口、蒙顶山、金鸡山一线占领阵地，阻止红军东进，死保川西平原。不料，杨国桢的教导师不遵命令退向夹门关以南的新阵地，而是擅自经飞仙关向名山退走，致使名山城北面门户洞开，直接威胁着通向成都平原的邛崃要地。一时间，川军的部署被打乱，战局急转直下。红军连战皆捷，势若雷霆，造成了东下川西平原、直取成都的战略态势……

“防蒋胜于防共”的滇军

蒋介石寻机吃掉了王家烈，国民党中央军顺利入黔，这不能不引起滇系军阀的警惕。早在1934年底蒋电令龙云出兵防堵红军时，龙云多次召集手下商讨对策，任命孙渡为第十路军指挥部行营主任，率滇军入黔“追剿”中央红军。

1935年3月底中央红军四渡赤水，威胁贵阳时，在贵阳督战的蒋介石慌了手脚，急命孙渡率第三纵队前来“救驾”。孙渡率部迅速赶到，蒋对孙大加称赞。1935年4月9日，中央红军主力巧妙地利用敌军间隙从贵阳、龙里间通过，向西奔去，于4月15日至17日渡过北盘江，直向云南挺进。中央红军进入云南，龙云极为恐慌，因为其主力已由孙渡率领远离昆明，而中央军周浑元纵队已进入云南。此外，中央红军为掩盖欲渡金沙江向北突围的战略目标，在毛泽东的指挥下，派一部兵力直逼昆明，做出要攻占昆明的态势。惊慌失措的龙云顾不上蒋介石所布置的“追剿”红军的任务了，4月26日，他急令紧随中央红军的三个旅停止追击，赶回昆明防守，孙渡率部追至曲靖后，也转向昆明集中。这样离中央红军最近的追敌已撤回昆明，通向金沙江的道路已向中央红军敞开。

一、名副其实的“云南王”

1935年1月29日，中央红军分三路从猿猴场（今元厚）、土城南北地区一渡赤水河，进入川南。蒋介石立即重新调整部署，由湘军组成第一路军，何键任总司令，以其主力在湘西“围剿”红二、红六军团；薛岳兵团和滇黔两省军队组成第二路军，龙云为总司令，薛岳为前线总指挥。辖四个纵队：以薛岳部组成第一、第二纵队，滇军为第三纵队，黔军为第四纵队……薛岳率中央军八个师和黔军五个师从贵州分路向川南追击；滇军三个旅向贵州毕节和云南镇雄疾进，企图截击红军。眼见红军主力有入滇迹象，可吓坏了“云南王”龙云。

龙云，原名登云，国民党陆军二级上将。他曾是金沙江畔的一个流浪汉，辛亥革命爆发后，龙云投入滇军。1922 年，帮助唐继尧重掌云南大权。他惨淡经营了 12 年，实际掌握了滇军的实权，成为滇军中举足轻重的人物。后来，龙云击败众对手统一了云南，成为名副其实的“云南王”。在当时西南主要军阀中，蒋介石认为最不好琢磨、也最难控制的，便是龙云。

其一，龙云是彝族人，蒋介石总感到他行事诡异；其二，龙云基本上是靠自己的努力，控制了整个云南，蒋介石并没有帮上什么忙。于是，蒋介石开始寻找机会拉拢龙云。1928 年 1 月，蒋介石正式任命龙云为云南省政府主席兼国民革命军第十三路总指挥。这一招果然奏效。

一年后，蒋桂战争爆发，蒋介石任命龙云为讨逆军第十路总指挥，令其出兵广西，抄袭李宗仁的后路，并允诺给滇军开拔费大洋 100 万元，攻占南宁后，委派卢汉为广西省政府主席。龙云欣然领命，出兵讨桂。结果，滇军大败而退，自此滇桂结怨。

1930 年蒋冯阎战争中，龙云奉蒋介石之命派卢汉率滇军三个师两万余人入桂，同桂张（发奎）联军作战，誓报一箭之仇。

事情往往不遂人愿。滇军把南宁城围了个水泄不通，强攻三月仍未能得手。这时，白崇禧率军驰援南宁，滇军腹背受敌，再次大败。

与桂军交锋两度惨败，龙云痛定思痛，提出“废师改旅”的整军方案，借机削弱异己力量，直接指挥团长。但这也引起了卢汉、朱旭、张凤春、张冲等四个师长的强烈不满，进而爆发了“倒龙政变”。

不久，四师长内部发生分歧，形势突然逆转，龙云重新主持全省军政。此后，他通过成立军官学校培养军事人才，向法、德、比、捷等国购买军火装备部队，逐步建立起效忠自己的滇军系统，从而更加巩固了自己“云南王”的地位。

虽说龙云听命于蒋介石，两度与桂军血战，但同时他也看清了老蒋欲剪除异己的野心，与其始终保持着一定的距离。在接到蒋介石命他“追剿”红军的电令后，龙云和粤桂黔地方实力派人物一样，也陷入了不可避免的双重恐惧之中。

对红军，龙云也有所了解。虽没有交过手，但他早就耳闻红军英勇善战；人称“红军之父”的朱德，早年曾在云南陆军讲武堂学习，后在讲武堂任军事教官，与他既是校友，又有师生之谊；红五军团军团长罗炳辉更与他同为彝族同胞，并在滇军服过役，是他的旧部。

本来，在红军长征开始时，龙云并不关心，反而抱着一种无所谓的态度，甚至有些快意，巴不得蒋介石和红军打得热闹些。坐山观虎斗，心态总是安详的，说不定还可以捞些好处。而一旦引火烧身，则是另外一回事了。红军刚刚进入黔境，龙云表面上很镇静，内心深处却无比紧张。既怕红军入滇，赤化云南，使他当不成“云南王”；又怕蒋介石借机“一箭双雕”，中央军以尾追红军为名，强行进入云南，重演“假途灭虢”的故技，抢占自己苦心经营数载的地盘。

事实上，蒋介石早就视半独立的大西南为最大的隐患，常思拔除。逢此良机，他又怎会放过，暗中与谋士们策划了一个利用“追剿”红军之机掌握西南的双管齐下的计谋。可龙云可不是王家烈，他绝不会引狼入室的。

二、龙云也想“一箭双雕”

当红军到达湘桂边境后，龙云开始不安起来，但仍幻想红军不会入滇。正因为如此，重庆参谋团主任贺国光曾来电建议他派兵在边界布防截堵，他仍不加理会，只是召集身边的智囊人物开会商议对策。谁知文臣武将们高论纷纭，莫衷一是。

红军在黔境中运动自如，几次逼近滇边，不由龙云不紧张，便在昆明召开滇军旅以上军官参加的高级军事会议，商议对策。多数将领都认为红军“已临末日”，在“追剿”大军跟踪紧追，各省堵截严防之下，“断无幸存之理”。但在滇省如何应付红军入境上，将领们又产生了严重分歧。一种意见是主张滇军对红军与其拒之于境内，不如出省外作战，拒之于境外，既保护了公私利益，又符合“中央政府”的意图，实为上上之计，万全之策。另一种意见是主张应立即号令各县构筑碉堡，早作坚壁清野之计，待红军进入云南，再行参战，这也符合“保境安民”的原则。因为红军善于化整为零，倘若分成多股纵队从正面渗透进来，实难防堵。

参谋长孙渡和滇军第二旅旅长安恩溥是第一种意见的代表。他们认为，蒋介石此次“追剿”共军，实怀有“一箭双雕”之野心，不仅想消灭共军，而且企图乘机消灭地方武装。因此，滇军只好照蒋介石的命令出兵，使他以后无所借口。而滇军防堵共军，以出兵贵州为上策，以防中央军入滇。若共军进入云南，只有追而不堵，将共军尽快赶出境为最好。

龙云不愧为割据称雄的一方霸主，不仅有决心，而且有雄心，于是当机立断，决定采取主动姿势，派兵入黔堵截，拒红军于境外，任命孙渡为第十路总指挥行营主任，率滇军 3 个旅入黔作战，负指挥全责。后来，孙渡对时任国民党军第六路军薛岳部总司令部上校参谋的李以劻说出了龙云同意派滇军入黔的真相：“这次出师虽是龙云帮助了蒋介石，但也是龙云想拒敌人于省外，保持云南统治，以免在红军入滇后，招致中央军前来的不良结果。”

同时，“云南王”还有包藏另外一个野心，就是密嘱孙渡等：入黔后，应将王家烈部“乘便解决”。当时，滇军只有第一、第二、第三、第五、第七、第九旅和一个警卫团，共 13 个团，兵力比黔军还少一半。但滇军兵精粮足，人员充实，龙云对内统驭比较巩固，远非王家烈内部派系林立、纷争不断可比。因此，龙云早有吞并贵州的野心。当年支持王家烈手下的犹国才在贵州闹独立，就是这种野心的表现。

自从红军进入贵州，龙云自己一再分析形势，认为如果红军进入云南，中央军就会跟着进来，云南的政局就危险了。倒不如趁机出兵贵州，既可讨老蒋欢心，堵截红军于滇境之外，又可名正言顺地浑水摸鱼，将贵州攫于怀抱之内。蒋介石是“一箭双雕”，他龙云也是“一箭双雕”，以此之“一箭双雕”对彼之“一箭双雕”，真是好极妙极的上上之策。

当孙渡率滇军主力大举出境，以“御敌于国门之外”后，龙云又在省内采取坚壁清野的手段，严令各地县修葺城垣，加筑碉堡……在扎西，滇军与红军初次交锋，便遭到迎头痛击，龙云开始担心：红军主力集结滇北扎西，是否在为下一步深入云南腹地做准备。于是，他急电孙渡火速率滇军主力分路向扎西挺进，试图将红军逼出滇境。就在滇军主力迫近扎西时，红军各军团突然掉头东进入黔，向国民党军兵力薄弱的桐梓、遵义进攻。见红军离开滇境，龙云心里悬着的一块大石头才算落了地。

三、“云南王”防不胜防

1935 年 3 月底，蒋介石到贵阳已有时日，作为第二路军总司令和云南省主席，龙云连礼节性的应酬都没有，足不出滇。他生怕蒋介石乘机挖他的墙脚，王家烈便是前车之鉴。

当然，他也知道，防备着蒋介石的“假途灭虢”，最要紧的还是掌握滇军主力的孙渡。对孙渡，龙云一方面重用他，因孙渡曾在一次军阀混战中救过他的命，而且孙又有些军事才干，是滇军中难得的帅才；另一方面又总是提防着他，孙渡年轻气盛，别号“小诸葛”，怕他存有二心，同蒋介石搅在一起，图谋他的权力。毕竟孙渡指挥着滇军的全部精锐，要是被蒋拉了过去，他就成了光杆司令，釜底抽薪，灭虢成矣。

为此，龙云曾密电孙渡集中滇军兵力，停止前进。同时派他的耳目黄毅夫以云南省驻贵阳办事处主任的身份前往贵阳，密切关注蒋介石的动向。

4 月 4 日，黄毅夫发来密电称：“桂军廖磊部已奉委座命，由都匀向马场坪、瓮安线前进，堵击赤匪东窜。如桂军能与湘、川各友军在东路协同一致防堵，则匪或将窜扰安顺、织金、水城一带，企图取道威宁、毕节入我昭通、会泽之间西窜会理。……罗代周、马子良现供职于第一纵队，诱我第三纵队官兵，随时捣乱。我第五、七旅之逃兵，完全系彼等利诱所至。”

接到密电，龙云急得直跺脚，心中暗骂：“果然不出我的所料，老头子硬是要拉我的部队。哼，休想！我可不是王家烈。”

于是，他当即给孙渡发电，除重申滇军停止前进外，明确规定“各旅务以集中一地为是。纵必须分割，其距离亦应在一日行程以内”。

谁知，龙云发出的急电如石沉大海，孙渡连个回音也没有，反而率滇军日夜兼程驰援贵阳“救驾”，大大地风光了一回。蒋介石“龙颜大悦”，特电龙云：“滇军忠勇诚朴，足为军人模范”，给龙云戴了一顶大高帽。龙云却怎么也笑不出来，反而更加坚信蒋介石要拉他的部队。同时也害怕红军声东击西，乘虚进入云南。多年来，他一直按自己的愿望和意志统治着云南这个多山的“独立王国”。因此在他心中，只要红军不进入他的领地，打回湖南、江西或是北渡长江进入四川都是求之不得的。

这次龙云没有判断错，红军向贵阳前进，的确用的是调虎离山之计。

4月8日，红军乘滇军东调增援贵阳之机，从贵阳、龙里之间突破国民党军的拦阻，向西挺进，逼近云南。

同日，龙云终于盼来了孙渡的复电。孙渡此时也正处在两难的境地，有心投靠蒋介石，却也不想让栽培自己多年的“龙老板”成为王家烈第二。于是，他在电文中只字未提龙云给他的前几封电报，只是称他已于“酉时安抵龙里”，并报告“洗马河到匪万余，有向龙里进窜模样。……拟暂集结龙里，俟匪情较明，再为前进”。他要试探一下龙云的态度。

龙云再也按捺不住心头的怒火，把电文往桌上狠狠一摔，破口大骂孙渡：“好你个忘恩负义、吃里爬外的东西，不叫你东援贵阳，你迫不及待，连电报都不收就上路了；叫你不要越过贵阳，你把三个旅弄到贵阳以东，其他几旅还在继续东进；叫你回师滇黔边境，你却又在安顺、镇宁停了下来。你究竟想要干什么！”

9日，龙云给孙渡发了一封措辞严厉的电文：“我各旅不能超过贵阳前进一节，迭经江亥、微戌等电饬知，来电并未述及，是否未曾收到，盼查明电复。又昨经呈奉委座鱼申电令，唯各旅在贵阳停止整顿，不再前进。而来电称，俟匪情明了，再为前进，殊不相符，究系何故？现后方未能中央补助，已无力接济。我军若再超过贵阳前进，经费立将断绝。无论何人令赴黔东，均须考虑，不能轻进也。切要！切嘱！”

实际上，激化龙云、孙渡矛盾是蒋介石一手所为。对于“共匪窜滇”，蒋介石悲喜参半。悲的是他在贵州逼红军北上的计划又破产了，喜的是红军到了龙云的家门口，他可以借机做龙云的文章了。

为此，蒋介石耍开了花招，一方面故作焦虑，数电孙渡：“敌情不明，切望注意侦察”，意在稳住孙渡原地不动；另一方面又密令薛岳：“周、吴纵队似可脱离北线之罗炳辉，向西超越孙渡，进入滇省……”蒋委员长是想重演半年前中央军进驻贵阳的一幕。

时任滇军第五旅参谋长的常绍群回忆道：

滇军从此以后，一切行动都受薛岳控制，孙渡则唯命是从，使滇军在长寨、紫云、广顺地区打圈圈，不让滇军堵着红军的头。蒋介石想让红军进云南，以便他的势力有借口进入云南。此时明知红军已到北盘江附近去了，孙渡仍按薛岳的命令行事。滇军经玉母到定番、紫云，而红军已渡北盘江了。滇军回狼洞、马场取捷径渡江，赶到八十担渡江时，红军已把滇军甩在背后直向滇境前进了。

此时，红军主力经兴仁、兴义间大岭步进入云南后即分路进军，一路由宣威、东川、巧家，一路由曲靖、马龙、易隆、嵩明、寻甸，两路大军直逼昆明。这时，滇军仅有的六个旅早已外调，龙云坐守昆明空城，简直如坐针毡，不知如何应对。昆明对“赤匪”的恐惧不亚于贵阳，市内仅龙雨苍旅的一个建制团，加上警卫营、宪兵、新兵队及零星部队，总共亦不足两团人马。若红军主力来攻，如何抵挡得住？其实中央红军并不想占领昆明，只想使蒋介石和龙云调回更多的兵力保卫昆明，如同蒋介石以前抽调滇军去保卫贵阳那样。

“云南王”果然中计，慌不迭地回调部队，完全按红军的部署办理，不过他当时不一定认识到了这一点。但是，红军锋芒指向昆明，那才是使他真正恐慌起来，不论真假，都必须回兵固守。慌乱之下，龙云一面向蒋介石发电告急，并限令孙渡纵队三天内赶回确保省城；一面拼凑一切能拼凑的力量，加固城防，防堵红军，准备作拼死抵抗。

龙云匆匆忙忙地成立了一个“云南省戒严司令部”，派省务委员胡瑛为戒严司令，赵钟奇等为副司令，廖行超为参谋长，宣布滇中、滇东北各县戒严，并连发严令，命各县县长“固守县城，擅离职守者以军法论处”。

这些不幸的文官便成了时代的主角。他们平时都是些只知搂钱害民的官僚，既无军事经验，又无战斗实力，自然惊恐万状——有的慌忙从城外搬进城内，认为依靠武装力量，还可以守城待援；有的自命深知底细，知道滇军主力已调入贵州，昆明城防空虚，根本抵挡不住机变百出的红军，不如躲到乡下，暂避风险；有的在红军破城时，无处可躲，只有扎到草堆里“筛糠”；有的在急急忙忙中揣着大印逃跑，在翻越城墙时摔断了腿；也有的唯恐红军进城，把四门钉得死死的，而自己最终成为瓮中之鳖。当然侥幸逃出而又被追查责任枪毙的更是不乏其人。

四、龙云与薛岳演了一出“龙虎斗”

1935 年 4 月 26 日，蒋介石致电龙云：“第一或第二纵队入滇部队，归兄直接指挥。”蒋介石抛出诱饵，无非是想钓龙云上钩，好让中央军借机入滇，把龙云架空，夺占云南。龙云可不想做第二个王家烈，当即复电婉言相拒。

蒋介石自然不肯善罢甘休，于 29 日再电龙云：“匪窜元、武渡江，殊为可虑。刘文辉在金沙江北岸之部队，兵单防广，恐难独任防堵。中前令川军郭勋祺部开赴鲁甸、巧家，乃为就近协助文辉会理部队，以防堵金沙北岸也。已饬该部整饬军纪，兄可无虑。至入滇之湘军及各纵队，仍请兄就近直接指挥，以免往返误时，不必客气。并已电令伯陵前进，一切遵兄命而行矣。”

随后，薛岳致电龙云：称他率吴奇伟纵队等中央军主力已到达嵩明、富民附近，不日即开赴昆明。龙云不会忘记数月前中央军进驻贵阳，把王家烈一脚踢开的事实，此次薛岳要进昆明，他不可不防；但又不能做得太过，薛岳毕竟是中央军的势力，得罪不起。但龙云不是王家烈，他当即复电称：中央军当然要“追剿窜匪”，但各军师除采买人员凭证入城外，部队不许进入昆明。薛君个人来省，我当表示欢迎。大军入滇，大可不必，昆明城小，容不下七八个师！

薛岳、吴奇伟吃了闭门羹，异常不满，便就此事要参谋长佘华沐电告贵阳绥署参谋长柳善，在蒋介石面前狠狠地告了龙云一状：“经查，朱德与龙云是云南讲武堂同班同学，过去曾有私交；据报龙云曾派人向罗炳辉进行工作，怕有默契；龙对中央军太无礼貌，官兵多表不满，尤以第四军为甚。”

蒋介石对龙云这一招也是无可奈何，只得安抚薛岳：“龙云不比王家烈，力求说通；实在说不通，也就算了，可就我的意图，作些恰当解释，以便协力剿共。”

5 月5 日，薛岳带着副官和卫士一行 5 人飞临昆明，前来同龙云面商中央军入滇事务。

薛岳憋了一肚子气，也做好了受冷遇的准备。可是，龙云亲自带着武将文官数百人早已恭候在大门口。在会客室里，几十个旅滇两广籍人士早已等候多时。这自然又是龙云精心安排的一场戏，果然，薛岳包裹在亲切的乡音中，原本不悦的情绪早已烟消云散。龙云趁机高谈云南与两广的睦邻关系，经他一说，似乎没有比这更为亲近的了。那些两广籍人士随声附和，龙云又不失时机地解释他不让中央军入昆明城的苦衷。而薛岳何尝不知龙云所说都是托词，其实他所怕的是“中央”借机夺占他的地盘。但在此种情形下也不好发作罢了。

叙谈之后，龙云还在昆明最好的都南酒店安排了盛大的欢迎宴会。宴席上，龙云对薛岳恭维有加，两人越说越投机，大有相见恨晚之意。在谈及红军北去之后如何治理黔滇的问题时，两人都不约而同地表示滇黔应结成亲密联盟，相扶相倚，形成西南的中心。两人当场写帖换帖，结为盟兄弟。龙云年长为兄，薛岳年少为弟，相约同甘苦共患难，在政治上互相支持，绝不离弃背叛。这一结果大出龙云意外，薛岳乐得连嘴也合不拢。

李以劻回忆道：

自 5 月 6 日起，两人便称兄道弟，互相勾结，延续达十余年。这件事是薛妻方少文的叔父方学芬和薛的机要秘书谢又生亲自告诉我的。1935 年至 1937 年，龙任滇黔绥靖主任驻昆明，薛岳任滇黔绥靖副主任驻贵阳，各设公署，互不相扰，后来在抗战中龙的滇军主力卢汉、高荫槐、孙渡、张冲、鲁道源、杨宏光等军师归薛指挥多年，也互相处得很好，确是事实。

5 月6 日，红一军团撤离元谋和龙街，沿着金沙江边的崎岖小路迅速赶到皎平渡。而 7 日晨，薛岳带着盟兄龙云送给他的一块上书“薛岳前敌总指挥莅滇纪念”的赤金牌子，心满意足地离开昆明赶赴前线，指挥所率各纵队沿红军行进路线跟踪追击。

8 日夜，孙渡纵队先头由元谋沿红军去路追至禄劝的皎平渡口时，红军后卫第五军团已快渡江完毕，其余在寻甸的驿江渡口及原留置在贵州乌江北岸的红九军团也已经宣威、会泽在巧家以南附近渡过了金沙江……蒋介石苦心经营的在金沙江畔歼灭红军的计划再次泡汤。

消息传到昆明，龙云叫苦不迭，深恐蒋介石会以此为借口治他的“失职”之罪，便主动来了个“负荆请罪”，于 9 日致电蒋介石：“……匪已过江无疑。闻讯之后，五中如焚。初意满拟匪到江边，纵不能完全解决，亦必予痛惩，使溃不成军，借以除国家之钜害，而报钧座之殊恩于万一。讵料得此结果，愧对袍泽。不问北岸之有无防堵，实职之调度无方，各部队追剿不力，尚何能尤人。惟有请钧座将职严行议处，以谢党国。”

“打得赢就打，打不赢就放”的川康军

中央红军进入四川后，蒋介石迭令川军各部向中央红军占据地区迅速推进，但川军各部均徘徊不前，拖延观望。至于刘文辉的二十四军和杨森的二十军也基本上采取了尽量避免与中央红军作战的方针。当中央红军尚在云南时，参谋团即严令刘文辉部在大渡河上筑碉坚守，但刘文辉当时新败于刘湘，元气大伤，“追剿”中央红军已是心有余而力不足，因而奉行“只守不攻，尚稳不追，为保实力，避开野战”方针，并未严厉督促部下修筑工事，直到中央红军抵达泸定桥的前晚，守桥部队才赶到桥边，开始“动手撤除桥板，构筑工事”……

一、“川中枭雄”哀叹：“共产党找上我这穷光蛋来了”

1935 年春，中央红军在川滇黔边境四渡赤水，声东击西，灵活地变换作战方向，调动和迷惑敌人。蒋介石迅速发现了红军意图，判定红军又在声东击西，真正企图是强渡金沙江无疑，便急令增援昆明的薛岳率各纵队掉头向北追击；同时电令川康边防军总指挥兼第二十四军军长刘文辉派兵

扼守金沙江各渡口，将船只悉送北岸，严加控制。并严令各部要“不顾任何牺牲，追堵兜截，限歼匪于金沙江以南地区，否则以纵匪论罪”。

蒋介石的电令雅安城里的刘文辉愁眉不展，连声哀叹：“共产党找上我这穷光蛋来了。拼也完，不拼也完，走着瞧吧!”

刘文辉，国民党陆军中将加上将衔。1914 年考入保定陆军军官学校第 2 期。毕业后在川军第二师任上尉参谋。刘文辉比刘湘小 4 岁，却是刘湘的堂叔。当时出道较早的刘湘在川军中声名显赫，位居中将旅长，在他的大力扶植下，刘文辉在短短几年间便当上了第一混成旅旅长，成为“川中枭雄”。刘文辉自宜宾起家，十年之间，部队发展到 12 万人，防地除西康十几县外，占了大半个四川共计 60 余县，且是盛产盐糖的富庶地区，盛极一时。1931 年 2 月，刘文辉出任四川省主席，直奔统一全川的目标。而刘湘也早就看上了“四川王”的宝座。当时，叔侄二人各自拥兵十余万人，都想自己统一四川，独揽大权，矛盾自然无法调和，只有兵戎相见了。在这场叔侄争雄的大战中，刘文辉一败再败，刘湘见大势已定，顾念叔侄情分，不忍置刘文辉于绝路，同意停止军事冲突，将雅安、荥经、天全、芦山、宝兴、名山、洪雅等县划为第二十四军的防地。

就这样，刘文辉得以率残部退到川南地区，分驻西昌、雅安、康定三地，苟延残喘，真是好不痛煞愁煞人也。当初的十万雄师如今只剩下两万来人，编成四个师八个旅二十个团，装备不齐，缺额严重，士气低落。

1935 年 4 月下旬，红军突现金沙江南岸，面对的正是自己的地盘。刘文辉坐立不安：从内心讲，刘文辉是很怕拼掉自己手里最后的这一点儿小资本。这点儿兵力一拼掉，也就永难东山再起，甚至连雅安这块地盘也难保住。然而不打又如何呢？红军是要打土豪分田地的，他陷入两难困境。这时，刘文辉的驻京代表又来电警告：必须做好抵抗准备。大势判明，红军北上，可能经过川康地区，我们便首当其冲，如不抵抗，将被蒋介石消灭；如果抵抗，则以卵击石，会被红军消灭。

此时有幕僚献计：“……共军入川康，并非是件坏事。其一，雅康两地，地瘠民贫，物产不丰，供应困难，我们困守此地何时才是出头之日？现在共军一来，我们正好向老蒋要枪要钱，扩充实力。其二，这一带山川阻隔，地形险要，共军走的正是当年石达开的覆亡之路，只要我们严加防堵，薛岳他们从南面一压，朱、毛不难就擒。其三，据闻云南的龙云对共军入滇采取‘打得赢就打，打不赢就让’之策，我们何不效仿，‘打得赢就打，打不赢就放’，以保存实力为首要。”刘文辉一听，果然有理，遂部署兵力，以金沙江为第一道防线，大渡河为第二道防线，严密防堵红军。当然，他还不忘东拼西凑地谎报番号，以便向蒋介石多要些军饷械弹。

二、刘元璋“偷鸡不成蚀把米”

1935 年 5 月 16 日，红军主动撤围会理，先遣队沿大道向西昌方向前进，当日进入了德昌县境。德昌，位于雅砻江支流安宁河河谷中，地处要冲，是西昌的第二道门户。驻守此地的原为川康边防军第十六旅的一个营。担任川康边防军司令的刘元璋最初不想守德昌，以免分散兵力，后来考虑到德昌比较富庶，因此派第十六旅旅长许剑霜率一个团加强防守力量。许剑霜早年加入共产党，曾是刘伯承的旧部。刘伯承立即给许剑霜写了一封信，大意说：红军要北上，必须假道西康，没有争城夺地的要求，愿与贵部互不侵犯等。

许剑霜比较易于了解红军的意图，深信红军只是借路，不会要别的。这本来就符合刘元璋保存实力的意图。17 日，红军进攻德昌。许旅和红军刚一接触即撤退下来，退回西昌。而川康边防军第十七旅旅长刘元琮早就想吞掉许剑霜的两个团，当得知许与共产党“私通”，又丢掉了德昌城，便力主杀了许，在边防军中根除异己。刘元璋坚决不同意，驳斥道：“哪有通敌的人，会把敌人的信送给我。”

原来，刘元璋素来感觉刘元瑭、刘元琮兄弟很难驾驭，许剑霜和自己是四川讲武堂同学，要听话得多。如果把许剑霜杀了，刘元琮乘机把许旅两个团一并吃掉，扩大了他们的势力，对自己的边防军司令地位是极为不利的。因此，刘元璋既不同意杀掉许，也不同意撤掉许。不久，刘元瑭率部同薛岳的中央军来到了西昌，认为自己守会理城冒了全军覆灭的风险，而毛国懋、许剑霜却采取了消极避战的做法，非要惩治不可。但考虑到毛国懋是他的亲信，第二十八团又是他的基本部队，不得不加以保护，于是把满腔怒火全部发泄在许剑霜身上，要以通敌罪名把许杀掉，借机吞并许旅。最后还是经刘元璋极力劝阻，许剑霜才幸免于难。

得知刘元瑭、刘元琮兄弟对自己起了杀心，许剑霜恨得牙根直疼。几天后，红军绕过西昌，直奔冕宁。许剑霜抓住时机，放出话：共军不打西昌，是他的功劳。正是由于他主动放弃德昌，集中兵力才保住了西昌。

就在许剑霜放弃德昌退守西昌之际，刘元璋借口加强西昌的防守力量，把彝务指挥官邓秀廷部由冕宁调至西昌城南堵截，图谋一箭双雕。

接到命令后，邓秀廷心里直犯疑：为什么要我的部队到西昌城南的荒山野岭打头阵，而“刘家军”却躲在西昌城里打“安逸仗”？当满腹狐疑的邓秀廷率所部正规军 1 个团及彝兵 5000 人行抵西昌城南黄水塘时，得知德昌已被红军占领。这时，他接到了刘伯承的一封信。信写得非常客气，大意说红军系北上抗日，彝兵打枪，他们不还枪，但路是一定要过的，请邓自己考虑。在川军中混事多年的邓秀廷，早就听说过一代川中名将刘伯承其人其事。这令他在打还是不打的问题上，犹豫不决：打，怕打不过红军；不打，又怕刘氏弟兄不放过自己。最后，他召集所部军官开会，决计看情况再定，能打就打，不能打就跑，最好是能乘机捡到一点枪弹，并扬着刘伯承的信说：“今天的事情，不比往常，要当心些，非有我的命令，不能开枪。”

当天下午，红军先遣队来到黄水塘。邓秀廷把部队摆在大道两边的山上，眼看着红军从山脚的沟里通过。有个彝族士兵情绪紧张，不小心走了火，引得其他士兵也打了几枪。邓秀廷担心红军开枪还击，引发更大的冲突，当即用彝语制止：“谁再擅自开枪，我毙了他！”

这时，天空中突然飞来两架中央军的飞机。彝兵没有见过飞机，心中好奇，就想打下一架来看，连续打了十几枪。蒋军飞行员以为遇到了红军主力，忙操动飞机向下俯冲投弹……红军大部队过完后，邓秀廷便集合队伍，抬上死伤的彝兵，向冕宁地区转移。事后又郑重其事地向刘元璋邀功请赏，说是红军不敢进攻西昌，全是因为他率部奋力堵截。

眼见红军大军直逼过来，刘元璋一面向刘文辉连电告急，一面在城外构筑工事，用以据守。这时，刘元琮提议效仿兄长刘元瑭死守会理的做法，清理射界，烧掉西昌城外西街的房子。刘元璋虽感到此话有理，但还是主张要稳妥一些，最好等到红军接近西昌时再烧，以便嫁祸于人，向外宣传说红军“杀人放火”。由此，在先烧还是后烧的问题上，两个堂兄弟争执不决，最后只好致电雅安军部向叔叔刘文辉请示。刘文辉复电指示：待红军接近时，再作考虑。红军就要兵临城下，形势日益危急，刘元璋接受了刘元琮的提议。

为了既达到烧毁民房，又不致充当祸首的目的，刘元璋想出了一个“瞒天过海”的高招，召集地方士绅开会。会上，刘元璋力言红军如何凶猛，要守住西昌，非“亮城”不可，要“亮城”，则人民损失很大，假意询问大家意见如何。其实，他暗地里主使商会会长何汉湘出面，向他上书请求烧掉西街房屋。于是，当红军先头部队刚到距西昌城 30 里的崩土坎时，刘元琮即下令放火……

可是，经会理北上的红军，根本没有到西昌城下，而是由距西昌西南 15 里的马道子分路，绕过西昌取捷径，过礼州去泸沽了。红军的一兵一卒未到西昌城下，使得刘氏兄弟十分尴尬。他们最初胆战心惊地怕红军来攻，现在又深恨红军不来攻城，自己烧了那么多民房，弄得没法交代。后来薛岳率中央军赶到西昌，老百姓痛诉刘氏兄弟纵火焚城的罪行。刘元璋便把商会申请书拿出来，好歹算是搪塞过去了。

三、刘文辉“请罪”时说：“吾军人少于彼，乃不得不撤退”

1935 年 5 月下旬，刘文辉获知红军在安顺场强渡大渡河后，叫苦不迭，生怕蒋介石治罪，急令袁国瑞率第四旅火速增援泸定桥。28 日傍晚，周营先遣队 20 余人赶到泸定桥，将所携带的全团连以上旗帜插遍全城，虚张声势，同时动手拆除泸定桥的桥板，构筑工事。此时天降大雨，又是晚间，周营官兵早已疲劳不堪，加上鸦片烟瘾又犯了，拆除桥板进度极为缓慢。

当周营主力正在泥泞道路上沿河北上，突然发现对岸也有部队打着火把疾进，急忙询问，对方回答是退下来的友军。周桂三才放下心，继续前进。他哪里知道对岸部队正是红军右路先头部队红一军团第二师第四团。

经两个小时的激战，红军飞夺泸定桥，占领了泸定城。接着，中央红军主力从泸定桥上越过了大渡河。这样，蒋介石南攻北堵的大渡河会战计划宣告彻底破产。然而此时蒋委员长仍蒙在鼓里。

原来，当中央红军在大渡河两岸与川军鏖战之际，刘文辉如坐针毡，幻想着突破河防的只是红军的佯动部队，而主力仍还在河南岸，也就迟迟不向上报告军情。5 月 26 日，从重庆飞抵成都的蒋介石收到刘文辉的军情电文，称："大树堡已发现便衣队一二百人混在难民中，为我军防河部队搜获，故未得逞。但匪大部尚未发觉也。"实际上，红军这时已经占领了安顺场。蒋介石被刘文辉这个无关痛痒的电报瞒住了，复电："中刻到成都。未知当日匪情如何？李抱冰司令所部有否到达西昌？皆盼详复……"

红军强渡大渡河的消息在成都的大街小巷、酒楼茶馆中不胫而走，越传越神。就连住在北较场黄埔军校成都分校的蒋介石也听到了，又气又怒，一面下令"成都、重庆各报军事消息必须由军事机关发表方得登载，否则任意登载应定罚则"，一面电询刘文辉关于大渡河两岸的情况。

29 日，也就是红军飞夺泸定桥之际，刘文辉向蒋介石报告前线军情："朱、毛自窜入川境，即极力避与军队接触，中途伤亡，结果共军只剩残军七八千人，真正红军不过四五千人。大渡河在战略上十分重要，故川康军早将渡口船只拖上北岸。惟河岸过长，本军不能遍防，故由第二十军负守河全责。该军由东面调来，未及赶到，而共军于 24 日、25 日，以一小部到安庆坝安顺场，事先共军曾与土人勾结，故于晚间，以 17 人泅水，渡至北岸埋伏。吾军侦知共军将到，派两团人到安庆坝防守。该处渡口船只，事先因经吾军拖至岸上。但守该处之邓旅文富为本地人，故留船一只备用，乃被共军获得，更由小河中获得一只，乃用此两船抢渡。吾守军于共军半渡之时在北岸射击，以手榴弹炸沉一船，可阻其过渡，共军先渡 17 人，已绕出背后，向吾军射击，此时我军不知道背后敌人究竟有多少，而河南岸共军共有四团之众。我军人少于共军，不得不撤退。共军所得船只不多，过河后，即尽力北窜，不与我军接触，似并非共军主力。”

蒋介石自然不会完全相信刘文辉之言，不过他也搞不清楚红军的主力究竟在哪里。31 日，刘文辉从前线来到成都，向蒋介石当面请罪。当然，他还不忘为自己推脱责任：“杨森部由东面调来，未及赶到，红军已过了大渡河。吾军人少于彼，乃不得不撤退。”但这次，刘文辉没能瞒过蒋介石。原来，特务头子康泽的别动大队第一支队第一大队就驻在雅安和汉源，将刘文辉的一举一动监视得一清二楚。康泽向蒋介石密报：

“刘文辉的二十四军号称两个师，川康边防军也号称两个师，其实加在一起总共不到两万人，根本不足以抵挡共匪。对委座的指令，他是阳奉阴违，根本没有到汉源同杨森协同指挥。对大渡河的防守，则坚持以大树堡为界，杨森部不得南进，也不得西进。他还曾言‘共党西进又北窜，无非是要找条生路。何处是生路？我不相信共党会看上川康不毛之地’，暗中采取‘打得赢就打，打不赢就放’的方针，蓄意‘放生’，致使共匪渡过天险大渡河……”

几天后，蒋介石通令全军，给刘文辉记大过一次，而刘文辉对此却不以为然，甚至有些暗喜，因为“放”走红军受到处罚是其次的，能保存自己的实力却是最大的收获。而蒋介石处置了刘文辉，借机狠狠杀了杀川军诸将的威风，总算是出了口恶气。但他要使红军成为石达开第二的梦想成了泡影。